U0632973

曾祖周馥

——从李鸿章幕府到国之干城

周景良 著 孟繁之 编

山西出版传媒集团
三晋出版社

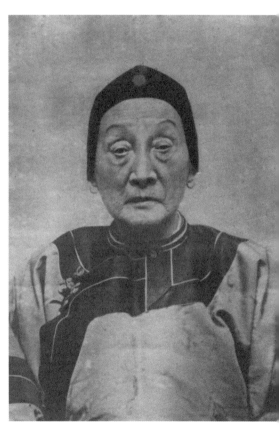

周馥和夫人吴氏像

光绪十一年(1885年),醇亲王奕譞巡阅北洋海防,时任津海关道周馥与诸同僚合影照。

照中人,最后排自左至右:直隶候补道袁保龄(袁甲三次子,袁世凯叔父)、直隶津海关道周馥、直隶候补道刘含芳(周馥亲家,周学熙岳丈);中间排自左至右:天津府知府汪守正、江苏候补道张翼、分省补用道罗丰禄;最前排自左至右:直隶候补道盛宣怀、直隶候补道潘骏德、分省补用道黄建筦。

周馥在青岛(约 1902 年,周馥时任山东巡抚)

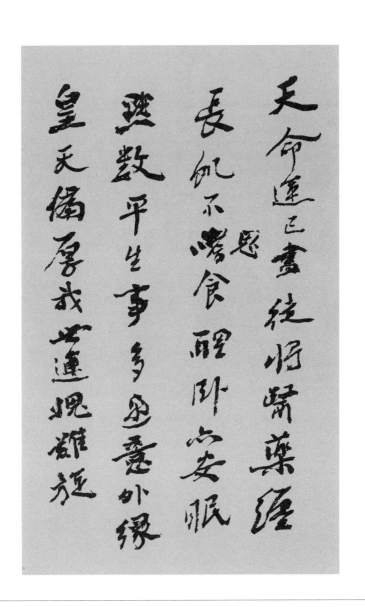

1921年九月初六日，自知天命将尽的周馥赋五律一首："天命运已尽，徒将医药缠。长饥不思食，醒卧亦安眠。默数平生事，多邀意外缘。皇天偏厚我，世运愧难旋。"

周馥长子周学海和夫人徐氏像

　　1944 年,周学熙夫妇金婚纪念照。

　　中间右侧坐者男子为周学熙,左侧坐者女子为刘太夫人。周学熙身后,自左至右,第一人为侄子周叔敏(周学铭第三子)、第二人为侄子周叔弢(周学海第三子)、第三人为侄子周明藩(周学渊长子)、第四人为三子周叔迦、第五人为长子周志辅。刘太夫人左侧女眷,自右至左,第一人为周叔弢夫人左道腴、第二人为四儿媳杨慕兰(周志厚夫人,近云馆主)、第三人为大儿媳言氏(周志辅夫人)、第四人为周学海第七女周津环。前排跪坐者为孙辈。周学熙于是年冬自撰八十寿联云:"高第起科名,只落得朝市虚声,林泉孤咏;中兴际生长,更何期晚经兵燹,终见大同。"

　　1912年，周叔弢先生母亲徐太夫人去世，周叔弢兄弟、姐妹十人，在扬州大树巷私宅小盘谷园内合影。

　　前排，自左至右：周达(梅泉)、周暹(叔弢)、周达(仲衡)；后排，自左至右：周云(祥五)、周进(季木)，周学海三女津爱、长女津荣、五女津午、八女津满、七女津环。

　　　　扬州大树巷小盘谷周氏故宅

　　周馥在《感怀平生师友三十五律·徐仁山提刑》诗末小注云："公殁后，其子因债务，以扬州旧园庐界予。"当即此宅也。

五子登科照

　　1935 年，周叔弢先生之子毕业照。自左至右：周治良先生（初小毕业），周杲良先生（初中毕业），周一良先生（大学毕业），周珏良先生（高中毕业），周以良先生（高小毕业）。

大布路斯國

大君主威爾廉斯朕將頭等寶星一座賜予駐濟南府

大清國山東省巡撫周馥茲給此執照御筆書押鈐用國璽

　　憑存執

威爾希廉斯何嘛一千九百零四年八月十七日

　　　御筆

　　國璽

光绪三十年(1904年)，德皇给周馥颁发勋章时的证书。原件今藏国家博物馆。

　　民国七年(1918年)正月,周馥一家在天津英租界米多士路周学煇住宅所摄全家福。

　　最后排站立者,自左向右:周叔弢:大房周学海之第三子;周季木:大房周学海之第四子;周志俊:四房周学熙之第二子;周明龢:九房周学煇之第二子;周叔迦:四房周学熙之第三子;周明藩:七房周学渊之长子;周云:大房周学海之第五子;周志辅:四房周学熙之长子。

　　次后排站立者,自左向右:周孝荃:二房周学铭之女周莲荃:九房周学煇之次女;抱着的小孩,周珏良:周叔弢次子;周杏荃:九房周学煇之长女;周季木妻杨氏,周叔弢妻许氏,周学煇妻,周学熙妻,周学渊妻,周志辅妻,周志俊妻,(小孩,不详),周叔迦妻。

　　坐着的一排,自左向右:周学煇:周馥按排行第九子(按:周馥只有六子,此不知是按什么排行,下同);周学渊:周馥之按排行第七子;周学熙:周馥第四子(坐膝上的小孩为周绍良);周馥的第二侧室(膝上小孩不详),周馥(周馥和其第二侧室之间站立的小孩为周一良),周馥的第一侧室(膝上小孩不详),周馥之排行第十女,周馥之排行第十一女。

　　最前席地坐者自左向右:周明钧:七房周学渊之第三子;周明椿:九房周学煇之第四子;周明昌:九房周学煇之第三子;周明恩:四房周学熙之第四子;周明谦:四房周学熙之第五子。

建德周氏世系图

建德周氏四代世系表（部分）

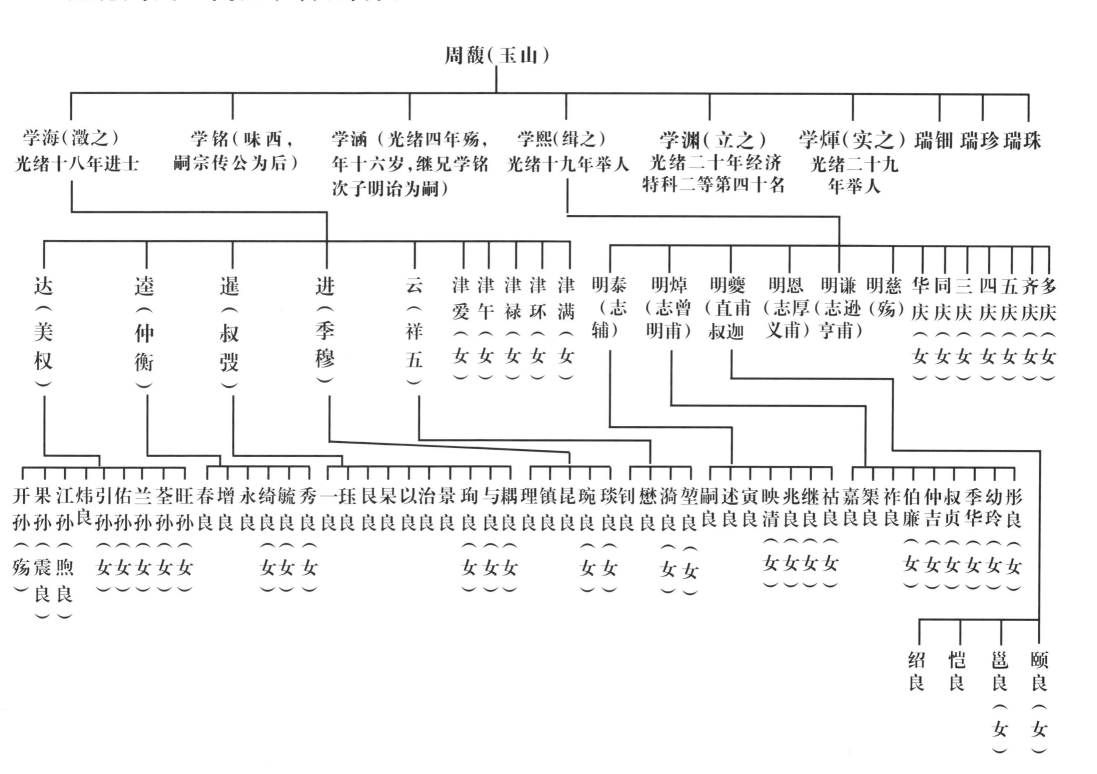

出 版 说 明

　　《曾祖周馥》所收,共三个部分。第一部分是周景良先生的《周馥一生》。景良先生是周馥的曾孙,周叔弢先生的哲嗣,1950年自清华大学哲学系毕业,是年秋再考入北京大学物理系,1953年提前毕业,由组织分配,到中科院地质研究所工作;1956~1962年被选派留学苏联,归国后仍回中科院地质研究所工作,研究员。《周馥一生》是景良先生退休后的撰作,2007年前后即已写好,2009年上半年连载于《传记文学》第1~7期。这是景良先生读曾祖周馥生平传记资料的一个读书笔记,于周馥生平关节大事,一生行藏,交待綦详,辨析靡遗,极具识见,非浮泛为言。此也是目前为止,关于周馥生平、行事最详实、最具前沿性的一篇研究性撰作。

　　第二部分所收,分为《国史列传·周馥本事》、马其昶《清授光禄大夫陆军部尚书两广总督周悫慎公神道碑文》、周学熙等所撰《清授光禄大夫建威将军头品顶戴陆军部尚书都察院都御史两广总督予谥悫慎先考玉山府君行状》,及周馥生前自定《自著年谱》《醇亲王巡阅海防日记》。这是关于周馥生平、一生行事最基础性的传记性资料,可与景良先生文相辅阅读。此部分由孟繁之先生据民国十一年(1922年)孟春秋浦周氏校刻本《周悫慎公全集》校点整理。《年谱》部分,同时参以宣统二年(1910年)《建德纸坑山周氏宗谱》,个别处略作注释,补苴说明。校点凡例,校正字以( )标注,增补字以〔 〕标识,衍字一仍其旧,不校校之。

曾祖周馥

　　第三部分《周景良谈建德周家》，是2013年冬，景良先生接受《上海书评》记者郑诗亮先生访谈，整理而成的文章。此文最初发表在《上海书评》2013年12月29日第1—5版。此文对于建德周氏家族族史，周馥及周馥以下建德周氏家族脉络、代表性人物、父祖兄弟姐妹情况、家族风尚、子弟教育、儿时见闻等等方面，所谈甚为详备，可与《周馥一生》相表里。当日《上海书评》刊发此文，文前曾有编者按语："安徽建德周家是在中国近代史上留下特殊影响的望族。第一代周馥是清末蜚声一时的封疆大吏；第二代中，近代工业、教育先驱与北洋政府财政总长周学熙，允推杰出代表；第三代中，周叔弢为实业家及古籍收藏家，周叔迦为佛学家，周明达为数学家；到了第四代，更出了周震良、周煦良、周炜良、周一良、周珏良、周艮良、周杲良、周以良、周治良、周景良等著名学者、教授。中科院地质研究所研究员周景良是周叔弢的幼子，由他讲述的周家的故事，点点滴滴，都是近代史大江大河卷起的波浪。"故此次汇集周馥传记资料，景良先生此次访谈，一并收录在此。

　　对于周馥在晚清历史上的贡献，长期以来关注及研究并不多。其原因，一方面受晚清以来清流派历史叙述的影响，对于李鸿章及周馥这些人的贡献，统统视为浊流，偏狭性、泛论性议论较多，专门性研究不足；另一方面，即使专门研究洋务运动史、北洋海防史，及晚清地方史的学者（如研究晚清直隶），也因为周馥的贡献泰半笼罩在李鸿章的光环之下，故而关注亦不够。近年学界研究风气稍转，相信这一部书的出版，对于周馥个人的研究，及淮军史、洋务运动史、北洋海防史、甲午战争史、庚子事变、山东新政诸领域的深入研究，都可起到引导性及辅助性的作用。

2014年12月28日

周馥传略①

周一良

我的曾祖周馥(1837-1921年)字玉山,清末官至两广总督。他8岁进私塾,13岁学咏诗作文,16岁时一笔好字为乡里所称道。1861年在安庆受知于李鸿章,入其幕府。先从李攻苏州,后李督直隶,召馥至天津,遂以道员由直隶尽先保用,从此逐渐成为李鸿章的得力助手。周馥先会办海防支应局,后又署永定河道,治河很有成绩。又任津海关道,办理对外交涉事件,兼北洋行营翼长。以后又会办电报官局,办天津武备学堂。甲午战争前,他反对主战说,曾力劝李鸿章谏止朝廷。战争起后,周馥作为总理营务处,奔波跋涉,军械粮饷转运采买萃于一身,艰困百折,掣肘

---

① 关于周馥情况,此处迻录周一良先生《钻石婚杂忆·家世》部分对曾祖周馥的记述。标题为整理者所加,非著者原文。一良先生在《毕竟是书生》(北京十月文艺出版社1998年版)第一章中,亦曾专门谈及曾祖周馥,尝云:"建德县周氏家族,据说是唐代'大历十才子'之一的周朴之后裔。我曾祖父周馥(1837-1921)字玉山,由李鸿章的幕府起家。他青年时流亡他乡,祖父怕他不得归,改名为'复'。后因李鸿章手书保奖单误写为'馥'字,遂因而未改,大约是因为已经呈报皇帝'上达天听'了吧。《安徽文史资料》总第15辑载陈钧成撰《周馥轶事》称:'玉山老人在〔安庆〕八卦

曾祖周馥

万分,然自始至终未尝缺乏军需一事。周馥虑事周密,处理外交事务尤其谨慎,鲜为人所持,常费心力了结前人未结之案,而不归过前人。任山东巡抚后,治理黄河有成效。周村开埠,抵制德国殖民者,挽回了利权。1904 年,升署两江总督,上海英国领事煽动罢市风潮,周馥亲自赴沪交涉平患。他晚年所著《负暄闲语》云:"我但求有益于国于民,何尝计及一己利害?及到山东到两江,间遇外人要挟,我从未尝轻许一稍损国体、稍拂民心之事,亦从未与外人以藉口之端。"德国占领青岛,山东巡抚和德国总督无任何来往。周馥到任后要求访问青岛,青岛的德国牧师卫礼贤在所著《中国心灵》一书中说:"他那率真坦诚和健康的幽默感立刻扫去了人们心中的疑云。"他的幽默还可以从八国联军撤退后,他至保定接藩司印时戏作一联看出:"山有盗,野有匪,城有洋兵,何时是化日光天

门正街摆测字摊,兼为人代写书信、呈文、对联等。后又迁马王坡涌兴德杂货店门口。李鸿章亦居马王坡。老人有老表在李府伙房挑水,因而认识伙房采买。其人识字不多,就近乞老人代记。李偶阅账簿,见字迹端正清秀,大加赞赏。延为幕宾,办理文牍。'李伯元《南亭笔记》也说:'周每与人谈,辄道其生平事实,谓少时曾在某省垂帘卖卜。'他的自订年谱大约讳言其事,只在咸丰十一年(1861 年)二十五岁那年记载:'十月,余至安庆。十一月,入李相国营。相国初不识余,因见余文字,招往办文案。'周馥做到署两江总督,又调任两广总督。《清史稿》有传。著作收入《周悫慎公全集》。它是以溥仪小朝廷给的所谓'谥法'取名的。据陈寅恪先生《寒柳堂记梦》所说,清末中枢大臣和封疆大吏中,分所谓清流和浊流。京官如奕劻、袁世凯、徐世昌等,外官如周馥、杨士骧等,都属浊流。可惜陈先生这部著作散佚不全,看不到他对当时流行的这两类人物具体区别的说明。所举清流有陈宝琛、张之洞等,可能指在文化学术上有造诣修养的大官;而浊流则是以吏事见长的干练的大官。"(孟繁之注)

4

气象;库无银,档无册,房无书吏,全凭我空拳赤手指挥。"[②]

作为地方高官,周馥比较朴实,遇事认真负责,他曾引用李鸿章对他的评语:"周某用心极细,虑事最精,且廉正有魄力。"当非自己虚构。作为江南水师学堂学生的周作人多年后回忆说,1906 年曾见到总督周馥,说他"站在体操场上,穿了长袍马褂棉鞋,也很朴素,像是一个教书先生模样。"(《饭后随笔》及《周作人回想录》等不止一处)周又说,"实在那一天给予我们一个很好的印象,可以说在五十年间所见新旧官吏中,没有一个人及得他来的,并不因为他教我们办局子,乃是为了他的朴素、诚恳的态度,不忘记我们两个留校的学生,这在刘坤一、张之洞、魏光焘大概是不会有的。"

但是,当时民间对周馥也有些议论,这大约主要是因为他只不过是个秀才,没有科举功名。据光绪三十二年(1906 年)《大清缙绅全书》,山东巡抚周馥籍贯下注:"附生";两江总督人名下注:"附贡"。附贡、附生皆指秀才。李鸿章攻破苏州后,曾举行一次乡试,周馥赴考而未售。直到他做了总督,民谣还说:"昨日一科房,今日督部堂"。查周馥前后任巡抚的人(湘军军官及满族人除外),初任者 14 人中,多数是 40 岁以上,60 岁以下,其中 47 岁的 3 人,只有岑春煊 39 岁,陈宝箴 64 岁,而周馥比陈还大两岁,66 岁才升任巡抚。我想这与他不是正途出身定有关系。而 66 岁的人还要追究他是不是举人、进士,可见科举功名在当时官场之重要。周馥自己当然也意识到这一点,在《生日放歌》诗中说:"我生不意布衣滥忝至旌旃。"虽然他后来与袁世凯一起上疏请废科举制度,但他的

---

② 孙宝瑄《忘山庐日记》辛丑(1901 年)12 月 28 日载,李鸿章死前已昏迷,周去时李睁眼说:"我国将来如长期贫弱,惟有联俄;倘能富强,则宜拒俄,然后死去。"但周馥自订年谱未载此事,疑为误传。(周一良先生原注)

五个儿子中,四个是举人,其中两个进士,一个翰林,还有一个经济特科,这恐怕与其自身遭际不无关系。

我以前写《毕竟是书生》时,在极左思潮的影响之下,对于周馥作为历史人物评价很不够,主要把他当作清朝遗老看待。后来思想有所转变,在给尚小明同志《学人游幕与清代学术》一书写序时,借题发挥,纠正了自己过去的观点。现在应该进一步加以明确。他的《生日放歌》诗实际上表现了他对程朱思想的信仰和理念,并非只是清朝遗老的慨叹而已。例如张勋复辟后,曾封他为某阁的大学士,而他没有理茬儿。所以我在这里把我亲手撕掉的他所写的条幅记录下来,借以表示进一步学习晋文公重耳所说的"以志吾过,且旌善人"之意云尔:

> 我生不意布衣滥忝至旌旄,勋业未建神疲劳。更不意我生马齿逾八十,眼见坤维震荡天雨泣,龙蛇起陆海水飞,嗷嗷攘攘将安归。予亦吞声痛哭无所依,海滨息影逃是非。天有时而倾,地有时而缺,大道千古万古永不灭。燠寒休咎气使然,飘风骤雨行自歇。嗟嗟世事莽莽等飞烟,草堂风日自清妍。残书伴我送流年,耳聋目盲断世缘,此心独游羲皇前。
>
> ——《生日放歌》一首,不欲示外人。因暹孙尚知此意,故录与之。他日一良能解文义,可为解说宝藏之。己未秋(1919年)闰七月,玉山老人书于天津三多里。③

---

③ 周一良先生在《毕竟是书生》第一章中,曾专门谈及此幅曾祖手迹,语云:"辛亥革命后,遗老群集于青岛,周馥也在其中。我父亲当时父母双亡,和祖父住在一起,这就是我出生在青岛的缘由。在我记忆中,只记得曾祖父是瘦高个儿的白发老人。因为我是在天津时他跟前最大的曾孙,每逢年节聚会,他总叫我站到他面前双膝

天津有周馥的祠堂,每年春节,周家人都去祭祀,但妇女不参加。周馥的子、孙、曾孙三代按辈份排列,举行三跪九叩礼,每次有一人单独出列,诵读祭文,大约是周学熙所撰。每年听一次,所以记下了头几句:

洪维我周,忠厚开基,肇迁兰水,文武英姿……

以下就不记得了。兰溪和玉山都是建德县境内的山水,故周馥取以为号。不知从什么时候开始,周家流传区别辈分的谱系:"国之大有文,礼乐光宗学,明良启俊贤,赞育庆咸若。"其实也不完全遵从这个表明辈分的命名法,例如周馥就是宗字辈,而他的名字并不带此字;我父亲是明字辈,而我祖父的五个儿子都把明字免掉了;现今只有良字辈还老老实实地按良排行,启字、俊字辈就又各行其是了。这是不是也反映旧日宗法社会遗迹的逐渐消失呢?

(周一良《钻石婚杂忆》,《家世》,北京:生活·读书·新知三联书店,2002 年 5 月,3–8 页。)

之间。他写过一个条幅,末尾说:'生日放歌一首,唯暹孙(指我父亲)尚知此意。他日一良能解文意,可为解说宝藏之。'诗中有句云:'天有时而倾,地有时而缺,大道千古万古永不灭。'显然是遗老对清室灭亡的哀叹。我父亲从未给我解说过,而'宝藏'也就到1966年史无前例时为止了。"(孟繁之注)

曾祖周馥

周馥生平履历简表

周景良

（1）道光十七年农历十一月二十三日（1837 年 12 月 20 日）：生于安徽省建德县（今东至县）纸坑山。

（2）咸丰十一年（1861 年）十一月至同治三年（1864 年）：在李鸿章幕府，随李鸿章和太平军作战，攻克苏州、常州，收复南京。

（3）同治四年（1865 年）至同治九年（1870 年）：李鸿章奉旨督办剿捻事务；周馥以经手事未完，不得随行，留在南京，襄办金陵善后工程局。

（4）同治十年（1871 年）三月至光绪二十一年（1895）：李鸿章由湖广总督调任直隶总督，函招周馥赴津，奏保留直补用，参与北洋诸务及北洋海防建设；任候补道、津海关道、直隶按察使。

（5）光绪二十五年（1899 年）八月至光绪二十六年（1900 年）十月十六日：任四川布政使。

（6）光绪二十六年（1900 年）九月至光绪二十八年（1902 年）四月二十一日：改任直隶布政使；随同奕劻、李鸿章办理和议条款事宜，总办京中及顺直教案。

（7）光绪二十八年（1902 年）四月二十一日至光绪三十年（1904 年）九月二十四日：任山东巡抚。

8

（8）光绪三十年（1904年）九月二十四日至光绪三十二年（1906年）七月二十四日：任两江总督。

（9）光绪三十二年（1906年）七月至光绪三十三年（1907年）四月：任两广总督。光绪三十三年（1907年）四月开缺后即退隐，不再复出。

（10）中华民国十年农历九月二十一日（1921年10月21日）：逝世于天津。

（周景良　制　　孟繁之　校）

目　录

目 录

3

周馥一生

周景良

前 言

　　研究周馥在清末洋务运动中以及治水等方面的贡献，已经有了一些专门的学术文章。堂兄周慰曾写过很全面的《周馥生平述要》，另一位堂兄周桀良也写过《甲午战争前后的周馥》等文章。汪志国先生更是广泛搜求文献，深入分析，写出了一本专著《周馥和晚清社会》。我不是历史学者，看到的文献不多，也做不到考订精详，本文只是沿《周馥自著年谱》的线索，参照一些文献、笔记，写一点我自己的认识和随想。所以，对于周馥的事迹不能详细介绍。另外由于年龄和健康的问题，我已不能跑图书馆。有些实在应该翻阅的文献，如李鸿章的全集和书信集等，我几乎都没检阅过。我虽然是周馥的曾孙，但离他生活的时代相隔久远，又相隔几代，从家庭内部并没有得到什么相关的信息和资料。我只是读了他的《自著年谱》，并参阅《玉山诗集》及其他文字，略写几句。

　　周馥的《自著年谱》是民国四年（1915）周馥七十九岁时，根据日记补叙而成的。原著所用为清代的纪年，公元纪年是我对应添上的。由于周馥用农历记录，年末有时已跨入公元的次年，公元纪年或有误差，故我行文的公元纪年仅供参考。

一

周馥作风平和,对事认真,能体察下情,对钱财看得淡,热心公益,生活简朴。

先从周作人的印象说起。周作人在一本回忆录中写到他在江南水师学堂时的一段经历:"甲辰年(1904年)冬天……北京练兵处(那时还没有什么海陆军部)要派学生出国去学海军,叫各省选送。我们便急起来行动,要求学堂里保送我们出去,一面又各自向各省当道上禀请求……可是都如石沉大海,一去没有消息。只有山东给了回电给学堂里,应允以在学的山东学生魏春泉补充。那时山东巡抚不知道是什么人,就这一件事看来,可以说是胜于东南各省的大官远甚了。"①这就是说,三十多人皆来自全国各省,单只山东一个省有回复,而且同意选送。

后来,据周作人说:"学校为了免得大家争吵起见,乃决定将头班学生都送往北京应考,由练兵处自己选择。"他们1904年底回到南京,等候结果。考试结果,全班三十余人几乎都被派往日本留学去了。只周作人和另一个叫吴秉成的二人,由于近视眼而不及格,未能出去,仍住在江南水师学堂,置在那里无人照管。1905年春三四月左右,一天忽然校方来叫他二人,原来是两江总督周馥路过江南水师学堂,进去视察,知道有两个留校的学生,就叫来看一看。问过一些学过些什么等问题,便要给他们分配工作("办个局子")。周、吴二人表示不愿工作,请仍派他们出去改学别的(学军事近视眼不合格,故改学别的)。他们的所请得到了周馥的同意,于是周、吴二人方得以出国。②

曾祖周馥

周作人描写当时见到周馥的样子时说："周玉山站在操场上，穿了棉袍马褂，棉鞋也很朴素，像是一个教书先生模样。"这位在南半个中国各省督抚之首的两江总督兼南洋大臣，在周作人眼中竟留下了如此的印象！周作人后来在谈他印象中的周馥时说："可以说，在五十年中所见新旧官吏中没有一个人及得他来的。并不因为他叫我们'办局子'，乃是为了他的朴素、诚恳的态度，不忘记我们两个留校的学生。这在刘坤一、张之洞、魏光焘大概是不会得有的。"③

周作人此次所记，是周馥作为总督视察狮子山炮台，路过水师学堂的行为举止。清代督抚出去巡察，常规的做法是，身着官服（朝珠、补褂）、摆开仪仗、鸣锣开道，但是此次出巡，周馥只穿了便服，亦可见其不事铺张、平易近人之处。更可注意者，周馥的便服，只是棉袍，而在当时的官吏以及士绅商人阶层，穿皮袍子是极普通的事。讲究的人，更愿花重价买稀罕、贵重的皮毛穿。

另一层面，再回到前面所说各省只有山东有回信一节。据周作人日记，1904 年冬十一月十四日全班同学已坐船出发去北京应试去了。因此，学生向各自省上禀报，等候回音，至少是两三个月以前的事。据周馥《自著年谱》，他是光绪三十年（1904 年）十月初十日才交卸山东巡抚篆赴两江任的。据此推算，上面所述只有山东省有回信时的山东巡抚，恰恰又是周馥。所以，周作人所说的那"可以说是胜于东南各省的大官远甚了"的山东巡抚，则又是周馥。两次都如此，可知周馥之对事认真、体察下情不是偶然的了。

以上引述周作人的几段文字，给了周馥极高的评价。周作人一生所作文章，最是平淡、质直，绝无夸张语句，所以，若不是真有所感，不会在五六十年之后仍然印象生动地写出以上他对周馥的回忆来。

著名学者赵元任先生的夫人杨步伟女士,是晚清佛学大家杨仁山的孙女。她在上世纪七十年代末对先兄珏良说,记得当年周馥在南京做两江总督时,常去拜会杨仁山,每次都是轻车简从,坐着一辆马车就去了,完全没有官架子(周和杨极熟识,早期曾同在曾国藩幕府)。从文献上查对,那时杨步伟大概十五六岁,身为封疆大吏的周馥这种平易近人的作风竟给她留下了如是深刻的印象,七十年之后她还能记忆如新。

周馥去世时已是民国时期(1921年),前此四十年前他所参与创办的北洋水师学堂和天津武备学堂出身的学生,当时已声名显赫的总统、总理、督军如黎元洪、段祺瑞、陈光远、齐燮元等都不忘旧情,送挽联并以学生自居。黎元洪送的挽联上联说:"迟暮师生,情真语挚,清谈竟日,礼数皆宽,人以为姻娅往来,岂知桃李新阴,曾亲传坧上阴符,信陵兵法。"④这挽联中所云周馥"情真语挚,清谈竟日",或者"礼数皆宽,人以为姻娅往来",这样地对待当年的学生晚辈,描述了黎元洪所见周馥平易近人的风度。这仍和周作人的感觉一致,感到的是诚恳和朴素。

以上诸家对周馥的记述,可包含两个方面:一是周馥办事认真,体察下情,待人诚恳;另一点是周馥作风朴素,平易近人。

之外关于周馥的日常生活,据我家里人的记忆,也是非常简单朴素的。据我的堂姐,周馥的长孙女周孟芬晚年的回忆,按当时的制度,作为两江总督,照例每天中午供应有一桌鱼翅席,而周馥到任后就把这桌席给免除了。清代一般官署都是前面为衙署,后面是这官员的住宅,当时周孟芬就住在官衙之内。

另据李伯元《南亭笔记》卷十四记:在周馥任山东巡抚时,"〔周馥的〕夫人七十生辰,下属有制屏献者,仅录其文,其余馈洋酒者概从摒绝;署中亦无举动,堂上仅燃双烛,婢仆每人赏面一碗,藉偿叩首之劳。"⑤此事周馥在自己的《年谱》中也有记述:光绪三十年(1904年),

"二月,学海、学熙、达孙来济南,为室人七旬祝寿。僚友寿仪概不收。惟屏联已落款者不便却。亦未燕客"。

先兄珏良生于 1916 年 3 月,周馥逝世于 1921 年 10 月。周馥在世时,珏良只是一个五岁左右的小孩。当这一辈小孩到周馥住处去时,周馥吃饭时总是要这些小重孙子们坐在他身旁一起吃饭。珏良还记得,饭桌上的餐具非常普通(甚至有点简陋),只是一些搪瓷盘子。当时情况,大户人家餐桌上一般用一些稍细致的瓷餐具是起码的,更不要说有些奢侈的人用细瓷、名瓷了。

总起来看,周馥虽然历宦四十余年,曾身居高位,却没有多数大官常有的官气,也没有有钱人常有的娇气,而是在认真、踏实的平实心态中带点读书人气味。

周馥是不贪财的。在他做官时,有些收入是属于现在所谓"灰色收入"(照例应给的收入,但不属于正式规定的),他绝不收。例如,光绪十五年(1889 年)8 月至 11 月周馥署(暂时代理)直隶布政使。据周馥在自著《年谱》中说,当他署布政使时,库吏送来五百两银子,他不收。库吏说,这是照例的规矩,实任的一千两,署任的五百两。但他还是拒绝了。周馥多年为官,其中许多是所谓"肥差",但是他并不富有。有许多人做了大官后成为很富有的人,而许多很富有的人对外都说他们不富有。别人也弄不清楚。(即如我想了解我父亲的财产情况,也是无法弄清楚的,他并不对子女说。许多家庭都是这样的。)但是,在许多年之后,当周馥的儿子周学熙也老到六十八岁时(1932 年),周馥的情况早已时过境迁、无需隐瞒时,周学熙写了一部自己的《自叙年谱》,其中记载了距那时三十二年前、周学熙年轻时,周馥分家给他们的情况:"是年吾父因余兄弟均已成立,各有子女,应谋自立。遂分析家产,按六股均摊。余所得者,股票、现款约二万金。溯吾父任海关道、盐运使等,前后十余年,所谓显宦,专绾财政,而吾父不妄取,薪俸所入,多以施与,尤以兴学、济族为务。故修文庙、建书院、立义庄,屡捐巨款。及谢政归,囊中所余,仅此数耳。不独视后之以官肥家为天壤,即在当时,亦所罕见……"⑥

如是,周馥分家时的总共财产,加起来不过十二万两多银子。

最近看到一本名为《豪门旧梦》的书,作者孙树棻一家过去是上海的巨富之家。据作者分析,他家经营产业最开始时的资本,来源于他的曾祖父做了两年津海关道的所入。他的曾祖父名孙竹堂,在荣禄任直隶总督时,做过两年津海关道。下面引作者的两段原话:

> 曾祖父在天津海关道任上干了两年多。据我推测,以后他置田买产和经商办实业的资本大半是这段时间里弄来的。因为从他做官的履历来看,在当海关道之前都是些虚衔,没当过实职,自然没什么油水可捞。在当海关道之后虽然官职在逐步上升,但所干的都算不上是什么肥缺。

> 曾祖父用宦囊在常熟城内北门大街的天凝寺巷内造了一座占地十几亩的住宅,在东门大街上买下几十亩收租的市房,在城外梅李、徐市等乡买了一万五千多亩良田,还在远郊白卯乡买下了七千亩盐碱田。同时他又在上海公共租界的三马路和四马路上买下了几十亩地皮,准备造屋出租。还在上海的汇丰银行中存入一笔约合三十万两纹银的存款。这样他便打算在常熟城内颐养天年了。⑦

上述这位孙竹堂只做了两年多津海关道,而周馥两任津海关道,任期加起来有七八年,却只留下十二万两多银子。

分家这一年是在光绪二十二年(1896年)。是在甲午战争后,周馥准备辞官退居林下。但随后,形势又有了变化,他于光绪二十五年(1899年)又出来做官,直至光绪三十三年(1907年)四月两广总督开缺,才彻底退休。这是否又积蓄不少钱财?他在两广总督任上只干了不到七个月,当时清流攻讦他说:"阔了周馥,穷了两广。"而从一些情况看起来,他大概没有积蓄很多钱。在他儿子周学熙写的《自叙年谱》中详细叙述了那次分家之后,再也没有记录分家、分钱财的事,只记有周馥晚年到青岛后,周学熙为他买地、建房子:"宣统三年(1911年)……八月,革命军起,芜湖骚乱。吾父先游苏杭,后至青岛居焉。余购巡衙前地建屋迎养。⑧"中华民国三年(1914年)欧战起,周学熙和周馥迁居到天津后,周馥就居住在周学熙所建的三多里房子内,直至去世。大约他的生活也由周学熙供养,因为在多年以后,家里人曾听到过周学熙的妻子、我的叔祖母谈起当年奉养周馥的情况。

所以,周馥给子女也就只留下十二万两多银子。这个数目和当时一般大官的财产远远无法相比。之所以如此,是由于周馥除了不妄取之外,还不断捐助公益事业,兹就《年谱》中所见到的摘录于下。

光绪八年(1882)任津海关道时记有:"时议收捐,修由天津城东接至租界官路,自捐一万两倡之。"光绪九年(1883)任津海关道时记有:"是年,捐银一万两,助本邑研经书院膏火……后并入学堂,续捐四千两,皆凑作公益典本,既以典利助学堂费,复使贫寒得使典质救急。"光绪十年(1884)任津海关道时,"助建复圣庙工费一万两"。光绪十二年(1886年),会禀立集贤书院,捐二千六百两;禀建博文书院,捐三千两;赞助海防,捐买东三省枪炮银二万两。在这期间,周馥自己并不见得富裕,还不时向人告贷。《年谱》中所记,如光绪五年(1879年)就记有向人借贷了两笔:一笔五百两,一笔三百两,还卖掉南京复成仓的房子。捐出去的是上千上万,但在不凑手时自己连几百两也要去借,可见他这时期并没有什么厚家底子。但就在借债这年,他还出资修复了家乡的唐山寺。这是建德周氏六世祖舍宅而建之庙,在太平军的侵扰中被烧毁。光绪十七年(1891年)任直隶按察使时,记有:"捐本邑修文庙银一万两。"而在光绪十八年(1892年)记有:"余念家事艰难,生齿日繁,属学海回扬州经理生业……"感到经济日紧,命长子周学海作生意去。此外,周馥妻子吴氏"历年捐助乐济会之赈济族戚孤贫银一万四千两"。

摘录到此为止,他其他为家乡做的事就不再一一列举了。从这里可以看出,以他当时的经济水平,他用了收入的很大部分去捐助公益事业。这也可看出周馥对钱财的态度来。

周馥在致仕数年之后,已七十多岁时,在记录对孙辈谈话的《负暄闲语》一书中,念念不忘地写了一段希望子孙爱护他所办的公益事业的话:"余昔年捐建本邑文庙一万金。又捐周济族戚孤寡,取名'乐济会',存典生利一万金。近已将此款改买芜湖万顷湖田一千馀亩,又捐银买邻田一千馀亩,取名'孝友堂',暂以济'乐济会'之不足。他日田租足额,即以'孝友堂'租专留济本支子孙孤寡与极贫者、欲进学堂而无赀者。又捐池州府中学堂、建德小学徒各四千金。今欲再捐,力已竭矣。尔辈他日即不能扩充善举,断不可使已成之业废弛中辍,致负孤寡之望。"⑩周馥之帮助孤寡、帮助寒士读书,还有更深一层的考虑。在《负暄闲语》卷下第二页,他写有一段话说:"人心险薄,皆由奔竞图利而起。故乡党人较厚,市井次之,宦场又次之。而人之见识开朗,则宦场人为多,市井次之,乡党又次之。故行善以能兴学、教人为上,周济孤寡次之。"用现在的说法,就是说他认为人心惟危、变坏都是由于谋求私利,因此农村人比较厚道,城市人就差些,官场的人最差;但是人的见识开阔,则官场为多,城市人差一些,农村人最差。所以行善首先要以能办学校、教育人为最主要,帮助孤寡为次要。这就是要秉性忠厚的这一层人经过学习，见识开阔起来，不要被心眼坏、垄断知识的一层人压在下面。让善良的弱势层翻身，比救人眼前的饥寒更重要。

周馥的朴素作风和热心公益也影响到他的子孙。他曾命他的长子周学海和次子周学铭拜晚清名士李慈铭为师请问学业。李慈铭在他的《越缦堂日记》中记周氏兄弟说："周氏兄弟友爱恂恂，其兄澂之尤谨笃，近日所难得也。"⑨周馥六个儿子中三个较小的有周学熙、周学渊、周学辉，我还赶得上见到这三位叔祖父。周学熙是创办中国北方工业的有名人物，因为经营工业，他本人是富有的。周家各房、各支多数也因投资这些工业，而不同程度地富裕起来。就我所见到、听到的，这三位叔祖父的生活都很简朴。旁人只看到他们住的楼房高大，却不会想到他们的生活会是那样简朴。但这不同于吝啬、守财奴、抠门，他们是有很多钱，但他们没有使自己的享受更奢侈。他们将大把大把钱用在为原籍家乡办电厂、建医院，设立基金周济本族贫穷户，帮助贫困的子弟、亲友。周学熙在这些方面贡献尤多，这里无法详述，读者诸君可以在已出版的有关周学熙的几种传记中去查对。其他例如叔祖父周学辉，生活非常俭省，年岁很老了还每天自己算日用账，精打细算，生活异常俭省。当初我们这些侄孙辈十多岁时不懂事，常背后笑他。但是后来回想起来，他在另一些方面并不节省，该花的钱一定花，决不稍稍减汰。如我哥哥等这些他的侄孙辈出国留学，照例要到他家向他磕头"辞行"，结婚后要到他家拜见，遇到这些情况，他一定要在高级饭馆请这孙辈吃一顿饭，还必须有酒（备酒也是礼节必需）。其实这种情况，并不一定要请吃饭，其他叔祖父就不请，但这位叔祖父在礼节方面极其周到，对于礼节，他一点也不马虎。尽管这一顿饭的支出和他简朴的生活比起来是不小的一笔钱，该用的钱，他毫不吝啬。他还拿出相当一笔钱交给安徽同乡会，资助各校安徽籍同学。直到临解放前的 1947—1948 年间,我在清华大学读书时,安徽同学还会时常从安徽同乡会领到资助。最近读到著名学者启功的口述历史。启功的曾祖父是我这位叔祖科举考试时的老师。过去对这种师生之谊是非常重视的。启功谈到他高中二年级为养家辍学时说:"为此,我有点对不起我的另外一个恩人——周九爷周学辉先生……他也是我曾祖的门生……我曾祖死后,他还坚持来我家看望我们。每次来北京,必定来看我的曾祖母,他一直称她为'师母';我曾祖母也必定留他吃饭,关系很好。周老先生表示愿意资助我一直念下去,直至大学,以至出国留学。这样一来,我就辜负了他的美意。"田本相著《曹禺传》第一章有一段话也说:"曹禺说:'周家和我家是世交,我到他们家去过……我父亲死后,只有母亲一个人。还有一个周九爷(即周学辉),他那时对我家里帮助不少,我家才能过下去。'"⑩如此看来,周馥的儿子也继承了周馥的朴素、热心公益、助人的禀性,尽管他们可能比周馥更富一些。就连立论颇严、于缺点不稍宽假的费行简在《近代名人小传》中也说,(周馥)"诸子朴雅无纨绔习"。⑪至于周馥的孙辈,即使其中有些较富,也没有一个是生活奢华的。

曾祖周馥

二

周馥做官数十年,政事多繁难,但不废读书,勤于著述。

于式枚在给周馥所著《治水述要》一书所作的序文中有一段话说:"尚书(指周馥)自少至老,未尝一日废书。文忠(指李鸿章)尝为余言,曩在兵间,偶行诸将吏营帐,至尚书所,几上皆宋儒书,心独异之,以为异日可任大事。"⑩

在周馥的时代,读书自然是读中国传统书籍。问题是周馥对于读书抱什么态度。从上述李鸿章的一句"几上皆宋儒书",已可看出周馥读书的旨趣首先是要提高自己的思想修养。为了更清楚一点,下面引他所著《负暄闲语》一书中的两段话:

> 读书以四书、五经及性理等籍为主,《史》《汉》诸书有关经济者次之,西学则又次之。必经、史已通大义,再求专门之学……
>
> 读书以研究道理、身体力行为要。溧阳陈作梅先生(鼐)曰:昔人言考据家如贩古董,词章家如优伶。言于己无所得也,到用时胸中毫无主张。⑪

从第一段引文可看到周馥读书的目的、主次。第二段话强调了"研究道理"和"身体力行",并引用了一句极尖刻的话,这是为了强调读书首先是要加强修养。考据之学在清代有极大的发展,并且是清代学术发展的主流,这是人尽皆知的。我想,用我们今天的语言来表达周馥引用这段话的用意,也许是说,考据只是一门科学,无论这门学科多重要,它不能起道德教育的作用。至于谈到词章,过去文人作诗酬唱、应答往来是极普通的事,过去被认为是风雅的事,被认为是有学问、有情致人干的事,大官有权、有钱,周围更是聚集了一些文人,经常举行这类活动。怎么能说是优伶?我想,周馥引用了这样的话也是想借此强调,如果道德修养不够,则一味吟诗作赋也只是外表漂亮、没有真正内容的人,以致"到用时胸中毫无主张"。《负暄闲语》是周馥为教育孙辈幼儿所写的书。正因为考据学在清代有很大发展,许多考据学者在学术界有很高的声望;也正因为吟诗作赋被普遍被认为是有学问、有情致人的风雅之事,许多人都因这些而负盛名。周馥怕孙辈年轻分辨不清,读书目的、方向不明,所以周馥引用了这样尖刻的话来警策幼孙们。但他也不是否定作诗,周馥自己就留下有《玉山诗集》。过去崇宋儒、讲性理的人,有相当的人高调连天,空洞不联系实际,少部分人言行不一,成了被人讥笑的"假道学"。周馥警策孙辈要"身体力行",在当时是很现实的问题。据晚清某笔记中写,在曾国藩幕府中就有所谓"三圣七贤"等混饭吃的假道学。周馥初被李鸿章招致时就先在曾国藩幕府,就在这些人身旁。又如清流中某人,以敢言著称,斐声当时,诗词也负盛名,但道德败坏,后来有人选清末的诗词竟因此而不选他。

《负暄闲语》成书于宣统元年,据周馥为此书所作序说,此书是"为诫诸幼孙而作",是"去年遄孙(即我父亲周叔弢,当时十几岁)随侍居庐山、芜湖数月。因其所问,就书史所载、见闻所及,引申之以广其义,随笔记载",因而成书的。此时周馥已卸官家居,又不是对外人讲,无须顾忌,所以,娓娓道来,愈觉真切。这是一本很有意思的书,薄薄百页一册,分上下二卷,内列:读书、体道、崇儒、处事、待人、治家、葆生、延师、婚娶、卜葬、祖训、鬼神等十二门类。全书从各方面通过分析圣贤道理和具体事例来贯穿说明他的道德观念,正是贯彻如上所述:"研究道理,身体力行。"从其中许多有关周馥自己的事例还可看出他自己是如何身体力行的,可借以更深入、具体地了解周馥的为人处世。可惜这里不能更多展开、更深入地分析了。

周馥是一位务实的人。他虽然突出道德修养的重要,但并不轻视其他学问。他只是强调了主次的关系,正如前面第一段引文所述,"必经、史已通大义,再求专门之学"。他排列了先后次序,"读书以四书、五经及性理等籍为主,史汉诸书有关经济者次之,西学则又次之"。请注意,他把西学也列入可以旁通之列,并未排斥"洋鬼子"的西学。在当时一般情况,即使接受西学,也只是接受西方的技术,"中学为体,西学为用"。周馥大概也不例外。

有趣的是,在《负暄闲语》中对基督教也有分析,分析其哪里是正确的,哪里不足,并不全面否定。亡兄珏良说,听长辈讲,周馥说他曾读过《圣经》,因为洋人信《圣经》,和他们交涉,有时引用《圣经》更能说服他们。这在今天听来有趣。在当时,不引经据典、"言必称尧舜",而引据洋鬼子的东西,搞不好就会成为一条罪状。周馥读《圣经》,主要是为了和洋人易于沟通,谈判、解决问题方便。其效果如何呢?我们来看看参与了晚清一些重要事件、和许多晚清大官都有过接触的传教士李提摩太在回忆录中的反映。在《亲历晚清四十五年》第十七章中,专有一小节标题为"周馥",其中有一段写道:"义和团事变之后,周馥在处理直隶省的对外事务方面表现了卓越的技巧,作为奖赏,很快被提升为山东巡抚。他不仅是引进电报和铁路的先驱者,也是现代中国对基督教表现出深厚兴趣的第一个高官……对传教士出版发行的书籍,他一直不满意,因为它们没有针对官员的心理把观点表达清楚。"⑫在同是第十七章中，另有一小节标题为"周馥的建议"，其中写道："他提出了两条富有价值的建议：一、我以他的名义给山东的所有新教传教士写信，希望他们选出三名代表，同他一起协商处理山东的教务问题；二、我购进一些《新约圣经》，由他亲自发送给他属下的官员，以便他们能重视此书，认真阅读。……回到上海后，我拜访了圣书会在上海的代理。他给了我二百套精装的《新约圣经》。我作为礼物送给了周馥，让他分发给他属下的官员，以便他们对基督教的宗旨能有更好地了解。"⑬

周馥去世时，他的儿子们所写的《行状》中总结了周馥读书的情况说："府君（即周馥）性嗜学……终其身未尝一日释卷。笃持宋学，以朱子为归，而不矜门户。归田后，取朱子撰述及各家所著《周易》诸书反复研求，嗜如性命；其他十三经、二十四史、通典、通考、通志及近人所著《新元史》，皆丹黄评点，以所心得识诸简端；下至历代名人诗文集、诗话，旁及道、释、星象、堪舆、诸子百家并近翻西籍，靡不择其精要，纂集成编……"⑭可见周馥是以宋学为根本而博览群书的人。然而，当时社会上还是有些人认为他不学无术，这或者和他没有"功名"有关系。我看到这段讲他博览群书的话时倒有一个想法，周馥去世后，他的遗物（当然包括这些书籍）保存在天津我家的祠堂里，新中国成立后这些东西全部捐给了南开大学。如果现在在南开大学还能找到这些书，汇集这些书中的"丹黄评点"，加以分析，很可能更深入地了解到周馥的学识和他的内心世界。

可能是受了周馥一生不废读书、勤于著述的影响和熏陶，在周馥的子、孙、曾孙三代中出了许多学者，其中有不少是非常知名的、有世界性影响的学者。对比晚清各大官的后代，这一点是比较突出的。这一现象，最近已引起某些研究者的注意。

周馥做官时期的著作，据《行状》，"在官所著，有《通商约章汇纂》、

《教务记略》《治水述要》《东征日记》《海军章程奏议》"（以上只有《治水述要》收入了《周悫慎公全集》）。不做官以后，最主要的著作就是《易理汇参》（收入了《全集》）。引人注意的是《东征日记》，其遗稿现在不知下落，希望哪一天能够浮现出来。甲午战争，周馥奉命总理前敌营务处，记下了《东征日记》，想象其中会有许多重要史料。

周馥去世时，商衍瀛送的挽联说："得箕福之全，最难开府廿年犹似儒生勤撰述。⑮"说的是，难得的是做了多年大官而仍像儒生一样著书勤勉。在清代，考取举人、进士的所谓正途出身的读书人是看不起非正途出身的人的。商衍瀛是光绪二十九年进士，而周馥没有举人、进士等"功名"，不是正途出身。因此而看不起周馥的人、说他不通文墨的也大有人在。如果商衍瀛觉得周馥没有学识，则不管是什么样的关系，由于周馥身居高官、又有种种贡献，即使需送挽联应酬，也可以写种种颂扬功德的文字，不必在学问上颂扬他。商衍瀛若不是在这方面真正有所见，是不会写这样的内容的。

严修（范孙）是光绪九年进士，翰林院编修，曾督学贵州，创办学校甚多，还是南开中学和南开大学的创办人。在周馥晚年，严修常去拜访。我父亲常见到他去，见到他对周馥非常恭敬。在天津周馥祠堂门前有两座石碑，一座碑文是徐世昌撰文，另一座碑的碑文是严修撰写。严修题："门下士天津严修谨撰"。一般这种碑文中主要叙述周馥种种功绩、贡献，但严修于主要内容之后，又加上一段："修自少师事公。比岁公就养津上，修适里居，执业请益，靡浃旬间隔者。今庙貌岿然，此虽疏逖之士瞻礼祠宇者，犹以兴无穷之思，而况生平昕夕严事其人者乎？"正途出身、曾任翰林学士、教育界赫赫有名的严修，竟于主题之外，加了这样一段情文并茂的文字。这只能理解为严修对周馥的崇敬。

周馥是一个思想清晰、理路清楚的人。所以他读书能抓住实质，著作能联系实际而不流于空洞，搞洋务建设能行之有效，办理教会、教民纠纷能持平公正，"毫偏不置胸"。

堂侄启晋收藏有周馥摘抄《孔子家语》的手迹，是他八十五岁时于逝世前两月所书写。卷末有题记云："余幼读《孔子家语》，以其语泛而杂，不及《论语》精粹，遂搁置未卒读。今养老无事，复取昔年未卒之书，一一翫索。觉《孔子家语》中皆有关修身治世之言，的为孔氏家藏之本。王肃特捡取之，凑集之耳。非彼杜撰，彼亦不能杜撰也。诸小孙读书皆不暇及此，然此书万万不可不读。今因择取世俗人所共解者若干条，冒暑录之。眼昏手钝，未敢中辍。爱孙心切，忘其老惫。诸孙幸勉之毋忘。辛酉七月录于津寓，八十有五老人周馥。"这里谈论的中心，是说今本《孔子家语》不是伪书。《孔子家语》在古代文献中是有著录的，就是说在古代是有这书的。但今本《孔子家语》历来被认为是王肃所造的伪书，几乎已成定论。有趣的是，近年来考古方面陆续有重大发现。特别是大量的竹简（古书片段）出现，有些竹简其时代甚至和孟子的时代接近。学者们发现其中有些字句或文章片段和某些古书中的相同或相似，而这些古书有些过去被认为著作年代晚得多，或有些过去根本就被认为是很晚才伪造之书。例如，在八角廊汉墓出土的竹简中就有类似《孔子家语》的原型。在这些发现之后，学者们对这些书的评价起了根本变化，认为这些书的年代要远远早得多，只是经过累代传抄，夹杂了后世的东西进去而已。《孔子家语》不是王肃造的伪书，这正合了周馥的看法。我说这些，并非说周馥有什么大发现，他不过说说他的想法。他看到书中"其语泛而杂"的部分，但他在仔细研读，去粗取精，"一一翫索"之后，书中精华部分使他有了如此的认识。所以我说周馥是一个思想清晰、理路清楚的人。在那种种考古证据未出现之前，像他这样的人的思想认识和直觉所趋，其天平往往会倾向真理、正确这一方面。

周馥有《玉山诗集》四卷。集中收诗,始于咸丰十年(1860)庚申,时年二十四岁,终于民国十年(1921)辛酉九月,为八十五岁于临终前十余日之绝笔(本文所记周馥年龄,全部按照周馥原记的虚岁,不再折算)。钱锺书先生是亡兄珏良的老师,从西南联大时期起,师生关系就比较密切。在上世纪八十年代初,有一次珏良拜访钱锺书先生。临走出来时,钱先生在后面送,边走边谈,说了一句:"《玉山诗》很好。"当时谈话未及继续下去。钱先生所指是什么?钱先生是因为周馥是珏良的祖上而说的一句客气话?或确是一种评价?我想,这当然是一句客气话。我们不一定要说诗如何如何好,但如果诗显然不好,钱先生就不会选《玉山诗》作话题了。钱先生竟读过这本民国以后才印行的印量不多的诗集,足见先生之博览群书。我读《玉山诗集》有两点感觉:一是诗中感情都极真挚,许多是联系到史实、人物、社会状况而发的,没有什么虚浮的情趣;二是从中可以了解到一些史实或人物,很可以作为他的《年谱》的补充。于式枚在《玉山诗集》序中说:周馥的诗"独抒性灵,自行胸臆,不规规于法古而自得真趣。少长兵间,重睹昇平,故于先后治乱之迹,感慨最深。写乱离之景象,陈民间之疾苦,沉痛委婉,有少陵、次山遗风。至其触事抒情,因物寓意,如元相之称白傅所云激切赡实者,体尤近之。晚岁悠闲,流连景光、闲适平远之作,又出入于渭南。昔桐城张文端公爱白、陆之诗,以为'日读其诗,则企见其人'是也。"⑯

周馥于清同治十年(1871)三月到天津任事(李鸿章调任直隶总督后即函招他去天津协助),直到光绪二十一年(1895)三月辞职离去(甲午战争失败,周馥也告病辞职),他在北洋这二十多年中成为李鸿章的主要帮手,李鸿章在北洋的建设许多是他主持兴办的,其中建设海军、建设海陆军学校培养人才、建设旅顺炮台、军港尤为重点。工作过程中,困难重重,处处掣肘。甲午衅起,朝廷主政者又不权衡利弊,妥善处理,而突然宣战。这时周馥又不得不挺身帮助李,总理前敌营务处。甲午战败,周馥心中自然不好过,但和一般别人不同的是,周馥是事先了解并看到了问题,每一步问题的解决周馥也有更妥善的处理意见,其中一些关键的建议,并未被主事者包括李鸿章等接受(如报请扩充海军的建议或甲午开战以后的军事部署对策等),或有些直接由上级如朝廷不经认真分析就直接决定(如甲午宣战)。就是这样,由于上下掣肘及错误决策,使得他坐视他作为主要参与者多年经营的北洋海军毁于一旦。其心中的感慨,可想而知。

随后形势一路演变,直到八国联军占领北京。这时,朝廷又要李鸿章出来同八国谈判议和。李又拉周馥做助手,周明知这不是什么好办的事(而且有危险,前任直隶布政使就是被八国联军杀掉的),对李的召唤仍是义不容辞。周馥到北京的当时,八国联军只承认全权代表李鸿章的住处贤良寺是中国领地,其他都是外国占领地。联军又时时在不满足要求时就威胁继续向西进军,在外国占领下谈和约,可以想象,和谈、教案的处理等都是十分难以措手的。辛丑和约签订后,直至光绪二十八年(1902年)四月周馥升授山东巡抚,还奉命留在京津与各国使节交涉归还天津和津榆铁路事(外国军队久占不撤),解决之后方赴山东巡抚任。在山东时,据《行状》说,"尝冒雪赴胶入青岛,悲怆时局,托诸咏歌",其诗云:

朔风吹雪海天寒,满目沧桑不忍看。
列国尚尊周版籍,遗民犹见汉衣冠。
是谁持算盘盘错,相对枯棋着着难。
挽日回天宁有力,可怜筋骨已凋残。

只有有这样的经历,才能有这样深的感慨。

李伯元在《南亭四话》之一的《庄谐诗话》卷二谈到这首诗,并说:"周馥客岁赴东……周即席作诗一首曰:'朔风吹雪(下略)……'亦可谓雅人深致矣。按:乙酉、丙戌之间,刘秉樟抚浙,周以候补道充当楚军营务处,一时有'目不识丁'之诮,数年以后,竟能对客挥毫。大奇!大奇!⑩"这里有些文字不清楚,周馥任职,和"刘秉樟抚浙"没有什么关系,周也未到浙江去任过职。我引这段文字的目的,一是说明这首诗在社会上引起一定的反响;二是说明还是有相当的人讥讽周馥"目不识丁"。

从其引起反响方面说,此诗不但在国内报纸上流传,还影响到了国外。在《玉山诗集》卷四,《寄黄暄庭星使二首》下面有一段较长的附注,今录如下:"出使意大利黄暄庭星使来书:言在罗马晤日本头等公使高平君,云予任鲁抚时有诗一律,曾由高平君译出英文,交美国外部呈大总统,一阅击赏,属将原诗抄寄,俾得校对珍藏。且将原诗译成英文,复由英文译汉,寄予阅政。予甚异之,忆昔年巡海至胶澳,偶题七律一首,即'朔风吹雪海天寒'句也。旋将稿弃去,以伤时之作,不欲示人也。后来不知何人捡取,登于报纸。又不知日本使臣高平君因何得之,转呈美总统罗斯威路特过目。此等琐琐闲事,若拒其请,必招猜疑。美总统夙重邦交,殆亦心乎中国,有所感而出此耶?因书前诗,寄暄庭转寄高平君呈之,并赠暄庭二绝,以志感愧。"(最近看到台湾作家高拜石所著《新编·古春风楼琐记》(十二)中有一篇名为《老罗斯福的中国字画——美国白宫所藏的周玉山诗》即是讲此事的。)周馥这首诗感慨当时整个中国的现状,正与国人忧国之心相应。周馥是当事人,故如于式枚所说"于先后治乱之迹,感慨最深"。至于李伯元所说"一时有目不识丁之诮",恰和上面详述了周馥一生读书、著书的情况形成鲜明对比,是两种全然不同的评价。我想,这仍和他没有"功名"而被有些人看不起有关。

周馥为何没有考取"功名"呢？在清代，要考取"功名"，无论秀才、举人、进士，都要全力以赴地钻研八股文，以致不能认真地研读经典古书。我曾听到长辈说，过去许多有学问的人都是在考取"功名"之后，回过头去念书，研求学问的，当然也有考取之后就不太认真读书的。这方面，流传最广的笑话是一位翰林竟不知《史记》是什么书！据《年谱》，周馥于十四岁即能作八股文了，每篇可作四五百字，每月逢三、六、九日作八股文一篇、五言六韵诗一首，这说明他是经历过写八股文的基本训练的。八股文虽然是宣扬圣人道理的，但有一定程序，要花很大力气研究其行文技巧和文风、路数，而不是学习圣人道理本身，要倾全力去捉摸。《儒林外史》是一部讽刺科举的小说，其中就有"若是不会揣摩，便是圣人也考不中"这一类的话。但是，周馥在《负暄闲语》中说："余幼时见乡塾子弟案头只有时文(即八股文)数册，心窃鄙之。"他幼年就有这样看不起八股文的看法，也可能是他最初遇到的老师好，但有了这样看法就不易全力潜心去钻研八股文了。咸丰三年(1853年)，周馥十七岁，应县童子试。考至第二场时，就有太平军打来的警讯，只考了一篇文章就草草结束，大家逃散了。其后于同治三年(1874年)时周馥又去南京参加了一次乡试(已捐监生，故可以参加乡试)，未考取。此后，就再也没有去考过试。周馥追随李鸿章之后，战争时期忙于工作，就更不一定会再有时间潜心练习八股文了。没有功名的周馥，常常被人(特别是和洋务运动对立的人)看不起。但并不是所有人都这样。在周馥去世时，饶汉祥的挽联写道："二百载储才，看书生翊赞中兴，始信科名失豪杰……"又有陈文权的挽联亦云："公以儒素起家，入参帷幄，出任封疆，勋业炳旗常，大为诗书吐气……"⑫这些都是摆脱了科举制度形成的一些习气影响，能够客观地去看问题的了。

三

周馥起家寒素,为战乱所迫,走出家门,被李鸿章召入幕府,开始为官作幕的一生。

(一) 为战乱所迫,走出家门

在周馥生活的时代,即清朝末期,一个人最标准、最主要的出路就是读书、做官。读书和做官两者紧紧联系着。读书最典型、最正统的结果就是做官,做了官,一个人就有了工作和衣食,就有了荣誉。那时代年轻人读书,不是一般意义的读书。四书、五经必须读宋儒的注解,不得读汉朝人的注解。必须习作八股文,而不是古文、骈文(想不这样做,那要等考取以后了)。所以,只要家庭经济条件允许,子弟都要按这一方式来"读书"。读书目的不在学问本身,而在于找出路、做官。所以,大家只要有条件,都争取走这条路。

周馥少年读书时虽也受了习做八股文的训练,但从他有关自己的叙述中,看不出他较强烈的参加科举考试的愿望(可参见《年谱》《负暄闲语》等),这也可能和战争有关,例如前面提到他十七岁应考时只考了一场就因战事而散了。那么,十七岁以前呢?他十四岁开始学作八股文。也许,确实需要两三年的时间学习,但从他回忆父母、祖父母对他的教育、期望的言语中,只有读书、做人,而无一句说"好好读书,将来做大官,光宗耀祖"一类的话记录下来。这也可能是家庭经济条件所限,又家居边远小县,而且还住在城外,所以虽也参加科举考试,并没有抱那样大的期望。在《负暄闲语》一书"祖训"类即记有:"我祖父习举业,将应

22

试,乃以饥困,改营他业。"⑱几句话,可见家境对于所走道路选择的影响。等到周馥在李鸿章处待了四年以后,已有了候补知县官衔,家中收到报喜帖时,周馥的祖父很高兴,说:"我愿见我孙作一任好知县足矣。"⑲可见并非不愿做官改善家庭,只是当初条件太低下,无从谈起而已。

马其昶所作周馥的碑文中说:"公虽旧族,起寒素,无资藉。"⑳"虽旧族",是说祖上是名门大族。建德周氏始祖周访是唐朝的御史中丞,六世祖周繇是唐朝咸通年的进士,是时称"咸通十哲"的人物之一,也做到御史中丞,有诗名,当时称为"诗禅",他的弟弟周繁的诗文和他一样有名。此外,到宋朝还有一位祖先是有名的武将。然而,这都是千把年前的事情了,以后就既没有可以夸耀的祖先,家族也没有很富的记载。

周馥自幼所经历、所知道上辈的情况都是贫穷。一次他问了他的母亲,才了解到一点家庭从小康到贫穷的经过:"问之我母,言自高、曾以来,皆居建德南门外桥西,有屋十余楹,田百余亩。乾隆时,丰岁米每石仅值钱一千数百文。夏日水涨,米船可泊南门桥下。余家小康,颇可自给。后为友人保借债事,友贩茶折本,曾祖乃自以田产偿之,别营商业。后因不戒于火,家业益荡然无存。时我祖父习举业,将应试,乃以饥困,改营他业。遂将南门桥西屋产售于他姓,移居纸坑山本族祠堂之左,后又移于右。逾二十年,我父旋买受,加工修理,居焉。"㉑

总之,自周馥的父母、祖父母、曾祖父母时起,都是不富裕甚或贫穷的了。所以周馥是"起寒素",就是以贫寒起家。"无资藉",是说没有什么有地位、有势力的人可依靠,加以帮助。

处在"起寒素,无资藉"的周馥,如果不是战争逼他出来,非常可能终老于故乡,也许在乡下某处做个教书先生等等。说到"逼"字,请看《年谱》中周馥自述一家逃难的经过。咸丰四年(1854年)八月,周馥十八岁和父母、祖父母等逃避到后河老屋棚许家住了几天。这几天中,太平军攻破县城,烧杀三日,老百姓死者数千人。咸丰七年(1857年),因太平军过境日多,无力供应,全家逃到彭泽九都等处。直到两年后即咸丰九年(1859年)在九都也不安全了,周馥全家躲到山顶,没有食物,眼见山下杀人劫物,一路逃出几十里,幸未被追到。咸丰十一年(1861年)正月,全家合计,彭泽、九都也已很危险,与其全家死在这里,不如让少壮外逃,保留后代。周馥就在这种情况下于二月离家出来,各处找机会,于十月到达安庆。十一月为李鸿章招致办文案,从此走上了或官或幕的道路。但是,他全家的苦难还没有结束。就在这年十一月,他接家信得知祖母死在彭泽九都;第二年即同治元年(1862年)十一月,又接家信得知父亲去世;于是回九都和全家把祖母和父亲的遗体运回家乡建德县(今东至县),安葬在纸坑山。家也就在纸坑山住下了。同治二年(1863年)二月,正当周馥回往上海的途中,忽听到太平军十多万人聚集在池州一带向西进行(不远就是建德了),就急请人连夜赶回建德,接出祖父及全家人过江到安庆。走了半个多月,才到安庆。当全家老少渡江刚到达长江北岸时,望见南岸已是搜杀掳劫、哭声震地了。至此,周馥全家方结束了近九年的、有时是九死一生的漂泊、逃难生活。就这样,"逼"了九年,到最后,怕断子绝孙,让年轻人逃出去留一条根,周馥才出来。为什么这么久才考虑出来?我想,前面所说"无资藉"恐怕也是重要的原因。首先,出来投靠谁?没有人可投靠!咸丰十一年(1861年),周馥自二月离家,直到十一月才被李鸿章招致,其间八九个月都在漂泊,没有找到投靠的目标。二者,走出去要有钱,要有起码的盘缠,而周馥没有钱。所以不可能轻易下得了决心走出去。周馥早年的家庭环境和经历很可能是他一生虽然做了多年大官,思想仍然比较朴素的原因之一(另一原因可能是他终生不废读书)。这在某些以清高标榜的官僚眼中,也可能会认为他一生没有脱掉"土气"。

（二） 被李鸿章召入幕府，开始为官作幕的一生

咸丰十一年(1861 年)，曾国藩密保李鸿章任江苏巡抚。在当时，江苏大部地区是太平军占领，这意味着李要在曾的队伍之外另建一支人马，独立去作战，收复江苏各地。所以，当时李鸿章虽仍在曾国藩幕府，但已着手延揽人才，建立自己的部属。据周馥记：在当年十一月，李"偶见余代友人具一牍，讶为博学士，嘱友连日访之，遇诸途，邀余往谒文忠(李鸿章)，乃再三称奖，因留居文正(曾国藩)幕中。同治元年二月，李文忠署江苏巡抚，率师乘轮舶赴沪，余从焉。"②从此"风雨龙门四十年"，周馥走上了追随李鸿章之路。自李鸿章从曾国藩分离出来自己创立淮军开始，直到李鸿章去世，周馥始终是李的重要助手。周馥在鸿章毫无头绪之时受到李鸿章的赏识并倚为重要助手，自然是感知遇之恩，尽力协助李。在李鸿章方面，也确实重视周馥，每遇到关键时刻或重要的事情，就要周馥来协助。

（三） 周馥在淮军

周馥入李鸿章营后，看来亦颇受李的重视。同治三年(1864 年)攻打常州，久攻不下，于是，李把巡抚大印交周馥保管，亲自上前线督师，周馥则坐小船尾随在后面(在清代，印信非常重要，丢了要治很重的罪)。所以，周馥在《年谱》中虽然记自己是"入营办文牍"，似乎也不只是抄抄写写。据《年谱》记，一次，李打常州，在青旸镇俘虏一千多人，就交给周馥说，这都是阵前败降的，听说各军都把俘虏杀掉，你替我杀掉一半。这在李鸿章似乎已是开恩了。但周馥想，这些人究竟是投降的，怎么能全杀？就连夜找来十多个剃头匠，备好热水，到时一一提讯俘虏，只杀掉起自广西的老太平军及清兵投降过去的共三十余人，而对这一千多人，立即剃头(这关乎是不是大清子民的重要标志)，每人给米一斗遣散。这显

然违背了李的嘱咐,但周馥仍按自己认为正确的去做。联系到前面谈过的周馥读书、修养、身体力行等等,可知周馥立身确是有其原则的,不是假道学,也不是唯唯喏喏、一味逢迎上级。

(四) 周馥在南京

清军攻入南京半年后,即同治四年(1865),李鸿章署两江总督(这里请注意"署"字,以后谈到周馥做两江总督时将作说明),周馥随至南京。这时候,周馥已经得到了官职、身份:先是前一年保举为县丞,这年又保升知县,接着又以"克复苏州省垣功,保奏、奉旨以直隶州知州留于江苏候补"。按当时惯例,各军队或地方,每有战功或建设成就,就要向中央政府保举一批有功劳的参加者,由中央给予官职。这些人就有了出身,入了仕途。常说某人是保举出身就是这样。清代官吏正规的出身是经由科举, 但是这些读了十几年或甚至几十年书的正途出身的没有实际工作经验,才干也高低不一,有许多人做起官来固然很能干,如曾国藩、李鸿章等,但也有不少死读书、头脑糊涂的人。他们一经考取,照例并不问有无工作能力一律要授以官职。这当中,出去当县官,审案闹出笑话的也有。唯有保举出身的人,他们有的曾经过科考,有举人、进士"功名"在身,有的完全没有功名,例如做过两江总督的魏光焘是厨师出身,但都是经过工作锻炼、有一定工作经验的人。我过去曾和一位老先生聊天,我说,清代主要通过科举选取官员,科举以八股文取士,所读之书于工作完全没帮助,大清二百六十年江山是如何维持下来的呢?这位老先生脱口而出回答了两个字:"保举",意思是说科举之外,还有从保举得到人才。可知保举出身这一批人的作用。通过保举,周馥得到候补直隶州知州官职。其地位与知府略同,而品级稍次。知府为从四品,直隶州知州为正五品。"候补",就是已被任命为这一级的干部,有了"组织关系"，但没有任命到哪个具体职位，也不发薪金。然而，这期间仍可委派种种"差使"。这里要分清，地方官职如天津道、永定河道、某府知府、某县知县等是要通过中央任命的，而且编制是一定的（全国只有那么多府、那么多县）；另一种职务是所谓"差使"，这不一定要通过中央，可由相当高的领导派现任官员或候补官员担任，而且工作机构是根据需要设立的，时间有长有短。但是，派差使不能随便派一个没有职衔、级别的人，要派有相应品级的官员。这时，周馥有了"组织关系"和职衔、级别，可是仍做他的幕僚工作，这在当时很普遍。而且，他同时也被李鸿章派了一个差使，这一差使他干了三年多，这就是"襄办金陵善后工程事"。金陵善后工程局，是担负重新建设南京的工作。清朝的两江总督府，后来成了太平天国的天王府，清军攻破南京后，又恢复为两江总督府。恢复、修建两江总督府也是周馥的工作任务之一（有趣的是，历经三十七八年之后，周馥署两江总督时住进了自己当初督建的房子里）。在南京约两年之后，清廷调曾国藩来任两江总督，而派李鸿章去打捻军。这时周馥工作未完，就不能随李去了，他有三年多不和李鸿章在一起。周馥自入李鸿章幕起至此，共约九年，其中随军约三年，在南京约六年。此后就开始了他随李鸿章进行北洋建设二十四年的漫长路程。

四

周馥是李鸿章进行北洋洋务建设的主要助手和参谋,自始至终全面参加了北洋海防建设。

周馥自入李鸿章幕开始,直到任两江总督为止的或幕或官的一生,前后加起来有三十八年。我根据周馥的《年谱》编了一个履历表。一般情况,看一个人的履历表,大致就可知这人做了些什么事。每个官职都有其职责范围,只是看此人任此职务做得好坏、有无建树而已。对于周馥其他时期,大致也可以如此办理,但是对于周馥在北洋时期则不是这样。固然,在履历表中,凡是实任、署任、护理、候补等职衔,表中都列入了,但是,通过履历表,远不能完全看出周馥在这一时期复杂、多样的工作。周馥在北洋的几十年中,正任工作、署任工作、差使、幕僚工作彼此穿插,读他的《年谱》中那些段时,看得眼花缭乱。其原因就在于,那几十年,正是李鸿章倾全力展开北洋海防等一系列洋务建设的时期。而周馥不仅仅是李鸿章领导下的官吏,完成他本职工作,同时,更重要的,是起了主要助手和幕僚的作用。所谓助手,是指李鸿章面对要害的事情或职务,需要派遣自己熟悉的、有能力的、可靠的人去担任,以保证自己的全局工作。这样的人就起了助手作用。作为助手,常常被任命或委派在关键的工作岗位上(有时这只是一项差使,但有些工作比起本任工作来,更重要,花的力量也更多)。起幕僚作用,是指周虽然有本职工作或临时委派的工作,但仍时时和李商议一些重大事情、代李谋划,起参谋作用。《清史稿》记:"鸿章之督畿辅也,先后垂三十年,创立海军,自东三省、山

28

东诸要塞皆属焉;用西法制造械器,轮电路矿,万端并举,尤加意海陆军学校。北洋新政,称盛一时,馥赞画为多。"

(一) 时代大背景

这里先说一下李鸿章任直隶总督、推行北洋洋务建设的时代大背景。李鸿章在直隶总督任的二十四年,是中国近代史上非常值得注意的一段时期。石泉所著《甲午战争前后之晚清政局》,对此时期的分析相当清楚。此书原是上世纪四十年代石泉在陈寅恪先生指导下作的硕士学位论文,后来种种变革,以为此文遗失了。上世纪九十年代又发现了此文,于是整理出版。据石泉书:"夫近百年来,贯穿于中国历史之一中心问题,为如何求自强以御外侮也。此一自强运动,实始于咸丰末年英法联军之役以后,而甲午一战,则为此初期三十年自强运动失败之总结也。"②石泉分析失败的原因,系于三种矛盾激烈斗争,此处不必赘说。周馥在北洋工作时,其工作中最突出的常是此三种矛盾之一的洋务运动与守旧势力之冲突。英法联军之役,中国一败再败,有识之士深受刺激。于是身历其境之大臣如恭亲王奕䜣等首先倡议讲求西法,取人之长,以固海防,力求自强。当是之时,疆臣之中如曾国藩、李鸿章、左宗棠等亦深知西人海陆军威力之强,与中国旧有武力之不足恃。由此,内外同时开始,在军事、外交上谋措革新,以求追步西方列强的所谓洋务运动于是拉开了帷幕。石泉说,李鸿章正是甲午以前三十余年间倡行洋务的重心人物。李鸿章等当时久经外事、通晓洋务之人,深知中国实力之决不能敌外人,故每遇对外发生事故时,皆力主持重,宁让步以求和局,而不欲轻开衅端,致大局难于收拾。而对内则尽其最大努力,以创行其所认为足以富国强兵之诸种西法建设与军事改革。而守旧派不能认清当时客观情况,一方面认为李对外国太软弱、卖国,同时,对每一项学习西方的改革、建设都激烈反对、处处阻挠。这就是当时中国的时代大背景。李鸿章正是在这样局面下艰难地进行北洋的洋务建设。而周馥在这一时期始终是李的重要助手和参谋,几乎参与到每一个方面,自然也身历到各种阻挠、刁难、攻击。北洋的洋务建设是以海防为中心,即建立现代化的舰队、军港、炮台。随之而来的是建设军舰用煤的煤矿、运煤的铁路、通消息的电报以及现代化的军事学校、兵工厂、医院等等。

(二) 观察周馥在北洋的工作要先理清头绪

周馥于同治十年(1871 年)十月从南京调到直隶,直至甲午后一年,即光绪二十一年乙未(1895 年)为止共二十四年间,先是任候补道近十年,再是任津海关道八年,再以后是任直隶按察使七年左右。从其在北洋的主要任职讲,就是这三大段(其间还署过永定河道、兼署过天津道、署过长芦盐运使、署过直隶布政使)。周馥在历任上述官职时,在本职工作中作出了自己的贡献。任这些官职也是作为直隶总督、北洋大臣李鸿章下面的重要支柱。但是,李鸿章找周馥来,是要周作自己的助手和参谋。固然周馥任上述各职都是李的安排和需要,也起了助手作用,但是,围绕着李的中心任务海防建设,仍有更多工作不断地委派周馥去做(委派"差使")。所以我说读周馥的《年谱》有点眼花缭乱。举个例说:光绪七年(1881 年)四月周馥母丧、三年守制后回到直隶,四月即委他仍回去会办海防支应局,五月又委他赴永定河勘筹事宜,六月又委署津海关道。连着三个月下了三个委任。这是怎么回事? 难道连三个月,一个月换一个工作? 自然不是。他三项工作都在做,除永定河勘筹是短期的事宜外。首先,候补道或津海关道是正式有品级的官衔或官职,周馥的"组织关系"、"级别"和"编制"都体现在这里,他必须有这么一个职务才是个官。正如在淮军时,虽纯做幕僚,但官职是候补直隶州知州。当然,这职务本

30

身也自有其重要性,并且工作极其繁杂。其次,海防支应局是北洋海防建设极关键的机构,虽然属委派的差使,其重要性不下于津海关道,而且周馥任此差多年,看来深得李鸿章倚重。由于李鸿章倚周为助手和参谋,所以,穿梭于几项工作之间,在周馥是常有的事,屡见于《年谱》的记述中。正因为头绪繁多,我想分三条线索考察下去:第一条是沿着所任官职的线索。即由任候补道,到任津海关道,再到任直隶按察使。第二条是有关北洋海防建设的贡献。第三条是治水。这三条在时间上是平行的,是同时进行、互相交错的。其实还有第四条,即作为幕僚的赞画作用。但这方面有些可融入前三者。这里有必要补充一句,自光绪二十六年(1900年)九月二十一日周馥奉旨调补直隶布政使(光绪二十七年〔1901年〕六月二十二日接印),直至光绪二十八年(1902年)四月二十一日奉旨升授山东巡抚(五月十二日交卸直隶藩篆),这一段虽然也在北洋,但不属李鸿章北洋海防建设范围之内,故在本章就不去谈了。

(三) 第一条考察的线索:候补道、津海关道、直隶按察使

甲、候补道。周馥在北洋,若以官职划分阶段,则第一阶段就是做了九年左右的候补道(同治十年〔1871年〕十月至光绪七年(1881年)。其中末三年因母丧回乡守制,所以实际做了约五六年。一般候补道没有具体工作岗位,没有薪金,只是闲着候差。每天和所有其他官员参见上级,然后就回家,等着一旦有空缺,受命递补;或是临时有任务差遣,时间长短不一。候补道不是实任官职。但是,李鸿章刚刚奉调直隶,就立刻把周馥从南京调来,绝不是让他在这里闲着的,有种种事要他帮助、商量,只是尚无合适官缺给他,仍保持原来的候补道(也要有一定的功劳,才能向中央保荐升官)。周馥来也不只是为了候补、等官做,他来了就要作为李鸿章的高级幕僚,帮助李鸿章。所以,他不会每天只是参见上级一下

就回家的。但周馥在这一段如何代李筹划北洋海防建设、起幕僚的作用,《年谱》中记载不多,无从考察。但从以后的发展看,周馥到直隶的最初四年左右应是李鸿章北洋建设的酝酿、筹备时期。虽然尚无实际行动可记,其筹划活动决不会少,否则正式开始时就全然心中无数了。直到四年后,朝廷正式下令建设海防,命令各地拨款,这才放手大干。此时已是光绪元年(1875 年)。正是在这年,设立了海防支应局,并命周馥会办。不过,他在治水方面起了很大作用,解了李的后顾之忧。在这六个年头中,几乎每年都派他治水的差使,少则一起,多则一年中两三起治水差使。

乙、津海关道。若以职务划分阶段,周馥在北洋的第二阶段就是任津海关道八年(光绪七年〔1881 年〕至光绪十四年〔1888 年〕)。光绪七年(1881 年)六月委周馥署津海关道,光绪八年(1882 年)由李鸿章奏保,奉旨补授周馥津海关道。津海关道,不能简单理解为相当于今日之海关。津海关道一职所管,不仅限今日的海关所管,还有相当大的外交权限。据周馥《年谱》光绪八年(1882 年)项下记:"先是天津专设三口通商大臣。因崇地山摧使任内,土民信谣,酿成殴杀法国领事馆、焚毁教堂之案,旨派直督曾使相(曾国藩)、苏抚丁日昌等莅津办结。遂奏裁三口通商大臣,而以直督兼任。别设津海关道一缺,办理交涉事件。此同治九年事也。"此是设立津海关道的原委,一起头就是为了办理外交的。《年谱》接着又写:"创设津海关道缺时,奏明由北洋大臣保奏请旨简授,兼北洋行营翼长。"这一段所谈到的事比较复杂,有关北洋大臣、津海关道、北洋行营翼长三方面。特别是北洋大臣的职权是什么,津海关道和北洋大臣的密切工作联系,需在下面稍作解释。

首先,李鸿章时任直隶总督、北洋大臣。直隶省就是现在的河北省,一直到民国十七年(1928 年)北伐完成后,才由南京国民政府改名河北省。在清代,直隶总督为全国各总督之首,地位在各总督之中最尊。而北洋大臣或北洋通商大臣,则所辖范围甚宽,不仅限于直隶,它是继承三口通商大臣而来的职务。改设北洋大臣之后,就明确此项职务由直隶总督兼任了。"三口"是牛庄、天津、登州三处,这已管到了辽宁、山东两省对外贸易。据《清史稿》,"九年(同治九年〔1870年〕)……裁三口通商大臣,东海、山海二关均归直隶总督统辖,另设津海关道,监督新、钞两关。"㉔三口通商大臣以至北洋大臣还担负着外交任务。虽然自咸丰十年(1860年)就已设有总理各国事务衙门,处理外交事务,但各国商谈订立商约等事还不能直接去联系,还要通过北洋大臣转。《清史稿》中有一段可作为例子:"奥斯马加即奥地利亚,久互市广东,粤人以其旗识之,称双鹰国。同治八年(1869年),遣使臣毕慈来华,介英使阿礼国请立约,并呈其君主敕谕,欲在京议约。总署(即总理各国事务衙门)以在京议约与历来各国成案不符,应先照会三口通商大臣,由三口通商大臣请旨。奥使递照会三口通商大臣崇厚以闻。朝议许之,命总理各国事务衙门大臣、兵部尚书董恂会同崇厚办理。"㉕另一个例子,亦见《清史稿》:"八年(光绪八年〔1882年〕)二月,法兵船由西贡驶至海防进口。三月,陷河内省。朝议始遣提督黄桂兰等军出关。而法公使宝海向北洋大臣李鸿章要求中国退兵,及通商保胜,驱逐盗贼,画江南北为界。朝廷下各督抚议。"㉖从这里可以看到,连远在越南的事,外国也来找北洋大臣交涉了。以上大致可看出北洋大臣职权之宽。其实还不止于此,它还管修铁路、办有线电报、管招商局等等。

以上是谈北洋大臣,现再谈一下津海关道。从上面所引各节,已可以看出,津海关道是在北洋大臣之下,具体出主意、办事的秘书长一类的职务,两者密切相关。上述的外事、海关以及其他事务都要津海关道出主意。有些对外关系由他直接去谈判,有些则要禀北洋大臣出头,或再由北洋大臣报中央处理。还有一些国内的关税和所谓教案等,就由他直接处理了。但是当时的中央政府常是无所作为。在光绪八年(1882年)初,经李鸿章奏保、奉旨补授周馥为津海关道。但很快于是年三月李鸿章就丁内艰回合肥了。直隶总督兼北洋大臣由张树声来署。又过了三个月,到了六月份,当时作为中国属国的朝鲜宫廷内乱,形势有些紧张,针对于此,张树声就加委周馥为天津营务处。我猜想,这大约相当于军区参谋长一类的职务,可以协调、调度军队。后来事态转急,急需津海关道拿主意。据周馥《年谱》记:"六月,朝鲜王父大院君李昰应(字同夏)欲弑王妃闵氏。王与妃俱避匿。军民愤怒。余以机不可误,禀商制军,调登州吴小轩军门,带六营东渡,执李昰应,拘于保定。事平,部议:从优叙给军功加一级。此事起于仓促,了办亦速,皆余赞助。"从这里可以看到几点:一、当时的属国朝鲜变乱,急谋对策的责任所在是津海关道,即周馥得赶快拿对策。二、周馥的主意受到北洋大臣张树声的采纳,调吴长庆的六营兵,把大院君拘到保定,平息了事变。三、周馥这件事办得快刀斩乱麻,干净利落。看来周馥自己也很满意,如上所说:"此事起于仓促,了办亦速,皆余赞助。"虽然都是他策划的,但自己只说是"赞助",要"禀商制军",由张树声出头。在《清史稿》上,即是说张树声办的,因为他是北洋大臣。例如《清史稿·盛昱传》中即说:"朝鲜之乱也,提督吴长庆奉北洋大臣张树声檄,率师入朝,执大院君李昰应以归。"⑳但周馥是重要参与者,实际是由他导演的,故受到政府奖励:"部议:从优叙给军功加一级。"周馥在《年谱》中对清政府的腐败无能,自己任津海关道的担子颇重,也有些感慨,说:"私谓朝鲜本我属邦,归我保护。凡与外国议约、通商、设防、平乱大事,应由上国主持。乃邸(指当时主事的醇王)、枢(指军机大臣们)、部(指有关各部)诸臣无一敢任事者,尽推北洋。北洋亦不敢辞,几视朝鲜为直隶附庸。故余任津关时,比他员更加烦劳。而朝鲜君臣亦如中国泄沓,事渐颓败,不可为矣。"平朝鲜乱、拘大院君这件事在当时震动很大。本来,三月份李鸿章开始丁内艰,张树声署直督,但六月朝鲜即乱起,中央政府鉴于事态严重,就叫李回来任职。不满守孝时间就命令回来做官,叫做"夺情"。《清史稿·李鸿章传》称:"朝鲜内乱,鸿章时在籍,趣赴天津,代督张树声饬提督吴长庆率淮军定其乱,鸿章策定朝鲜善后事宜。九年,复命署总督,累乞终制(即屡次请求在家守孝到满期),不允。"㉘(反过来,如果贪恋做官,家有丧事隐匿不报,不回去守制,查出来是要治罪的。)大院君在中国保定(即直隶的首府)待了三年,于光绪十一年(1885年)八月始被遣回国。记得在我约六七岁时,曾拿两把高丽折扇来玩耍:一把的扇面为浅红色,另一把的扇面为浅绿色,色彩非常好看,是高丽纸的,都是大院君的馈赠之物。小时不知珍惜,当时已被我弄破一把,现两把都不知弄到哪里去了。高丽折扇和中国的折扇不同:中国的扇面每股中有缝,扇骨由扇面中间缝插进去;高丽折扇中间各支扇骨都是较宽的薄竹片,粘贴在扇面的一面上,所以只有一面可写字。

周馥在津海关道任时,还照例简授兼北洋行营翼长。周馥在《年谱》中说:"前任视翼长若兼衔,无所事事。余以从淮军久,与将士浃洽,凡营务、海防皆时为商助,使上意下宣,下情上达。"我猜想,北洋行营翼长大约也是参谋长或秘书长一类的职务,承上启下,可以管得很宽,也可以被架空。周馥自淮军创建就在李鸿章幕府,和各将领自然很熟悉,各将领也无法向周摆老资格;周也了解军情,能提出合理的建议。所以,周馥来任北洋行营翼长,这盘棋就活了。

周馥任津海关道时,还办了一些对外交涉。在交涉中,努力坚持原则。但也通过办这些交涉,深感清廷的腐败、无知、无作为。例如,还在他署津海关道(光绪七年,1881年)时就与"美国提督"薛斐尔(Robert W.

Shufeldt)商定朝鲜通商条约,据《年谱》记:"初撰稿首句云'朝鲜乃中国属邦'七字。薛云:'如此应与中国议,有事中国当任其责。'而枢、部以朝鲜向来自主,所奉中国者,仅朝贡虚名而已,何必多事。遂改稿为《美朝商约》,令薛自往朝鲜互换。但于《商约》之外,另由中国用公文声明向例、朝贡等事,美国不得过问(注意!仅仅是不得过问朝贡,而对朝鲜的宗主权就没有保障了)。嗣英、法等国,相继踵行。此朝鲜与各国通商之始,亦即后来日本占朝鲜之由。"周馥自感无奈,记下了此事。周馥在《年谱》中还有一条记载,是在光绪九年(1883年):"二月,越南使臣范慎遹、阮述等来津,以法人见侵,请援兵。数月,返国。余款接之。时朝廷无意援越南,但使北洋羁縻之而已。"据史料载,中法战争早在此前十年即同治十二年(1873年)即已开始,当时越南政府联合刘永福的黑旗军抗击。到光绪八年(1882年)法军又第二次攻占河内,周馥款待越南使臣当是这一次的事。清廷缺乏部署,和战无计,造成种种后果,作为负责外事的周馥奉命敷衍,自然心里也很不是滋味。

除对外交涉外,津海关道管的事还有很多。据《年谱》中有记载的,列举数端,以见其职责之宽:

一、创建天津市政工程管理机构。这是中国人在天津修的第一条马路。

光绪九年(1883年)三月,"禀立(申请建立)天津工程局,专办修路、浚沟、掩骼诸事"。而在此前一年,光绪八年(1882年)"时议收捐,修由天津城东接至租界官路,自捐一万两倡之"。

二、会办电报局,创议建北塘至山海关电线。

光绪十年(1884年),"会办电报局,创议建北塘至山海关电线。先一年,北洋筹设北京至江南镇江电线,顺运河而南。以事属初创,恐人民惊疑,藉沿堤河兵防护。刘芰林(含芳)观察督办,工毕,以事属商务,遂辞退,改委盛杏荪(宣怀)接办。"

三、建立集贤书院。

光绪十二年(1886年)正月,"会禀立集贤书院,使四方游士有所肄业"。这是传统的书院,保守派是不会反对的。

四、建立外语学校博文书院。

光绪十二年(1886年)四月,"禀建博文书院于东玗门外,招学生习洋文"。这是学外文的学校,必然会顶着保守派的反对和攻击。

五、建胥各庄至阎庄运煤铁路。此为中国商办铁路之始。

光绪十二年(1886年)五月,"禀建胥各庄至阎庄运煤铁路。时议诋铁路者上下一词。余惩唐山运煤迟滞,不能以时接济兵船,因就唐山原开运煤小渠岸上废土,铺设钢轨六十里。相国未奏,亦未谘部,人皆为我危,我持理正,无敢斥驳者。此中国商办铁路之始。"这一项和上面的修电报线路,究竟是不是津海关道的职责所在,我不清楚。只是从写"禀建"二字来猜,应是职责之内事了。而且从其为海军运煤而建来看,又属北洋海防建设的一部分。这是个体现周馥办事态度的典型事例,可以见周馥办事务实,敢于承担风险。当时保守派猛烈攻击洋务派的一切。对于修建铁路如上引《年谱》所说:"时议诋铁路者上下一词。"建这条铁路,李鸿章既没有奏朝廷,也没有行文到部。所以,只是周馥禀请李鸿章后就建了。如果上头追究,也只有周馥自己负责。所以周说"人皆为我危",大家替他担心。我想,李鸿章大概也被保守派攻击得烦了,心想报上去说不定又被反对掉,而周馥提出的这事又该办,所以就放手周馥自己去搞了,有事由周馥担着。这条铁路通车时有一张照片,是在铁路上有一节平板列车厢,许多官员站在上面的留影。上世纪四十年代前期,在叔祖父周学熙家,我曾见过这张照片。是很大一张照片,有没有二十寸我说不准,当时照相馆照例都是把照片贴在一张很厚的硬卡纸上。当时几位叔祖父和我父亲及叔叔们正坐在大厅的另一边谈天,我们几个小辈发现了这张照片,但不认识照片中哪个是曾祖父周馥。按规矩,是不便走过去打断说话的,故不敢去问。因此至今我也不知照片中人物哪个是周馥,颇为遗憾。现看到周馥的照片,都是七八十岁照的,而那时周馥不过五十岁,无法对比。上世纪八十年代,我买到一本名为《中国近代史参考图录》的图册。㉙我买到的是中册,恰好有这张通车纪念照片。图在第 198 页,附注说:"1880 年,清政府修建的唐山至胥各庄铁路,是中国正式有铁路的开始。图为唐胥铁路通车情形。"以后又在多处讲到中国开始办铁路的文字中看到过这幅照片(这里说"1880 年",我对于这一段历史还有不太清楚之处,但这张照片是没有问题的)。

六、通缉海盗,南至闽北,北至奉天。

《年谱》又载:光绪八年(1882 年),"十月,通缉海盗。南至闽北,北至奉天,获巨盗数人,沿海商船稍安"。看来,捉海盗也归津海关道管,而且"南至闽北,北至奉天"。看来,津海关道管得真够宽了。

以上可看到周馥作为津海关道事情的繁杂。

周馥在《年谱》中说道:"余任津关道八年,凡直隶一省商务、教案,皆力任不辞。时无电报、邮局,恐文报稽迟,每饬州县遇案专人赍送。余一闻民教有争执事,州县力不能了者,遂派员持平办结。中外讼案虽多,第一次卸津海关道任,只剩一二起债案未结。第二次赴臬司任,计津关

38

未结小案只三四起。"在那时代,多数官员对待教案的认识很糊涂:有些官员歧视教民,遇有民教之争时,压制教民;又有些官员怕教会、外国人,遇有争端,或屈服于外人之无礼、蛮横。两种情况都不能秉公办事,亦不可能解决问题,于是伏下以后纠纷的祸根。这和当时大部分官员认识水平有关。所以,如周馥所说,只剩下一二起、三四起未结之案,说得平平淡淡,其实这在当时是很不容易的。这说明他看事清楚,遇事既不怕外国教会的压力,又兼顾教民和一般老百姓的利益。

丙、再说周馥在直隶按察使任。光绪十四年(1888年)三月二十九日周馥奉旨补授直隶按察使,正三品(津海关道属于道员,应该是正四品)。从官阶上说,上升了一步。在刘体仁所著《异辞录》一书中记有一句李鸿章拒绝某人求升官的话:"道员升臬,鲤鱼跃龙门,谈何容易!"可见是上了一个台阶。㉚

由于周馥是经历按察使、布政使、巡抚、总督,一步一步升上去的,现稍说一下其间的关系。据瞿兑之著的《历代官制概述》和《历代职官简释》:"清沿明制,以承宣布政使司为一省最高民政机构,而以布政使为主官,与管刑名之按察使并称两司。为从二品,仅次于巡抚一级。"按察使的衙门称提刑按察使司。按察使为正三品,若无总督和巡抚,则两者就是一个省的最高行政机关了。但清朝各省没有统一的省政府,而是设立这并列的两司:"布政使掌一省之政,参政、参议分守各道,及派管粮储、屯田、清军、驿传、水利、抚民等。"按察使"掌一省刑名按劾之事"。"按察使名义上虽以刑名及邮传为其主要执掌,事实上全省政务仍与布政使共同负责。"自然,布政使地位、品级稍高,和按察使有先后、主次之别。但是,由于明朝及清初不断地临时由中央派出总督和巡抚到各省管理军事或民政,到康熙以后由临时派出渐变成固定的地方官,变成了两司的上级领导。㉛于是,两司就由"省长"变成了"民政局局长"和"司法局局长"了(但并没有其他"局长"和这两人能并列)。事权上下关系大体如此。但在制度上两司仍有独立的痕迹。例如,关于所属州县官之赴任、调任、撤任等事,督抚不能直接行文,仍须由布政使牌示。两司面见督抚时,自称"司里",并不像其他官员称"卑职"。我这里只是因为督抚和两司的关系常令人不太清楚,故解释一下。还有一件题外事:总督、巡抚的大印是长方形的,印文为"某某总督(或巡抚)关防"(而不写"印")。这表示不是常规设定的,是临时派遣的职务的痕迹。而布政使、按察使的大印则是四方的(这表示是常规设定的官),印文写"某省某某使印"。又,总督用印,常用紫色印泥,人称"紫花大印",似乎格外威风,是什么缘故就不知道了。

按察使的职责比较单纯,不像津海关道那样复杂。自光绪十四年(1888 年)三月起(实际因请假回籍省墓,到十二月十三日才接印),周馥任直隶按察使共六年三个月,而在《年谱》中记载按察使事不多,只在第二年即光绪十五年(1889 年)项下记有三段如下:

> 是年,计平反案最少,惟开州、定州、祁州等处命、盗案五起。清理十余年积案,有丰润、藁城、景州等处命案四起。审出实情加重者,有定兴、东光奸妇谋死本夫案二起。

> 余在臬司任内,每年平反案,或由重减轻,或有罪改无罪,约三五十起。间有原谳从轻、谳实加重者,惟积惯强盗与杀人、逆伦等案有之,他案则从宽居多,不翻案加重也。时管谳局者,首府朱敏斋(靖旬)太守,及各谳员与司局幕友之力居多。案多不能悉记,略志是年平反案,只得此数。

是年,订隔境缉匪章程,申明命盗迟报罚银章程,改订保
甲分段章程。凡直境命案,获犯约十之九,盗案,十之七。顺天
府属,则获犯稍少。以事权不一,而顺天吏治又不及直隶也。

这三段是记在周馥任直臬六年多的第二年项下,其他几年中并无
记载。上引的第二段实是他对六年多工作的简要总结。从上述各点看,
直臬的职权、责任不过如此,周馥也完全胜任。直臬的工作看来并不一
定占他很大部分的精力。有一个例子:光绪二十年(1894年)正月,他随
河督许屏仙赴永定河勘工。二月,他随河督许屏仙赴怀来县勘工。三月,
"回省办秋审、清积案"(这才是他本职工作)。到了四月,又派他"管理永
定河防汛事宜"。上面引述的那三段直臬本职工作内容,就挤在这一个
月中完成了。他升任直臬,是按照常例的提升路线到此。关键是作为奖
励功绩给他升官了,并不是直隶按察使缺他这样一个人去干。要他干的
是北洋海防建设,甚至治水方面,他的经验也是较突出的。在《年谱》中,
这六年多中记载海防建设和治水的内容倒多于直臬的本任工作。

(四) 第二条考察的线索:襄赞李鸿章办理北洋海防建设

马其昶在他所写周馥墓前的碑文中说:"文忠(指李鸿章)督畿辅三
十年,创兴海军,设机器局、电报局,开天津商埠,凿取煤井、金矿,造轮
舟、铁轨利交通,尤加意海陆军学校,公(指周馥)无所不与其役。"②这决
不是过分夸张,都有记载。李提摩太在回忆录中有一段写道:"……并拜
会了李鸿章——当时他在天津。他那时的助手叫周馥,在他(指周馥)后
来担任山东巡抚和南京总督(应为两江总督)时我同他进行多次会谈。
他拥有令人愉快的个性,是第一个对基督教产生兴趣的清政府高官。"

那时周馥应该已是三品大员直隶按察使了(而且,已赏头品顶戴)。可是,李提摩太注意的是,他是李鸿章的助手,而且于李的助手只提到周馥一人。可见,作为李鸿章助手,周馥是处在比较突出的位置。此外,李提摩太在回忆录中说周馥:"他不仅是引进电报和铁路的先驱者,也是现代中国对基督教表现出浓厚兴趣的第一个高官。"③

李鸿章任直隶总督、北洋大臣时期最中心的建树就是建立以北洋海军为主的北洋海防。据《清史稿》:"光绪元年(1875年)……寻谕北洋大臣筹办海防。《清史稿》"兵志七·海军条"亦载:"李鸿章疏言,自光绪元年(1875年)至六年(1880年),经营北洋海防……(列举已有舰只、人员等等。)"㉞可见,从中央下令办现代海军,拨给经费,李鸿章放手建设,是从光绪元年开始的。正是在光绪元年,周馥被委会办海防支应局。所以,北洋海防延续了二十年左右的建设,周馥是从一开始就参加了的。

当时北洋海防建设,核心项目就是配置军舰、建设军港炮台、培训海军官兵。随之而来的建设有:军事学校、铁路、电报、医院等等。周馥参加了大部分项目,有些甚至是亲自筹划、领导建设工作。《行状》中所提到的,除前面已举的铁路、电报、建立培养外语人才博文书院等之外,还有管理水师学堂、创设机器局(就是兵工厂)、创立天津武备学堂、修建旅顺船坞、威海炮台等等。

作为北洋海防建设的核心项目,大体有三方面:即配置军舰、建设军港炮台、培训海军官兵这三方面。添置军舰主要是向西方国家购买。未见有周馥参加选购的记录,但有记载光绪十一年(1885年),在德国订造的"定远"、"镇远"、"济远"回国,丁汝昌与津海关道周馥前往验收,举行升旗仪式。培训海军官兵方面,周馥领导过北洋水师学堂,《年谱》中无记载,《行状》中有记载。其他未见有参与编组官兵的记录。惟独建设

42

军港、炮台方面,则既参加全面的管理,又具体领导某些具体建设项目,花费了周馥相当多的时间和精力。

(甲)负责办理海防支应局。光绪元年(1875年)开始了北洋海军建设,李鸿章委任四人会办海防支应局,并指定专由周馥一人驻局经理。据周馥《年谱》:"是年会同长芦运司如山(冠九)、津海关道黎召民(兆棠)、天津道刘昆圃(秉琳)办理海防支应局。相国(即李鸿章)面谕曰:'会办此局虽四人,专责成周一人驻局经理。'"所以,实是周一人全权办事(有意思的是,其他三人的职务,周馥不久陆续都担任过)。光绪四年至六年(1878—1880年),周馥因母亲去世,回乡守制三年后,于光绪七年(1881年)四月回到天津,回到天津的四月份,李鸿章即又立即委派周馥回到海防支应局当会办,足见海防支应局的重要。海防支应局大概是负责收集各方拨款、支付海防各项建设开支的这样一个单位。周馥在《年谱》光绪元年(1875年)项下记有:"时部议岁拨各省协饷三百万。逾一二年后,各省欠解渐多,仅收一百余万两。"《行状》中说:"北洋创兴海军,他省始岁许助三百万金,然多不以时至,匮绌不支,文忠乃命府君总海防支应局,主饷事。苦心经画,军以不饥。"可见周馥不但要管住钱,还要筹划钱,才能维持。

(乙)全面掌握渤海各港口的防务情况。光绪十年(1884年)中法战争时,周馥正在休病假。《年谱》记:"当沿海戒严时,余自请销假,奉委赴各海口编查民船立团,以防有事时济敌也,并画大沽、北塘、山海关、旅顺口各炮台图式奏进。"这时他任津海关道,而沿渤海各港口的炮台的情况已由他负责奏报朝廷了。也就是说,他全面掌握渤海各港口的防务情况,而且奏报是他的职责所在。

(丙)总理北洋沿海前敌水陆营务处,兼办旅顺船坞工程。按《年谱》记载,光绪十三年(1887年)项下记:"正月,到保定禀商大连湾、威海卫调兵设防事。""三月卸署长芦盐运使事。李相国奏明:'暂缓回津海关道任',派令总理北洋沿海前敌水陆营务处,兼办旅顺船坞工程。四月初二奉旨:'着照所请。'""营务处"是什么官职,其职权如何,我弄不清。如前面谈天津营务处时,我就猜想大致是参谋部一类的职务:管得比较宽,既要拿主意,而有时又要上级拍板决定。现查得《清史稿·兵志十·训练》条载:"更请仿英、法之总营务处,日本之参谋部,于都城专设衙门,掌全国水陆兵制、饷章、地理绘图、操练法式、储备粮饷、转运舟车、外交侦探等事。平日之预筹,临时之调度,悉以此官掌之。"这是讲中央的,但营务处的职责是否可大致对比参考?无论如何,"总理北洋沿海前敌水陆营务处"总是北洋水陆全都要管的。大概是由于有了此职又兼旅顺船坞工程事,于是,四月初六先到旅顺,闰四月又到威海卫、大连两处和那里的领导会商设防事(俱见《年谱》)。读《年谱》读到这里,又使我心中浮现"眼花缭乱"的感觉。他做的事头绪繁多,时间排得真紧。接着上面再举一点看看。上面是三月、四月、闰四月的活动,五月初又回大沽,往北塘、芦台、唐山等处料理铁路工程。到六月又"复往旅顺"。到八月又记:"八月初复勘北塘、芦台、塘沽、唐山、军粮城铁路工。"真是抓紧时间,见缝插针:十月还要进京到吏部办手续、见皇帝,十二月还要去治河。

从光绪十二年(1886年)至光绪十六年(1890年)这几年间,每年周馥都要去沿渤海这几个军港、炮台检查工程。光绪十四年(1888年)"三月二十九日,奉旨补授直隶按察使"。升官了,是个管全省刑名的官,不像津海关道那样,和北洋海防似有似无的关系,但周馥照样检查军港、炮台。此前此后没差别。也许是总理北洋沿海前敌水陆营务处,兼办旅顺船坞工程这差使的缘故吧。其实,我理解,李鸿章就是要他来帮忙、做助手。那当然海防建设是主要的。至于按察使这职务,这是升级、升职的问题,说明提升了。前面在第一条线索中谈周任按察使时也看到了,看来,那工作周是无需花费太大精力的。

（丁）负责安排醇亲王巡阅北洋。《年谱》记载,光绪十二年（1886年）项下记:"醇贤亲王巡阅北洋。余随至大沽、旅顺、大连湾、威海卫、胶州澳,助理阅操、议防诸事。"醇亲王巡阅北洋,在当时是一件大事。周馥实际上负责全行程的迎送、食宿及阅操、议防等等安排。关于此项差使,周馥著有《随醇亲王巡阅北洋海防日记》,其中记载除迎送仪节、操演、犒赏等事外,还记述了北洋陆海各军的建制、官兵人数、技艺,以及机器制造局的生产能力、水师学堂对人才的培养等情况。当时周馥任津海关道兼北洋行营翼长,故是他的职责所在,但也因为他熟悉北洋全面情况,李鸿章有此得力助手,办此才能放心。

（戊）随同李鸿章检阅海军。在《年谱》中记载了两次周馥随同李鸿章检阅水师的情形:

第一次,《年谱》在光绪十四年（1888年）项下记:"正月,赴旅顺、大连勘炮台工。二月回津。三月十三日回津海关本任,复随相国（即李鸿章）勘旅顺、大连湾、威海卫各处工程,并同阅水师操。"这又是紧赶慢赶、来往穿梭,刚刚回到本任津海关道,没几天,立刻就随同李鸿章对北洋海军作了一全面的检查:既检查所有军港、炮台的工程,又检阅了海军操演。在检阅之后不到一个月的三月二十九日就升任直隶按察使了。

第二次,《年谱》在光绪十七年（1891年）项下记:"四月,李相国奏调随同巡阅海军。"这第二次随同检阅,为什么要向朝廷"奏调",我不太懂。也许是因为升任直隶按察使,相对于四品道员虽然只高一品,但一般讲是高一层次的官员了,所以在阅操等正式仪式时,必须奏请。这只是我的猜想,无凭无据。

（己）襄订北洋海军章程。《年谱》在光绪十四年（1888年）项下记:"四月,会同海军统领丁汝昌、记名总兵林泰曾、候补道罗丰禄等议定北洋海军章程。五月二十七日交卸津海关道任。六月遵旨晋京。十二日召见一次。旋奉海军衙门奏留襄订北洋海军章程。承醇贤亲王屡次接见,商定妥协……"据《清史稿·职官志六·新官制·海军部》条载:"光绪十一年(1885 年),诏设海军衙门,依军机总署例,命醇亲王奕譞综之,大学士李鸿章专司筹办。十三年(1887 年),北洋海军成,置提督、总兵等官。"㉟又,据《清史稿·选举志六·考绩》条载:"光绪十四年(1888 年),编定北洋海军,由海军衙门司黜陟。"㊱先设立了海军衙门,建成舰队和军港,同时也要建立规章制度。上述记载中议定海军章程的四人中,丁、林是带兵的指挥员,罗懂得外语,时常为李鸿章做翻译,是熟悉外文及外国情况的,曾任驻外使节。只有周馥,两种都不是,看来仍是代表李鸿章全面掌握情况、具体落实任务。周馥在北洋时期,似乎屡屡都是扮演这样的角色。看来,这四月份的"议定"只是草案,因为紧接着六月周馥遵旨晋京,皇太后、皇帝召见三次外,还奉海军衙门奏留襄订北洋海军章程,而且醇贤亲王屡次接见,"商定妥协",讨论、确定北洋海军章程。有意思的是,三月二十九日刚刚任命周馥为直隶按察使,五月二十七日周馥刚刚交卸津海关道任,还没有履直隶按察使任,就从北洋到中央都要他忙北洋海军章程,似乎他的正式职务不那样急。实际上,皇太后、皇帝召见三次后,周还请假一个月回乡扫墓,直到年底十二月十三日才接印履直隶按察使任。

(庚)创办天津武备学堂。这是周馥用心用力较多、并且其后影响较大的一件事。据《年谱》光绪十一年(1885 年)项下记:"正月,李相国委办天津武备学堂。此中国创办武备学堂之始。其议发自周武壮薪如(盛传)提军,其购地、建堂、延外国武将为师、派各营弁卒来堂肄业、一切考课奖赏章程,皆余手订。初各老将视之不重,后成就将才不少,如冯国璋、段祺瑞等皆是也。"其实,李鸿章奏报创办武备学堂的奏折也是周馥代拟的(当时周馥已是津海关道了,还代拟此奏稿,可见在重要的事情上还是起幕僚的作用)。这所学校培养出许多人才,后来成为袁世凯北洋军阀系统的骨干。在堂兄周慰曾的《周馥创建天津武备学堂》一文举出了有三十四人的毕业学员名单。其中主要有:冯国璋、曹锟、段祺瑞、靳云鹏、段芝贵、张绍曾、张怀芝、王占元、王怀庆、卢永祥、李纯、陆建章、陈光远、雷震春、吴佩孚等等。㉚此学堂培养人才的成就,可见一斑。至于他们后来所走的道路,则是另一回事了。

(辛)扩建天津机器局。周馥在《年谱》中没有关于天津机器局的记载,《行状》中仅一句:"复命创设机器局,整枪炮、军器一新。"

汪志国《周馥与晚清社会》一书第三章说:"周馥会办天津机器局,是缘于他出任津海关道开始的。天津机器局的常年经费主要依靠津海关、东海关指拨的四成关税。""天津机器局是中国北方第一个官办军事工业。同治六年(1867 年)由三口通商大臣崇厚筹办……但三四年之后,靡费甚巨,仅仅建了个粗具规模的厂子,火药一点也没有生产出来。同治九年(1870 年)李鸿章调任直隶总督兼北洋大臣,清政府只好将天津机器局交李鸿章接办。李鸿章将自己的亲信沈保靖从江南制造局调来管理天津机器局事务。"㉛

又谢存礼著有《周馥协助李鸿章办的几件大事》一文(见天津《河东区文史资料第十八辑《周馥家族与近代天津》,96 页),据文中说:"清光绪七年(1881 年)周馥奉李鸿章之命,扩充天津机器局。周馥奉命之后,从英国新南关机器公司购进西门子马丁炼钢法的最新炼钢设备,从葛来可力夫蒿尔厂购进了化铜炉,从格力法厂购进了水力压钢机,七吨起重机和新式车床,聘请了炼钢、熔钢方面的技师,第二年的下半年即开始投入生产。至此,天津机器局东局已成一座包括有机器制造、火药、金属冶炼、铸造、热加工、船舶修理与制造的军火工厂,常年雇用的工人有三千多名。周馥在扩充机器局期间还新建了棉花药厂,仿制西方棉花火药,新建了造枪厂和子弹厂,日成子弹从建厂初期的不足 2500 粒增至一万粒。"㊴

（壬）管理北洋水师学堂。据《行状》:"先是文忠(李鸿章)患海军不竞,创水师学堂,授海战。首命府君(周馥)总厥事。定章则、严考觳,才俊蔚然。"黎元洪是北洋水师学堂出身,后来在周馥去世时,黎已经当过副总统、大总统了,送的挽联中仍尊周馥为师,可见确是领导过。

（五） 甲午战前周馥的隐忧

据人民网资料,"1888 年 12 月 17 日,清政府北洋海军正式成军,任丁汝昌为海军提督。北洋海军是清政府的主要新式海军,由北洋大臣李鸿章一手控制。1880 年李鸿章创办北洋海军,在天津设立水师学堂。北洋海军有两个根据地:威海卫军港停泊战舰,旅顺军港修理船只,各设提督衙门,保卫渤海口。李鸿章聘用英国人琅威理、德国人式百龄担任训练海军的主要职务。中法战争后,李鸿章利用海军衙门整顿海防的名义,四年间用巨款向英德两国订购舰船 14 艘,扩充北洋海军。其中'定远'、'镇远'两只铁甲舰,吨位均达 7300 多吨,用银 300 万两。1888 年制定《北洋海军章程》,编成北洋舰队,12 月 17 日成军,共有船舰 25 艘,官兵 4000 多人。除定远、镇远(主力舰)外,还有经远、致远、靖远、来远、洛远、超勇、扬威七艘巡洋舰,其余为蚊子炮船(炮舰)、鱼雷艇、教练船、运输船等。以淮军将领丁汝昌为提督,驻威海卫;以林泰曾、刘步蟾为左、右翼总兵。"㊵这段文字简单勾画了初步建成的北洋海军的情况。

关于李鸿章在北洋的海防建设,石泉书中总结说:"三十年来,计其成就,亦颇有足述。"㊶戴逸主编的《中国近代史通鉴》卷三上亦说:"就事论事,南北洋尤其是北洋海军海防,不能说不牢固。李鸿章所说的'深固不摇之势'也不能说是吹嘘。但后来事实是:甲午一战北洋海军溃败覆没,坚固的防御工事也未能济事。这不能怪海军海防建设不力,而是由清朝政治上太腐败所造成。"⑫总起来说,李鸿章在北洋的海防建设,从无到有的中国现代海军建设是颇有成绩的,是中国近代史中求自强、御外侮的洋务运动的一个高潮。史滇生在《北洋海军和甲午战争前的中国军事变革》一文中说:"北洋海军的成军为甲午战争前中国军事变革最突出的成果。"⑬当时如考虑到战争,首先应当对自己的力量要有一个清醒的估计,而当时的清廷领导和大臣中的清流派(甲午战争时的主战派)浑然全无知识,既不能掂量现代化海军武装的轻重,也不懂得权衡敌我力量对比,不懂得要作全面的部署、准备。日本在朝鲜有过多次的挑衅和试探,有一次由于我方反应及时,日本未能得逞,于是清流派中有人甚至提出要东征日本。洋务派的人自然对西方和日本的情况要清楚得多。面对这样的形势,周馥不能不有所担忧,一旦有事,国家会作出什么样的反应,作出什么样的决策? 事若不济,会不会不分青红皂白诿过海防建设者李鸿章? 于是,在北洋海军正式成军以后两年多、甲午开战的前三年, 他和李鸿章有了如下一段对话详见《年谱》光绪十七年(1891 年)项下所记:

> 一日,余密告相国(指李鸿章)曰:"北洋用海军费已千余万,只购此数舰,军实不能再添。照外国海军例,不能成一队也。倘一旦有事,安能与之敌? 朝官皆书生出身,少见多怪,若请扩充海军,必谓劳费无功,迫至势穷力绌,必归过北洋。彼时有口难诉,不如趁此闲时痛陈:海军宜扩充,经费不可省,时事不可料,各国交谊不可恃。请饬部枢通筹速办。言之而行,此乃国家大计,幸事也。万一不行,我亦可站地步,否则人反谓我误

国事矣。"相国曰:"此大政,须朝廷决行,我力止于此。今奏上,必交部议,仍不能行。奈何?"余复力言之。相国嗟叹而已。

在周馥的《玉山文集》中有一篇《书戴孝侯死事传后》,也有一段谈及此事,两者各有详略,故也引在这里两相对照:

予尝闻诸李文忠曰:"北洋有铁甲二、快船四、鱼雷艇六,其余练船、运船称是,皆旧制。炮垒有旅顺、大连湾、威海各台,共十余座,工皆未备。醇贤亲王薨后,已难议扩充海防矣。而部方议裁减,令三年内不准购买军械一物。傥一旦海上有事,将如之何?应趁此时痛陈利害,使上知之。允,则可稍望添费。不允,亦披露心迹,使后人知此中艰窘也。"文忠曰:"我思之熟矣。奏上,必奉旨交部议。非驳即泛应而已,奏何益?"予曰:"外侮亟矣。傥上一旦愤然发令宣战,何可及也?'文忠曰:'料无人敢奉此诏。"予曰:"若上请太后主持,必出于战,安敢不奉诏?"文忠曰:"天下者,祖宗之天下,非太后皇上一人之天下也。国家大器,岂敢轻于一掷乎?"予自是不敢复有所言。

迫日韩之衅起,日本击我赴牙山之兵舰,予复力陈于文忠曰:"日本蓄谋久矣。北洋之力能抗彼一国耶?必筹足兵饷三年而与之持,或稍有济。其要有四:一、勿与日本决裂。彼挑战急,我宁忍受,得和且和。二、除原有劲旅整备外,宜速募兵三万,驻直隶精练之,以待东发。仍速招三万,以为续备。三、斯役用淮军居多。两淮宿将,今惟刘省三爵抚在,宜急起用。四、水陆宜节节速筹转运,奏请重借国债应之。待四事备齐,将逾年矣。日人如必不和,则出师扼鸭绿江以待。"文忠曰:"我安忍使国

家负重债耶？且刘省三不出，我亦不强其出。有人举尔为副帅
者，我欲派尔总理前敌营务处，可乎？"予曰："是必败。中堂一
生勋业从此坠矣。当思曲终奏雅。"文忠怫然。予遂辞。不往
数日，当轴请上宣战。文忠无如之何。予自是共生死矣，遂奉奏
派总理前敌营务处之札。出山海关后，奉特旨派办前敌转运。
予来往辽阳、营口、鸭绿江之间五阅月……次年春，予复奉文
忠奏调入关联络诸军，经营直隶防务。时虞日人深入，以保畿
疆为重也。呜呼！大事蹉跌如此，何堪回首！

光绪二十五年予奉旨晋京，谒文忠贤良寺中。偶谈及前事，
并述当日请陈海防利害之奏，文忠犹叹息泣下，而伤时事之艰、
同志之少也。⑭

周馥和李鸿章的对话是在甲午开战的三年前。周馥对形势的了解
是：一方面我们建成了一支海军，这是很大的成果。但是从另一方面讲，
这支海军羽翼尚未丰满，还不足以和列强对抗，必须对自己的力量有清
楚的认识，因此面对着继续扩建海军的客观要求。但是使周馥忧虑的
是：一方面从中央朝廷到许多朝臣懵然无知，缺乏认识；另一方面当时
中央掌权者有意压制北洋不容许继续建设海军。如周馥所说，醇亲王死
后，失去支持扩建海军的支柱。当时在朝廷上影响最大的是清流派的最
大支持者、对光绪皇帝颇有影响的皇帝师傅、户部尚书翁同龢。清流派
本来就对洋务建设抵触，处处刁难。翁当了户部尚书也就是财政部长
后，更是对北洋申请的建设款项屡屡批驳。这在李鸿章和周馥已是习以
为常了。更有甚者，翁同龢主持的户部竟提出如周馥所说"部方议裁减，
令三年内不准购买军械一物"。所以，继续扩建海军是不可能的了。周馥
这里担心的是要让上面明白现在的海军不足以应敌，如他所说"朝官皆

书生出身,少见多怪",万一不分青红皂白就宣战,失败后的责任问题,所以他主张上奏说明情况,提出必须扩建海军。即使明知不会被批准,但将来即使有人不根据现实情况办事,责不在我。李鸿章非不知北洋的现实和朝廷的形势,但他只是说,反正不解决问题,上奏也没什么用。李的回答,只是周所说的一个问题,即北洋海军扩建已不可能,但是更切身的万一的责任问题李却没有回答,这正是周、李所处的地位不同的缘故。周在中央朝廷面前只是一名普通的中上级官吏。周馥的主张是按办事正规程序的做法,一般办事应该这样做,分清责任。何况,周馥办事严谨,考虑周到,故提醒李。李当时则声望极高,威信仅次于曾国藩。他虽然不是军机大臣而只任直隶总督,但朝廷每有重大事情还是时常徵求李的意见。刘体仁所著《异辞录》中说:"李文忠坐镇北洋,遥执朝政,凡内政外交,枢府常倚为主,在汉臣中,权势为最巨。生平持盈保泰,从不敢擅作威福,虽参预密勿,惟恐人知。"⑮我想,在李的心中,以为有关国家和战的大事、有关动用北洋海军的大事必定会徵求他的意见,而李认为自己在这方面的意见也应该有足够的分量。在对话中,李也颇有点自大。当周馥说倘若光绪皇帝一旦愤然宣战怎么办时,李竟然说"料无人敢奉此诏"。怎么可能不奉诏书!当周指出这点时,李竟然说"天下者,祖宗之天下,非太后皇上一人之天下也。国家大器,岂敢轻于一掷乎?"公开场面自然不能这么说,即使是私下说,口气也够大了。但是后来仍是宣战了,也就是"轻于一掷"了,李仍得老老实实"奉诏"。在此,李轻估了一个形势:当时主政的是光绪皇帝,李的支持者慈禧太后一般不太过问朝政,而翁同龢对光绪的影响又很大,因此清流派对决策的影响也就很大,形成了甲午宣战的局面。

在日本方面已开始攻击我军舰时,周曾经向李提出前面已引述过的四点建议。石泉在《甲午战争前后之晚清政局》一书中说:"周馥在当时曾纯就军事立场,建议延缓战争之爆发,俾得争取时间,作充分之准备。"

"李鸿章岂不知周馥之建议,为谋国者所当持之稳着?自韩事发端,直至丰岛海战,北洋所努力以赴者,何莫非隐忍求和,以争取时间,而待来日?然而,当时之北京朝廷中,主战人士得君甚专,方在放言高论,力求速战;对李鸿章亦甚不信任,夫安得期其理解李鸿章等之心境与作法哉!"⑯

总起来说,情况就是如上面石泉所论,日本方面自然这次也是来者不善,周馥的四点意见中心内容也确如石泉所述。但我从周馥"日人如必不和,则出师扼鸭绿江以待"一句感到,周馥似乎仍不放弃哪怕有一丝可能,就争取把冲突限制为像以往那样的在朝鲜的局部冲突,而不是只有全面的宣战与讲和之间的选择了,所以周的考虑似还不是"纯就军事立场",而是一个战略性的考虑。

(六) 周馥在甲午战争中

周馥自始至终参加了甲午战争的全过程。在《年谱》中也有一些战事的叙述,但甲午战争的问题很复杂,不能牵扯太远。我这里不是全面地讨论甲午战争,仅就《年谱》所叙,也就是根据周馥眼中的甲午战争以及周馥在甲午战场的经过,略谈几点(引文都出自《年谱》)。

(甲)宣战过程。正当周馥办理永定河工程时,忽接电报。"李相国谕属赴天津商议日本、朝鲜军务。二十八日晚抵津,谒相国,始知日本在牙山已击沉我运船。朝旨不待筹议遽宣战,饬北洋派兵往剿。时太后撤帘,某枢劝上独断主战,不问北洋战事如开,需兵几何,需饷几何,急饬北洋派兵往剿。"这就是说,在翁同龢劝说下,光绪皇帝独断宣战。事先没有研究、商量,也不盘算如果开战,需要多少兵,需要多少军饷,就急命北洋出兵。命北洋出兵,也就是由李鸿章负责战事了。

在《年谱》中记周馥到天津后和李鸿章的对话:"〔六月二十八日〕余言日人以全力拒我。此次军务,必大且久,宜撒手备办。力陈三事:一、请派督师。应奏派刘省三(铭传)为帅。二、速备兵三万人赴前敌,另备一万人屯后路接应。非一年后不能招练成军。其叶志超原带两千人深入牙山绝地,兵力太弱,宜速饬其退军。三、水陆路皆设转运。此时军需全未预备,且勿与战,姑隐忍之。我不与战,敌不越鸭绿江而西也(这就是前面引述的《书戴孝候死事传后》所说的那四条为同一件事)。相国不谓然。二十九日复激切言之。不纳。"下面接着写:"时某枢请由中旨径调度各军,不问北洋。相国无权,亦不便有所言。知事败无疑矣。"

请注意,"由中旨径调度各军,不问北洋"!

(乙)周馥的任务。此时周的官职是直隶按察使,与战争无直接关联。当时李鸿章担负这样一个大战场,自然很需要周的协助。周馥也是抱着"明知必败而义不可辞也,余从相国久,不忍不顾,死生听之"的"共生死"态度协助李进行这场战事。当时朝廷有大官按着周馥的条件,量身定做地向李鸿章提出"举淮军出身、现任三品大员,派赴前敌帮办军务"的意见,周说这是"意欲相国奏余前往。余力辞。相国曰:'我不欲以此事困尔,尔仍当营务处可也。'遂奉总理前敌营务处之旨"。这是甲午战中对周的第一次安排。前敌营务处的职责,大约只是联络各路军队,了解军情,向总督李鸿章汇报并提出建议,但"赴前敌帮办军务"则不同,是副统帅了(李是主帅)。李、周对当前形势都是心知肚明,深知此项任务不好办。李不想让周找麻烦,故只派营务处。这是甲午七月份的事,帮办北洋军务之职后来由宋庆担任。

九月份,周馥由沈阳继续前进时,又接李鸿章命,派周筹办后路粮台事,就是搞后勤,"是后遂专办转运饷械,其营务处名目虚悬而已"。再者,据下一节的情况看,周若真当了副帅,势必虽责任在身而无所措手。

(丙)甲午九月份的鸭绿江沿岸的部署。据《年谱》:"时鸭绿江上游百里为伊将军旗兵防守,而旗兵又有别树一帜者。西岸下游则淮军、奉天军、山东军、山西军后,又添湘军及各省军,仓促调集且不归宋祝帅统辖。自来军务之散乱无纪,莫过此矣。"这时,去平壤的清军已退到鸭绿江,这里就是前线了。我若不读《年谱》决想象不出前线竟会是这样。周馥在做他们的后勤,这些是他亲眼见到的。前线各部队,各自为政,不归派到东北的副统帅宋庆管辖。身为统帅而各部队不归他管,这样的仗如何打?而且想不到,"上游数十里旗营见敌即退",其他部队怕被包抄后路,也都一路退下去,直退到凤凰城。这时周馥看到凤凰城一带无险可守,乃建议宋庆扼守摩天岭。这时宋庆已经退到摩天岭以西了,也就是更靠后面了,经周馥极力劝说,宋庆方同意守摩天岭,周馥也帮着"收集溃勇",并催运粮械。

(丁)周馥的后勤工作。周馥此时主要的任务是后勤,也是困难万端。《年谱》记有:"时各军无主帅,亦乏粮械,节节败退。办转运者,若将粮送前,恐军败资敌;存后,又难依时接济,煞费经营。且天津军械稽滞不至。迨津海关道盛杏荪卸事,胡云楣(棻)廉访办粮台,始稍应手。而水路已阻,陆运太远,辽河将冻,尤难时渡。各军需马,既代买马,而又无鞍。如山东军之马价,东抚且不肯发。又天津东局所制枪弹不合用,各军不愿具领。其已领者,又欲退换。往返车辆多被各军扣留。天津运饷船至营口,见冰块忽至,惊避拔碇返津。改由陆运,两旬始到。"看这情形,那时可谓乱作一团。

周馥总结自己的后勤工作说:"军械、粮饷、转运、采买萃于一身,艰困百折,掣肘万分。然自始至终,余未尝缺乏军需一事。故战事虽败,而将官无可推诿卸过于余也。"(见《年谱》)周馥能做到这样,也确不容易了。可能李鸿章也只有派周去才能放心,后勤才能有保障,这就是真正的助手。

(戊)乙未(1895年)正月在威海的海军状况。据《年谱》,"十四日烟台来电:威海雷艇冲出者俱被敌毁。先是朝旨饬保护海军,丁汝昌遂不敢战。且因部饬三年内不准添一船械,大东沟一役之后,弹药已不足用。至是困守威海卫澳内,日本兵船环守堵之,不得出。后有旨饬其赴南洋,而已不及矣。"这个现象也很奇特,统帅自然是李鸿章,当然由他指挥船舰,怎么又有圣旨调度船舰?似乎出了两个司令部。这就是前面所说"由中旨径调度各军,不问北洋"的结果。圣旨的内容也很奇特:两军交战,难免船舰受损,问题是谁打胜。只有要求打胜仗,哪有先命令保护船舰的?同时,这里翁同龢以户部尚书身份压制北洋建设、"三年内不准添一船械"的恶果也显现出来了。

(己)乙未正月奉调进关经过。正月二十一日,李鸿章电调周馥回天津"商办一切";前敌运务,派袁世凯来替代。原来,李鸿章调周回直隶是怕解冻后敌人直接进攻天津、大沽,直接威胁北京,而新任直隶布政使陈宝箴奉旨办粮台,应驻天津,未必赴本任(在保定),所以想要周馥回来署直隶布政使。但周到达天津时,情况有些变化,事遂中止。原因是:一、陈宝箴不愿办粮台,愿就直藩任;二、李鸿章已免去直隶总督职务,由王文韶署直隶总督(事见《年谱》)。

《年谱》中还记下了和袁世凯的工作交接以及袁世凯送别的情景:"〔二月〕初四日慰庭观察(袁世凯)来接办转运事。初六日余由石山站启行入关。慰庭送我十里,怆然而别。"

据《年谱》:"余进山海关时,各统领环请余勿赴任。余曰:'军务一日未平,我一日不离营,决不舍诸公他去。战事皆公等任之,饷械各事,我独任之。'诸统领欢然。""十二日(应是在二月)到津谒李相国、署直督王夔石制军(文韶),面禀愿办前敌营务处,且诸统将愿我住唐山,以便往来南北各营。""十三日接夔帅札,委派总理北洋沿海各军营务处。即禀辞回唐山。"这一段的记录很感人。当时战场混乱的情况,从上面几段引周馥所记,已可看到大概。作为将领的考虑,大敌当前、形势紧迫,后面如再粮、械不继,将是非常危险了。显然周馥确实做得不错。众将领想如周走了,继任者如何尚难保证,故有"环请"这一幕,而周虽本是奉令可以离开这乱作一团的局面,却向诸将领保证:决不离去,与众将领共患难到底。

(庚)奏请开缺。《年谱》记光绪二十一年(1895年)三月,"二十六日在塘沽迎谒李相国,知在日本马关议和已成……当军务初起时,余对李相国言:事平必请开缺(即免职)遂初(遂其初愿。谓去官隐居)。至是咳病加剧,遂申前请。而相国不便批准。王夔帅欲姑待之,亦未批准……初十日复请速奏开缺。二十八日京电传上谕准开缺。五月初一日往唐山谒刘岘帅禀辞。初二日抵唐沽,聂功亭、章鼎丞、罗耀庭、张燕谋及天津、保定属员裴敏中、傅世榕等钱行。初三日坐轮船出沽口南归。"

(七) 第三条考察的线索:周馥治水的成就

现在由于华北地区严重缺水,大家不太体会北方也曾有过水灾。其实,过去京津一带水患是大事(黄河就更不用说了)。我曾听我大嫂说,清朝时永定河水灾,北京前门城门洞中都积水。最近又从北京电视台的介绍北京的节目知道,永定河水下的河底比天安门城楼顶还要高十五米。清末永定河水溃时,前门内六部各衙门(即今人民大会堂及国家博物馆一带)都有积水。而天津是五河汇流之处,雨水大则容易成水灾。仅就辛亥革命后至1948年底不到四十年间来说,天津的市区就被大水淹过两次,第二次在最繁华的劝业场一带积水有一层楼高,在当时每一次

曾祖周馥

洪水都比前一次水位更高。天津那两次,第二次水位比前一次高六尺。解放初期天津又有几次险情,比以前又高出很多,所幸防护得当,未成灾害,未淹入市区。直至新中国成立后,大规模建设开始,京津一带以至华北地区才开始缺水。今天的人只知道缺水,完全体会不到当时水患的严重。当时李鸿章的职务是直隶总督,京津一带以及河北省的大片农田土地的水情是在他责任范围之内,天津这重要城市固然要保障不受水灾,北京(当时称"京师")是京城,皇帝所在,更不允许出差错。

看来,周馥在北洋治水,给李鸿章解决了一个心腹之患。马昌华主编《淮系人物列传——文职·北洋海军·洋员》一书第 4 页有一段话如是说:

> 同治十年(1871 年)……时值直隶大水成灾,永定河多处决口,京津一带几成泽国,京畿安全受到威胁。李鸿章刚任直督就遇此大灾,非常恐慌,急派周馥负责堵修工程。周馥勘工备料,"终日奔波于踔泥之中","日夜监工,虽大风雨亦不稍休",很快将卢沟桥大石坝等处决口堵修完竣。李鸿章对工程进度十分满意,但对有提议撤销当年永定河工保案甚感气愤,故在给长兄李瀚章的信中说:"永定河本无治法,又孰肯倡为废河之说?失事则参,合龙则奖,已成俗套。今年撤销保案,印委(指正规系统官员和委任差使的官员)见名利皆无可图,竟将搁起。赖周馥坐工催督,幸早报竣,仍不得不顶奏前案。"⑪

从此,这治水的担子就落在周馥的头上。查周馥在北洋二十四年(不计入后来庚子议和时期任直隶布政使时的一年九个月),除去守制三年外的约二十一年中,共有十年被委派过治水的差使。最多时一年办

58

了三次不同的水利工程(后来,在山东巡抚任内每年都主持黄河的水利工程,不过那时他不是被委派,而是自己主持了)。天津入海的海河各上流河道,他几乎都跑过,包括北京东边的潮白河和北京西边的永定河,其中尤以永定河的工程做的次数为多,这是因为永定河泛滥时水大,影响大,不但农田土地及天津城市时有受害,连皇家的园林南苑也时有被水淹的情况,因此永定河的治理就更受到重视。例如,甲午年(1894)是慈禧太后六十大寿,先一年就开始准备,要保证次年不决口、无水灾。所谓"太后六十万寿,近畿不宜见灾"。为此政府还专门调了东河总督许振祎(仙屏)来永定河勘查、办理(清朝为了防治黄河,设了两个河道总督。东河总督即是其一,全名"东河河道总督"),直隶有周馥随同。当时基层直接负责的有永定河道万培因(莲初),上面是直隶总督领导、负责。现另外又派东河总督来,就是要"治水专家"来,表示中央的重视,也是中央机关怕西太后大寿时期出事,怕担责任。其实过去治水根本没有什么工程师等等专业人员,就靠领导和幕僚一起出主意,担任河道总督也不见得是水利专家。许振祎在甲午年(1894年)之初来考察、研究、工作了三四个月。周馥因为多年治水,有一定经验,建议在卢沟桥上南岸建减水大石坝,水大时可分入大清河,许振祎采纳了此建议。四月,许奉旨回东河总督本任时,奏派周馥管理永定河防汛事。五月坝筑成,六月永定河水大涨,竟因此坝减水得免于溃决。周馥在治理永定河方面有两项比较显著的成绩,这是其中之一。另一项工程是在此项工程的前四年,光绪十六年(1890年),他建议并举道员张莲芬作会办(帮他一起)在永定河北岸筑石堤,自此以后北岸上游就再也没有决堤、水入南苑的事了。总之,从此直到五六十年以后,北京变成缺水时为止,再也没有水淹北京近郊的事了。应该说,周馥在治水方面做了很多工作,颇有成效,也有经验和心得体会,而且还有著作。我想,水利工程和机械、电子等精密的科学不同,治河流主要是面对大地。周馥治水之所以屡有成效,是和周馥认真、肯下工夫,每次治水时必先亲自考察地势高低、水情大小等等的实事求是工作作风有关。当然,这也显示他有一个能正确分析问题的清醒头脑。

以上只是摘要略叙周馥在北洋时期治水的大要。关于周馥全面治水工作,汪志国君有专门的研究著作发表。周馥不但对各河系进行了治理,而且提出了系统的治水方案,形成系统的治水思想。这在汪志国所著《周馥与晚清社会》一书及他所著的其他论文中都有详细的研究和论述,对周馥的治水思想有详细的分析和评价。㊽

在此,我想插一段不着边际的遐想。几十年来,我频频坐火车来往于北京、天津之间,有时一年数次,看惯了窗外风景。每当车驶出北仓车站不久,向杨村方向去时,就跨过两条紧挨着并行的大河。河很宽,两岸笔直,不像天然河道。应该是所谓"减河"了,就是在水大时为了排水用。但为什么要两条河紧挤在一起而不是一条? 两条河之间有一高起的堤,堤顶上是一条能走一辆汽车的路。几十年来,我每坐火车经过这里,心中总是对这现象感到不解。许多年以后,我读到周馥自著年谱中同治十三年(1874 年)项下写有如下的一段:"筐儿港减河乃泄北运河盛涨者。自道光中叶以后,水由中道旁溢,官不之堵。时连年大水,武清东乡村庄数十里积潦不消,民尤苦之。相国(指李鸿章)属余筹办。余细勘旧减河槽淤高,必别辟一路入塌河口(此三字不懂,也不知于何处断句),而来水势大,若循例挑一沟,而以挑河之土分筑两堤,其中容水无几,势必复溃。适有居民聚议此事,有一少年曰:'必挑河两道,中留平地半里,而以挑南河之土筑南堤,以挑北河之土筑北堤。水小则走两河槽内,水大则中半里河滩足以容矣。水退,我尚可种滩地。此上策也。'众多嗤其多言。

余乃采其议行之。"自我看到这一段以后,我常常把这和我见到的那两条挤在一起并行的河联系起来。我看到的河也是在武清县,会不会就是周馥主持开挖的那条河?我无力考察、考订,只能如此想想。当然,时过百年,水势大小今昔亦已迥异。时势的变迁会消失掉一些东西,例如当年周馥治理的金钟河,由于市政建设,早已填平(当然也和现在不再有那样大的洪水有关)。但筐儿港减河在乡下,即使作用已没有当年重要,也不会有人空费力去填平它。真没有水了,也不过到河滩、河床里种地而已,不会消失的。何况,如果我看到的河就是那减河,那河还是流水的。

在晚清腐败的官僚政治环境中,治水工作也不例外,或不给经费,或种种诬告、掣肘,周馥治水的计划也并未能完全实现。于式枚在为周馥所著《治水述要》一书所作的序中说:"或问尚书(指周馥):'殚心如此,奏效如何?'则愀然对曰:'格于势,拘于法,力不逮心。见诸施行者,十不得一。'从前永定河十年九决,自尚书建卢沟桥大减水石坝后,迄今十有八年,仅一决,乃因埽料不足之故。山东黄河,无岁不决,或一岁数决。自尚书改下口办砖工后,十年未见一决。效已如此。然如永定河改下口及增石堤之议、利津筑堤迁民之议,终以限于财力、格于部议,迄不得行。尚书所云'力不从心'者也。"从这段话中,周馥治水受牵扯而力不从心可见,其治水已现效果亦可见。于式枚接着写:"尚书起孤生、无党援,独以文忠荐达至大用。文忠行河归,尝举为河督,为要人所尼而止。终以时望晋陟兼坼,仍不能久安于位。不惟治河未尽十一,即治民亦未尽十一。诚可惜矣。"这"诚可惜矣"四字确实包含了感慨千万。

另一件值得注意的事是,在周馥到北洋才一年多的时候,即同治十二年(1873年),他为李鸿章做了一件重要的事情。黄河河道在有记载历史中有六次大迁徙。在清咸丰六年(1856年)以前,黄河之水流到河南以后即南流借淮河河道入海,流入的是黄海。咸丰六年(1856年)时,黄河在开封以东的铜瓦厢决口,水流经山东至利津入海,流入的是渤海。决口之后,如何收拾? 对于如何处理黄河,东河总督乔松年和山东巡抚丁宝桢的意见相反。丁主张使黄河仍归回"淮徐故道",即仍旧南下经淮河入海;乔认为黄河的故道"久淤难复",不能入淮。清廷乃问李鸿章的意见(李当时的威望很高,他虽不是军机大臣,但遇重要事,朝廷仍常徵询他的意见)。李自知不熟悉水利,乃问周馥。周馥回答说,这非细勘地形、水势不能决定。于是受李之命,周馥乘帆船由天津大沽出发,到山东利津黄河入海处沿河而上,直到河南铜瓦厢决口处查勘,再查勘淮徐故道的情况。然后,周又由卫辉沿流而南下,经朝城、张秋、济宁、汶上以查勘运河一带的情况。当周馥回到天津后,向李鸿章说明黄河不能南行的理由,并代李起草了奏折。周馥的《年谱》中记:"奉旨照准。且谓:所奏事理详尽。"清廷采纳了这个意见。所以我们今天看到的黄河是从山东入渤海的。从这一例子看,使我想到两方面的事:一是可见周馥工作作风踏实、实事求是。为了作出决断,跑遍所有有关河道,审察地势、水势。我不知道丁宝桢和乔松年是否也自己或派人这样仔细勘查过? 他们的奏折是否也"事理详尽"? 另一方面,于此可见周馥作为李鸿章幕僚的重要作用(以上俱见《年谱》)。

(八) 有关周馥在北洋时期的几点印象

(甲)周馥一生的最亮点。这一时期,从官阶上讲,不是周馥一生的最高点。他这时只是在李鸿章领导下的司道级的官员,最高升到直隶按察使。虽然周以后升任到更高的督抚方面大员,但在北洋这二十多年却是周馥一生事业的最亮点。这是因为,在这二十多年中,他自始至终参加了没落的大清帝国为反抗帝国主义欺压的自强运动——洋务运动的一项宏伟的建设,即北洋海防建设。从这项建设的开始到结束,自始至终、集中全部精力于这一大事业上,而且,他自始至终处在这一大事业的核心处(可惜其成果毁于一旦)。

(乙)在这一场大规模的建设中,周馥始终是李鸿章最主要的助手。他掌握了全面的形势,参与了全面的规划、全面的领导,有许多方面的建设上,他直接进行领导、规划、设计。最近天津出的一本名为《寻根溯源·大直沽》的画册中竟说:"如果说李鸿章是洋务运动的倡导者,那么周馥可称为洋务运动的'执行者'。"㊼这一个说法自然不是很准确、恰当。但大家都感到周馥在北洋海防建设中的分量只从其官位、职衔是不能充分表现的,只是没有恰当的词句形容罢了。鉴于近来的研究对周馥的历史作用日渐重视,类如上述的提法屡屡见诸文字,已不是如周馥去世时方若挽联所说:"北洋建设助合肥莫大勋劳,史不足徵,犹幸吾侪能记忆……""史不足徵"而只是"吾侪能记忆"的功在人心的情况了(其下联是:"中国共和于项城未加可否,天乎有眼,当知老子是旁观。"是指周馥清醒地看透袁世凯。虽然和袁是姻亲,袁在洪宪称帝时给予周很高的称号和待遇,但周始终没有回应)。在他去世时,龚心铭曾写挽联道:"随李文忠参戎幕三十年,定大计,决大疑,再造河山,当代萧曹天下仰……"㊿光绪十三年(1887年)三月,李鸿章在委派周馥"总理北洋营务处兼办旅顺船坞工程"的奏折中对周的评价说:"查该道周馥,才识宏远,沈毅有为,能胜艰巨,历年随臣筹办军务、洋务、海防,力顾大局,劳怨不辞,并熟悉沿海情形,堪资倚任。"[51]正是李鸿章"倚任"周馥办了北洋建设方方面面的事。

(丙)在北洋的这一段工作中,周馥充分发挥、展现了他的才干。许多是开创性的局面,例如电报、铁路、海军、陆军学堂等等,不一一列举了。

（丁）周馥克服重重人为障碍，背负着各种攻击，承受了很大压力，全力以赴地工作。在北洋的这一段工作中，全国上下主政者还有很多人对于洋务运动的建设有反感。势力雄厚的清流派更是肆意攻击、阻挠，更足见工作之艰难。周馥正是在这种困难条件下全力以赴地工作。

（戊）周馥对于北洋的成绩和实力的认识始终是清醒的。对存在的缺点心里是有数的，没有陶醉于辉煌的成绩。对朝廷现状的认识也是清醒的，对可能遇到的困难没有心存侥幸。他也及时地向李鸿章反映、分析情况，提出建议，他希望事先作出酝酿，使事态尽可能向好的方向发展。

但形势的发展，步步与他的愿望相反。甲午一战，北洋海军全军覆没，海防建设全毁，国家割地赔款，李鸿章受谤于天下，经营三十四年的淮系瓦解。周馥心中自然不好过。我想，关键问题是他认为这一切是可以避免的，而竟未能避免，使国家遭受这样大的灾难。现有甲午年他在关外时写的诗，写出了他的心境。今录在下面：

感愤五首

岂真气数力难为，可叹人谋着着迟。
自古师和方克敌，何堪病急始求医。
西邻漫恃和戎策，东海宁逢洗辱时。
蠢尔岛夷何负汝，茫茫天道竟难知。

敢道亡羊始补牢，是谁升木自教猱。
六州铸铁无斯错，万口烁金安所逃。
东国缙绅馀涕泪，中原杼柚亦忧劳。

可怜老马空皮骨，输挽从登九折高。

十载经营瞽眼空，敢言掣肘怨诸公。
独支大厦谈何易，未和阳春曲已终。
好固藩篱留北道，深防雀鼠启西戎。
贤王远略心如见，雪涕陪陵墓木风。

悬军深入海天孤，弃险凭城更失图。
千里士难尊帅令，十年彼已读阴符。
市人驱战同心少，骏竖成功自古无。
叹息国殇沦异域，春来南亩半荒芜。

雪地冰天困短车，筐床清泪梦醒馀。
犯颜愧少诚相感，效死宁教愤一摅。
斩佞上方难请剑，知兵黄石更无书。
澄清会有中兴日，可惜微臣鬓已疏^㉜。

五

甲午之后、庚子以前这一段时间,周馥原意退隐,后奉朝廷命复出。任四川布政使期间,抵制了北京朝廷向各地发出支持义和团、迫害教民的上谕,四川得以安定无事。

前面已提起过,甲午战败、和约签订之后,《年谱》记光绪二十一年(1895年)四月,"二十八日京电传上谕准开缺"。这是周馥自咸丰十一年(1861年)为李鸿章招致为幕为官以来,经历了三十四年,最后退官为民了。我想此时周馥的心情大概是非常复杂的。从他的《年谱》等记载中可看出,他一直不满官场的腐败、无知以及派系倾轧,而这一切竟在甲午造成如此重大的恶果。而且,他几十年经营的北洋事业毁于一旦,事情本可以未雨绸缪,事先商量好对策,偏偏被无知、内部倾轧毁了国家。从上面引述的五首《感愤》,也可以看到他内心的激愤和失望的心情。另一点,李鸿章三十多年聚集起的淮系也从此垮掉了,他肯定也会觉得惋惜,更直接地,他的"丈夫出处,惟义是视"的思想自然要和李鸿章同进退了。据《行状》:"府君念文忠既去,指臂益孤,则乞去……三月,和议成,疾作,乃浩然投劾归矣。假归三载,布衣野服,日与野老话桑麻,不复谈国事。"的确,有三年时间周馥的日子过得很闲散,或料理家事,或到处游历。他的诗集中也录有许多记这一时期游历的诗。或许,周馥以为自己从此便退居林下了,所以,光绪二十二年(1896年)元旦,周馥六十岁时,他做了一首诗,完全是退闲家居、总结平生的味道,现录在下面:

丙申元日

> 幻梦一生事,艰危百折身。
> 那期周甲寿,又作太平民。
> 举醴齐眉在,分甘绕膝亲。
> 韦编堪送老,斗酒待寻春。
>
> 投刺稀逢客,占年亦问神。
> 庭间风日暖,人静鸟乌驯。
> 涉世初知足,浮家易卜邻。
> 天涯多故友,犹愧寄书频。㊺

我想他此时万不会料到自己还会再出来做好几年官,还升至督抚大员。

周馥闲居无事时,北京朝廷中却发生了激烈的政局变化。光绪皇帝酝酿、进行着维新运动——戊戌变法。直到后来产生了戊戌政变,光绪二十四年(1898 年)八月初六日慈禧太后重新执政。慈禧太后执政后,又开始任用李鸿章等老人了。这时候,慈禧的朝廷也想到了周馥。据《年谱》记:"九月初三奉皖抚邓筱赤(华熙)中丞电开,初一日奉旨:直隶臬司周馥前经告病回籍,现在是否病痊?着即查明复奏,钦此。(想想!是三年半以前告的病。所以,问病只是找个由头来说话。)当复电云奉旨查询病状。钦领悚息。馥自乙未夏告归,多方医治,痰咳虽愈,惟头苦眩晕,夜不安眠,步履维艰,两耳重听,衰惫已极,不堪再供驱策。莫由图报,愧悚无地,请转奏等语(回答也是借病推辞)。"周馥为什么推辞呢?应该说他对整个政局仍是失望的。找到头上了还不去,说明他并不追求升官发财,并不在乎是否有官做。不然现在岂不是机会来临?此外《行状》透露了一些消息:"内旨屡下帅臣(指安徽巡抚邓华熙),询问病状,促入朝府。府君(指周馥)喟然太息曰:'李相且不安其位,吾辈尚能有所建树哉!'卒不出。"但是后来由于朝廷一再召他,他还是又出来做官了。

出仕后,周馥做了两件事:一是协助李鸿章治黄河;一是任四川布政使。

据《行状》说:"戊戌秋,太后临政,眷老臣。念黄河屡决,非大治不克奠吾民。特命文忠莅厥事。文忠乃奏府君出佐之。"据《年谱》,光绪二十四年(1898年)"十月十八日奉李相国电招,赴山东襄勘黄河工程。当即电辞。旋电促再三,商允作为游客,勘筹办法,不办工,不奏调。"从这段看来,周的对局势失望情绪仍很重。最后两句"不办工,不奏调"就是说只出力、不做官。李当时的情况远不如当初。梁启超著《李鸿章传》说:"自同治元年以迄光绪二十七年,凡四十年间,李鸿章无一日不在要津……戊、己、庚之间(案指1898——1900三年之间),鸿章奉命治河,旋授商务大臣总督两广,在他人则为最优之差,而按之李鸿章一生历史,不得不谓为投闲也。"㉝这在周馥自然看得很清楚。他不是看李失势了而躲避,只是不愿再做官,所以仍愿出力。当周馥赴李鸿章处途中,十一月十二日走到济宁州时,李鸿章已从济南发来电报:"现闻有寄谕至皖,催我弟出山。应奏明调查河工。"(见《年谱》)周称病不出,而又到李鸿章处帮忙,李自然得奏明朝廷。到十一月初四日"接皖抚邓电,奉廷寄上谕:周馥现在是否病痊,传知该臬司来京陛见。将此谕令知之,钦此。"十七日周馥到了济南后,李鸿章给他看自己的奏稿,中说:"周馥在直境督办河工多年,于修守事宜,最为谙练。应机敏决,识力过人。前因耳疾呈请开缺,回籍调理。臣以东省河工关系重要,专函敦劝,前来襄筹一切,可资得力。理合附片具陈。"李于是得到批旨："周馥俟查河事竣,即行来京预备召见,钦此。"看来是慈禧太后重新执政后要启用老人,急于周馥出来,看到李鸿章的附片,知道病情不重,就直接命令周馥事竣来京准备召见而无需问病情了。最后,"[周馥]拟定治河办法十二条呈李相国会奏。时相国欲保余在山东治河,力辞"。光绪二十五年(1899)"正月复往海口细勘一周。请相国奏余假归养病。[李鸿章]未允。言上意有在,未便奏"。(见《年谱》)这里,周馥仍想回去,已势不可能了。

光绪二十五年(1899年),"二月二十二日抵京。二十四日诣宫门请安,蒙召见一次。逾日又蒙召见一次。时太后复垂帘,励精图治,垂询事极多。懿旨慰勉谓:'两耳稍沉,精神尚好。现在时事艰难,应做官报効国家。着在京等候。'"(见《年谱》)这里所说"垂询事极多"也包括问周馥甲午失败的原因。《年谱》光绪十七年(1891年)项下曾记下此次召对时问到甲午失败原因的大要:"逾数年,余起病。召见。太后问及前败军之故。余将户部掯费、言者掣肘各事和盘托出,并将前密告李相国之言亦奏及。且谓:李鸿章明知北洋一隅之力不敌日本一国之力,且一切皆未预备,何能出师?第彼时非北洋所能主持,李鸿章若言力不能战,则众唾交集矣。任事之难如此。太后皇上长叹曰:不料某在户部竟如此,某亦如此。"

《年谱》光绪二十五年(1899年)项下接着写了周馥的任命情况:"荣仲华相国面奏,请授河督。旋有阻之者。阻者为旧相知,挟小嫌之故。而荣相国则素无往来。人之遇合,有不可思议者。八月初八日奉旨简放四川布政使。"荣禄的建议,使周馥非常感动。素无来往,竟推举他上了一大级台阶,由司道升到督抚(地方官的最高级)。但在其他的文字中又有另外的说法。《行状》中说:在李鸿章受命治黄河时,"一夕,文忠语客曰:'老夫荐贤满天下,独周某佐吾三十载,劳苦功高,未尝求荐拔。今吾年老,独负此君,吾其能自已乎.'乃抗疏密荐之。府君不知也。己亥,诏入朝,遂拜四川布政使。"马其昶撰《神道碑文》中也有类似的叙述。但前面已引用过的于式枚在为周馥所著《治水述要》一书所作序中说:"文忠行河归,尝举为河督,为要人所尼而止。"按这说法,则是李鸿章推举周馥做河督的。前面所引《年谱》中也有一句周馥自己说的话:"时相国欲保余在山东治河,力辞。"有文献中说,李鸿章和荣禄是把兄弟,所以庚子时联军要求"惩办祸首"名单内原来有荣禄的名字,是李鸿章努力解释,把荣禄开脱出来的。李、荣的关系既密,荣通过李了解周亦未可知。周馥的《年谱》是在民国四年(1915年)写的,已是十多年后了。即使周馥当年不了解于式枚所了解的情况,这时候也应该了解了。而周馥并未说是李鸿章的作用。以周馥对李鸿章的感恩戴德,知道是李鸿章的推荐是不会不提起的。

周馥于光绪二十五年(1899年)八月初八日奉旨简放四川布政使,十一月十二日在成都接印上任,于次年即光绪二十六年(1900年)九月二十一日奉旨调补直隶布政使,十月十六日交卸四川藩篆。所以,在四川只做了十一个月的民政长。这里就不像以前在直隶要做许多职务以外的工作了,所做都是藩司分内的工作。在周馥眼中的四川情况是:"吏治疏懈,钱荒米贵"(《年谱》)。他的措施为:

> 甲、川省吏治阔疏,叩以律文多不习,乃设课吏馆督之。
> 乙、清厘宝川局积弊,铸银币,便商民。
> 丙、积粮备荒歉。
> 丁、因历年教案不靖,特撰《安辑民教告示》六条,颁示各属。周馥在《年谱》中说当他颁布这告示之后,"各国教士致书称谢"。(以上四条据《年谱》及《行状》)

70

这时,义和团运动在北京、天津、河北一带发展,其势汹涌,围攻各国使馆的暴力事件、冲突不断发生。北京朝廷向各地发出支持义和团、迫害教民的朝旨。《年谱》中有一段记录周馥当时的态度:"五月,闻天津义和团拳匪滋乱,电局报有旨各省招集义民成团等语。遂密商制府,以此旨未辨真伪,不可宣出,且乱不可长,强寇不可挑衅。况川省僻远,洋兵决无进川之理。疆吏惟有戢匪安民、筹饷整军,以待朝命。且川省本有团练,何用再招?"(见《年谱》光诸三十六年庚子[1900 年]条)在李提摩太的回忆录《亲历晚清四十年》一书中,第十五章第九节全节讲述了周馥当时在四川的情况。现全录如下:

> 四川省采取的保护外国人的措施十分有趣。当时周馥是四川布政使。早些年在天津,当他还是李鸿章的助手时我就认识他了。他对广学会出版的书籍非常感兴趣。当其他省份的外国人遭到屠杀的消息传到四川时,有很多官员劝巡抚(应是总督,下同)——是一个满洲人,叫奎俊——把外国人集中到成都、重庆和遂宁三个城市,一起杀掉。其中只有周馥坚决反对这个计划。他说:"杀死少数几个外国人,对你能有什么益处,当你使整个世界都反对你的时候?"他利用自己的影响力,劝说巡抚对外国人采取保护措施。要求杀死传教士的命令一道接一道从北京传来,巡抚——塞进了自己高高的靴子里,不让排外的官员看到它们。这样,凭借周馥的努力,四川的外国人保住了性命。⑤

这里可看到,周馥对待传教士问题、教民问题都有清醒、成熟的认识。在中央朝廷一再重压之下能坚持原则,是不容易的。

曾祖周馥

　　我常想,周馥被派到四川而不是其他地方,纯属偶然。倘若当初派他到直隶,到了这时,周馥仍会坚持自己的意见的,而那时他的性命恐怕将不保了。在《年谱》光绪十四年(1888年)项下,记交卸津海关道之后有一段文字:"后十数年,义和团祸作。有友曰:'若使李文忠仍任直督,尔仍任津关或臬司,朝廷不为掣肘,两宫安有西狩之祸? 各国又何至索赔款数万万之巨哉。'又有友曰:'尔与文忠有幸福者也。'余诘之。曰:'假使文忠督直,尔为藩臬,必不纵义和团起事。彼时端郡王或将尔与文忠褫戮。尔细思,徐用仪、许景澄、立山、袁昶、联魁之杀,何罪耶?'时人皆谓二说有见。国家事,苟至上无主见,用人颠倒,祸岂可胜言耶。"

六

　　庚子议和时期,周馥调任直隶布政使,奉旨随同奕劻、李鸿章办理和议条款事宜,总办京中及顺直教案。

　　光绪二十六年(1900年)庚子时,周馥任四川布政使。从《年谱》中读到,李鸿章于六月调任直隶总督,七月授议和的全权大臣,他又要周馥协助他了。李已电知周馥,奏调他为直隶布政使。李当总督,自然仍像1871年那样,找周馥去协助。但现在更重要、更急的是李要和八国联军谈判,要周馥协助他。周馥正力辞未获允之间,九月二十一日又奉到电旨,"调补直隶布政使"了。是圣旨,就不能再辞了。十月,从四川走到宜昌,又接到电旨:"前有旨令周馥速赴直藩司调任,现该藩司行抵何处?着盛宣怀迅即电催。到沪后暂缓赴任,即令乘坐海轮取道秦王岛,迅赴京师,随同奕劻、李鸿章办理议和条款事宜,详细磋磨,务期妥协。并着盛宣怀电知奕劻、李鸿章遵照。钦此。"圣旨中写了"详细磋磨,务期妥协",可知对周馥这次任务的重视。看这电报来往时,须知当时慈禧、光绪在西安;庆亲王奕劻和李鸿章在八国联军控制下的北京;盛宣怀在上海总管全国电报,需他转电报,各地才能通消息。六月至十月,一件接一件事情变化很急邃,催周馥也催得很紧。

　　《近代史资料》总59号(1985年5月)载有两篇文字:一、郝庆元辑注《周馥辛丑办理教案电稿》,[56]二、郝庆元辑注《周馥辛丑办理教案函稿》。[57]《电稿》据郝庆元注是藏在南开大学的。这两者都是抄在毛边纸上的正式、公开来往的公函的抄件。《电稿》共五十一件,《函稿》共三十三件,这些稿件都是庚子八国联军入侵、庚子议和时期的文件。从这些电稿、函稿的抄件可以略知周馥当时工作的情况,也可看到,北京那里千头万绪,许多工作等待周馥前去办理。

从《近代史资料》所载这些电稿和函稿看,周馥是有权直接处理许多重要事情的。其中如与盛宣怀来往电,是商量、研究用哪些收入可以作赔款用,如何凑足。又如山东巡抚袁世凯来问,听说赔款用盐课、常税、漕折抵,但山东此各项都有应支项目,如何办,周馥即回电解答是如何安排的,来往电文最多是和山西巡抚岑春煊,或是因为有少数联军进入山西境内问如何处理;或是和教民商谈赔偿问题等时,教民依仗联军势力提出无理要求(如要求钱数过大,或要求把孔庙改成教堂等)怎么办,等等。周馥或是直接回答应如何办,或是拜访联军司令瓦德西交涉、商量,或是和在北京的外国教会领导交涉,再将交涉结果回电示知。以上是这批电稿的大致情况。至于函稿,有三十三件,其中有二十件是和联军司令瓦德西来往的,其中谈到教民仗势要求无理问题、少数联军入中国军队防区问题、两军防区的中间地带如何剿匪而免误会等等问题,函中并提及瓦德西来访和周馥商谈以及瓦德西设宴招待等事。总之,是在敌人大军占领之下,和敌人交涉、解决种种问题,其困难可知。也可看出,在许多问题上,周馥是有权可以直接和瓦德西交涉的。

周馥的工作,在当时联军统帅瓦德西的日记中有一句记载。在 1901 年 5 月 21 日之日记只记了一项。其内容如下:"今日周馥曾来余处要求数事,余已允许几件。彼系一位见识通达之人,在(中国)议和代表中,为余最喜悦者。"⑧这里,又可看到周馥在处理问题时头脑是清醒的。前面已提过,传教士李提摩太在回忆录中也有一段写道:"义和团事变之后,周馥在处理直隶省的对外事务方面表现了卓越的技巧,作为奖赏,很快被提升为山东巡抚。"1901年6月3日瓦德西撤离北京,曾举行一个非常盛大的仪式,各方都来送别。瓦德西在日记中关于中国方面出席人士写道:"至于华人方面,则为议和使者周馥与李(鸿章)、庆(亲王)之代表以及其他几位华人。"⑤于此亦可见周馥当时在瓦德西眼中是"议和使者"。

按郝庆元在发表文稿前的说明,周馥的职务是"直隶布政使,兼京中、顺直办理和议和教案总办,为李鸿章之全权代表"。我没有查到文献中周馥当时除直隶布政使外在议和事宜中的正式职务。据《年谱》记:"庆邸、李相国奏派余与张燕谋京卿(翼)会办京中及顺直(顺指顺天府即北京,直指直隶省)教案。张系姻亲,因事赴津。余遂独任。"这里,教案的总办或会办落实了,但有关议和时是什么职衔就不清楚了,大概也就是前述所接电旨中的"随同奕劻、李鸿章办理议和条款事宜"或《年谱》中所谓"襄议和约"了。

此外,还有一项任务。《年谱》中记:"余复奉旨派议民教永远相安章程。屡商各国教士及洋官,皆言各国无此章程,教民皆在法律之内,洋官不问,各教士皆不相辖,难出意见,迄无端绪。"这事在李提摩太的回忆录中也有记载,似乎并非如《年谱》所说"迄无端绪"。关于此事,在李提摩太的回忆录《亲历晚清四十五年》中译本中占了整整两页多的记述。当时(1902年)周馥和李提摩太(新教教徒)一起去拜访了天主教北京教区主教樊国梁(Pierre Marie Alphonse Favier,1837—1905),商议由两个教派共同起草一个联合规章。由李提摩太起草的这个规章,直到1905年才交到罗马天主教廷并得到肯定。李提摩太的记载说周馥此时已是两江总督了,周对此规章稿也予以肯定,看来李提摩太还是拿给他看了。⑥

光绪二十七年(1901年)十月周馥奉旨赏巡抚衔,这是对其"襄议和约"的奖赏,详见《年谱》。此时周馥的正式职务是直隶布政使。实际上自光绪二十六年(1900年)九月二十一日调任直隶布政使自四川出发后,随即于十月十六日奉旨先缓赴任,直接先去北京"随同奕劻、李鸿章办理议和条款事宜"。十二月二十四日到京,直到次年即光绪二十七年(1901年)六月二十二日才到保定上任、接藩司印,当时的情况混乱至极。周馥在《年谱》中有一段记载:"时各县教民藉洋兵势力报怨寻仇,无不鸱张横行。而黠民之先当拳匪者,遂不敢归家,亦结党劫掠。洋兵搜剿,玉石不分。各防营(地方上的一种驻防军队)先经各国划居边界,迨余履直隶藩司任调使剿匪,而此拿彼窜,或藏山谷,或匿村庄,官军难于遍索。因约绅士多人分头劝谕,赦罪归农,给以执照;一面约教士诫饬教民勿与争斗。其有义和巨匪、扰害族戚及为强盗杀人者,惧不敢归,因派曹牧景郕等招抚之,练成新营,以备捕盗,但给衣、粮,不给快枪,先以木杆作枪操演,计一千三百人。自四月迄七月始得渐就敉平,至冬季始将此千三百人资遣还籍。六月二十二日到保定接藩司印,时法国兵仍在省城未退。衙署颓败,无门窗、板壁,仅存数柱撑拄椽瓦而已。曾笑占一联云:'山有盗,野有匪,城有洋兵,何时是化日光天气象;库无银,档无册,房无书吏,全凭我空拳赤手指挥。'可想见其景况矣。"从这段文字看,当时社会混乱已极。周馥上任,既无可靠的军队供调用和保护,手下又无办事的人员,真是名副其实的赤手空拳了。文字中所描述的一步步化解矛盾非常体现技巧,足见周馥办事之清醒、细致、有条不紊,而且一系列的处理还贯穿着宽厚、与人为善、务实的精神。再者,周馥此次上任是有一定风险的,前任藩司廷雍即是被法国军队杀掉的。周馥到任时,法军仍盘踞在保定的布政使衙门。据马其昶所著周馥《神道碑文》中说:"前布政使廷雍纵拳乱,法兵至保定戕廷雍,遂踞司署。及闻公来,法兵郊迎入署,观其设施,无间言,乃徐引去。"周馥之所以受到法军的尊重,我想是和他处理外事工作一贯的态度有关。他既不像有些仇外的官员一味欺压外国人、教民；又不像有些恐外官员一味对外国人卑躬屈膝，出卖本国的利益。他处理民教纠纷时总是客观地分清是非，秉公办事，同时坚决维护国家的尊严和利益。

光绪二十七年（1901年）九月二十六日李鸿章去世，周馥护理直隶总督兼北洋大臣。据《年谱》，二十八日"接汴电，奉旨着周馥护理直隶总督兼北洋大臣。三十日接印。袁慰庭制军自山东来电：护印无多日，不必卸藩篆。十月十七日袁慰庭制军抵河间府，先期派员送印去。余即于是日交卸督篆。时庆邸赴汴途中，寄电属余在京照料巡防事务。"

光绪二十八年（1902年）四月二十一日，周馥升任山东巡抚加兵部尚书衔。但赴任前夕，又奉命与各国使臣速议交还天津及津榆铁路事。据《年谱》，"奉旨升授山东巡抚。具折谢恩。奉旨：'着来见。'五月十二日交卸直隶藩篆。十六日赴都。十七日诣阙请安，蒙召见一次。二十日蒙召见一次，面奉懿旨：'在京与各国使臣速议交还天津及津榆铁路事宜。'"据《行状》中说："当是时，联兵壁天津，踞津榆铁道，设都统，治民政，越二年，袁公屡争，未获也（试想，袁世凯任直隶总督兼北洋大臣有一半公务就驻在天津，竟接管不了自己的地面，无法赴津办公）。府君方入觐，袁公密奏曰：'津榆之事，臣力已穷。环顾诸臣，类多后起。惟周某老成众望，交涉已三十年，为列国使臣所敬服。还津巨任，舍是莫由。'乃复诏与诸使臣筹厥事。府君殚精竭虑以至诚，立谈之间，津榆俱复，王畿千里，疆索依然。一时海内贤豪，下逮舆夫走卒，靡不鼓掌欢呼，谓非府君不及此。至今，津榆父老犹叹息焉。"八国联军是在光绪二十六年（1900年）6月进占天津的，辛丑和约签字是在光绪二十七年（1901年）七月二十五日。但到周馥奉旨办此事时（光绪二十八年[1902年]五月），八国联军还占领着津榆铁路和天津。在天津还设有"都统衙门"（实际上的天津地方政府)管理民政,似有久占不去之意,这使无论是朝廷或是老百姓都很不安心。但这又是棘手的交涉,周馥暂时不能去山东上任,仍得先办妥此事。据《年谱》:"旋因与各国使臣议交天津事就绪。前所要索多端,皆作罢论。至交津榆铁路事,亦议有眉目,请归胡云楣侍郎一手专办,未便在京久候。"周馥在短期内办成此事(五月十二日奉旨,六月十六日已办完、离京去保定了),而且拒绝了"多端"的"索要",天津人是记得他的。二十年后周馥去世时,一些挽联还提及此事,例如有一位陈坦如的挽所拟联说:"继李文忠了一残局,拼命复津沽,谁识老臣心版碎?"还有的挽联中有"犹忆收还津沽,只手复河山,至今人民怀德泽"等词句。⑩

《年谱》接着说:"六月初十日谢加兵部尚书衔。向例巡抚兼右副都御史及兵部侍郎。此次吏部具奏,奉旨加兵部尚书衔。或曰有头品顶戴者多加尚书衔,然亦无定例。"

78

七

任山东巡抚期间施行新政，所建项目多为山东新创。规划、治理黄河；面对占领胶澳之德国人，力争中国主权；使德人撤去胶济铁路两旁之驻军；济南、周村、潍县三地自行开埠，以与德人抗衡。

（一） 起止日期

周馥光绪二十八年（1902年）"四月二十一日奉旨升授山东巡抚"。"七月初六日接山东巡抚印"。光绪三十年（1904年）"九月二十四日奉电传旨署两江总督,迅速赴任"。"十月初十日交卸山东抚篆"（据《年谱》）。

（二） 这一时期(包括以后在两江、两广任上)总的大形势

这一时期开始,包括以后在两江、两广任上,总的形势和周馥随李鸿章在北洋时期完全不同。当初,修一条铁路、架设一条电报线、办一所学校,都要受到上下左右的攻击、阻挠,困难重重。而现在是自上而下要求实行"新政",推行"新政"变成了时髦的事情,各级官员都努力要有所表现,但由于多数各级官员的头脑并未跟上形势,闹出不少笑话来。在清末的一些小说中,有许多这方面的描写。在那样的形势下,对中国现代化问题有清楚认识、头脑清晰的周馥,自然可以有许多有成效的建树。但是,这时清廷进一步腐化,社会风气进一步败坏,又使周馥感到无法做好工作。

在戴逸主编的《中国近代史通鉴》之《辛亥革命》卷,其第一篇(总论)中说:"《辛丑条约》签订之后,中国社会处于巨大的变动和深刻的危机之中……1901—1905年间,为了挽救统治危机,缓和人民的不满,清政府在较广泛范围内进行了改革,搞起了'维新新政'……1901年1月29日,清廷发布'变法'上谕。内外大臣根据上谕,纷纷上奏,各陈所见……'新政'内容涉及范围较广,包括官制、经济、教育、军事、司法、文化习俗等等方面……'新政'对于中国资本主义的发展,对于国家职能的近代化,对于建立具有近代性质的经济、军事、文化等方面的制度,起了一定的促进作用。"②

(三) 周馥在山东巡抚任的施政、作为

周馥到了山东,面对他的问题,总起来有三方面:治理黄河,维护国家的主权和利益(主要是面对德国人),在山东全省推行"维新新政"。

甲、维护国家主权和利益,济南、周村开埠。光绪二十四年戊戌(1898年)3月6日,清政府被迫与德国签订了《胶澳租借条约》(又名《胶澳租界条约》),租期99年,并允许德国在山东修筑铁路和开采沿线矿产。周馥于光绪二十八年(1902年)七月到山东巡抚任后,首先遇到的问题就是和德国在青岛的关系问题以及德国在山东的种种扩张行为。然而,在《年谱》中几乎没有记录,只写:"[光绪二十八年]……过青岛,访德驻港大臣都沛禄,留驻三日。十一月十三日,自青岛乘轮车至潍县。梅如云军门、东益铁路公司总办锡乐巴偕行。"《行状》中说:"德人之踞胶州也,乘威海、旅、连之失,要挟中朝,设总督,驻防兵,视为属地。筑胶济铁道达济南,攫路侧矿山为私业。然胶固租借有限期,非香港割地比也。庚子而后,德势日张,益视山东为己物。府君(周馥)至,外与德总督都沛禄相亲,内则守条约,断断不肯逾尺寸。首奏开济南、周村两商埠,

80

钳制其间。德人知焉,自撤胶济铁路兵,还五矿。府君复筹官款维峄矿以敌之。"

这里,有三件事:

一、要求德人撤去胶济铁路两旁的驻军。

这本来不在原签订条约之内,经周馥交涉,撤去了。

二、归还矿产。

也即是撤销德方擅自独力开发的意思,经周馥交涉,也交还了,但条约中有联合开发沿线煤矿的内容。

广东政协有一位陈志强先生的回忆文字中写道:"我的祖父陈观海,1867 年由德国巴陵会(案即 Berliner Missionswerk,又译为德国信义会柏林教会)选派到德国留学,是近代中国最早的留德学生之一……祖父从 1901 年开始搞外交工作,先后在胶济铁路、山东巡抚署交涉局、两江洋务局和两广洋务局任职,曾协助山东巡抚周馥同德国侵略者进行严正交涉,迫使德国侵略者从胶济铁路撤兵,并交回几座矿山……"⑥

三、济南、周村、潍县三地自开商埠,以与德国抗衡。

周馥办的这件事意义很大。早在当时,就有文字肯定他此举,曾有文字说:"后来的《东方杂志》第八期发表《东抚之办事》文章,称赞周馥开设商埠之举说:'德国尝以独占山东全省利益,屡向北京政府要求权利。其所经营者,着着进步。周中丞(周馥)见此情形,深知其害,遂将济南、潍县、周村镇三处,辟为商埠。俾利权不致为德人所垄断。密奏朝廷,即获谕允,忽然宣布万国。德人闻之,亦惟深叹其手段之神速而未可如何也。设事前稍不谨慎,泄漏风声,德人必起阻挠。'"⑥前几年青岛大学曾开过以济南、周村开埠为主题的学术讨论会,并出了论文集。集中多篇文章对周馥的作用予以肯定,这里不再作综合描述了。下面只引几段零散文字,以见一斑。

曾祖周馥

这是一段座谈、讨论的记录,见于央视网站《古城开埠》第一集《自开商埠》:

对于济南来说,1903 年是一个不同寻常的年份。这一年发生的各种事情,似乎已经预示着这座平静而古老的城市即将迎来一场前所未有的重大转变。这一年,德国修筑的胶济铁路已经到达距济南只有一步之遥的周村;德国着力掠夺山东物产资源,建成一段就通车一段……

山东师范大学教授王守忠:周馥他是一个比较开放、开明的官员,为了调查了解山东发展的情况,1902 年他先从察看小清河,小清河能不能通航,他就坐着小船从小清河到了羊角沟,然后到了烟台,到了青岛。

南开大学教授陈振江:他到了青岛一看,这个青岛的发展很快,但是这个通商口岸不是自开,而是在外国逼迫下一种约开口岸,一切都是听着德国的摆布。他看到青岛发展得快,可能在他的思想来讲,觉得应当学西方,他又看到中国主权丢得更多,我估计在他的心里边,是一个非常不愉快的事情。

山东师范大学教授王守忠:特别是建港口,修铁路,开煤矿,在山东潍县淄川,开发煤矿,这使周馥感到压力很大,山东如果不发展的话,利权很可能就叫德国人夺去了。

青岛之行还触动了周馥内心潜藏着的一个情结,这就是他在痛恨洋人侵略的同时,又对西方文明和商业贸易为开放口岸城市带来的巨大变化有所心动。周馥来山东上任后还发现，济南官吏的施政作为多用在兴学、修庙、治河、处理诉讼和维持治安上，世间民风重儒轻商，还从未出现过资本雄厚的店铺和巨富商人，也没有几家像样的手工工厂。济南虽称作城市，但大体上还是有城无市，即使有药材、杂货、绸布、鞋帽、钱业等五大行，也没有集中的大面积的买卖场所，每年的贸易额仅有数百万两，经济地位远在周村、潍县、济宁这些小城市之后。如此巨大的反差和德国势力咄咄逼人的渗透，促使周馥致函清廷外务部，指出，惟有主动开放，才能既保我利权不致外溢，又于山东富强之道亦得焉。周馥的青岛之行是不是他奏请朝廷自开商埠的前奏，我们不能断定。但周馥考察青岛之后，德国就在济南设立了领事馆。1904 年 5 月 1 日，也就是胶济铁路正式开通的前一个月，山东巡抚周馥和他的前任、时任北洋大臣兼直隶总督的袁世凯一起，联名上奏朝廷，请求批准济南、周村、潍县三地自开商埠。

山东师范大学教授郭大松：商埠是指一个国家向外国人开放的通商城市，不管是约开的还是自开的，我们都称之为商埠，在中国古代历史上，这样的地方叫关市，在中国近代历史上叫通商口岸，也叫口岸城市。

南开大学教授陈振江：在外国人的压力和要求下，通过条约来开放的口岸，这个就叫约开口岸。那么中国地方提出，由清政府来批准，由中国人自己来开放的口岸，叫自开口岸。它俩的不同，一个约开口岸受到条约国的限制，种种限制，甚至对中国人来讲,使主权受到损失,自开口岸是完全自主权。

    1904 年 5 月 19 日,清政府正式批准山东自开济南等三处商埠。为了实现对商埠区的有效管理,济南还仿照外国市政厅的办法成立了专门的行政管理机构——商埠总局,下设工程局、巡警局、发审局等,专司管理职责。土地的租用价格则是按照中国传统的福、禄、寿、喜的称谓确定了四个等级。从现存的《济南商埠开办章程》中,我们可以明显地看到一些类似今天"经济特区"的制度和政策,而这些在当时明显超前的制度和政策,在确保主权不失的前提下,有效地保证了商埠区的有序开发建设并吸引了大批华洋商人踊跃前来通商办厂。

    这座位于经二纬二路口的巴洛克式建筑……一百年前,济南第一个外商银行——德华银行就在这里开行经营。在它之后,先后有日本的朝鲜银行、横滨正金银行、法国与比利时合办的义品放款银行等纷纷登陆济南。它们的出现,使济南商埠这一经济口岸,开始真正感受到世界经济跳动的脉搏。⑤

下面再引一篇名为《历史给了周馥一个舞台》的文字,文章中转引了德国人从档案中整理出的周馥当年访问青岛的情况,比较生动,从中可以略窥周馥当时的心态、思想意图。

    周馥 1902 年的青岛之行,没有被记录在《胶州发展备忘录》中,这令我们很困惑。关于山东巡抚这次青岛行程的许多细节,我们是在德国学者余凯思(案即 Kiaus Mühihahn)引用的一些原始档案中得到印证的。

1902 年 12 月,周馥提出了访问德国胶州租借地的要求。周是第一位提出这种要求的中国高级官员,这令胶州总督特鲁泊(案指 Oskar Von Truppel,1854—1931;1901—1911 年任胶澳总督)深感意外。特鲁泊在致蒂尔皮茨(案即 Alfred Von Tirpitz,1849—1930,曾任德国海军元帅,德国大洋舰队之父)的信件中,描述了当自己获悉周馥的来访计划时的惊诧,认为这是一个"几乎无法令人相信的愿望"。周馥访问青岛的目的,在完成访问后于 12 月 31 日致军机处的信中,已有清楚表述,即试图"亲眼看一看当地的境况",了解德国对租借地发展的规划。周在访问期间,和特鲁泊举行了几次政治会晤,周馥谈了一些关于济南与青岛的关系的具体问题。鉴于机构联系的缺乏,周馥希望通过外交访问的方式,加以弥补。

值得注意的是,周馥在访问青岛期间所发表的谈话,不仅表达了中国想要收回原先丧失的权利,结束殖民统治状况的基本意图,而且也显示出了对当下状态的关心,即按照周馥的见解,在德国管理的青岛,中国居民的事务仍在其管辖范围之内。周馥曾对特鲁泊说:"即使青岛已被租借给德国,它仍属于山东地盘。"

在接见中国商人时,周馥除了谈到一些旨在促进青岛与山东的商业贸易关系的措施,也提到在青岛设立中国领事机构的积极意义,他还提议派遣一位官员前来调解当地商人与山东商人之间的争端或者协助处理诉讼案件,甚或担任中华商务总局领导。

接见在青岛的中国商人后的当天晚上,周馥和特鲁泊还有过一次不公开的会晤。我们推测这次会晤的地点,多半是在维多利亚海湾总督私邸的交谊室，但这个推断并没有直接的资料可以证明。和白天的话题一样，这次私人性质的会晤主题，依然集中于生活在青岛的中国居民的保护上。周馥在民事专员和翻译慕兴立(案即 Heinrich Mootz,著有《中国人的世界观：以哲学家孟子关于国家的伦理学说为基础》[1912 年]等)均在场的情况下,和特鲁泊再次谈到上午他已经对中国商人讲过的建议。周比在先前"学院式讨论"场合更加坚决地指出了设立中国领事馆,派遣官员来青的必要性,后者应当以中华商务总局的委托人或律师的身份,出面调停中国人之间的争端。对此,特鲁泊表示了异议。在特鲁泊看来,作为一位中国人,周馥是这样理解租借条约的,即居住在青岛的中国人同先前一样仍然是其家庭和种族成员之一,受中国的法律制约,可以或者必须求助于他们的法律保护。

1902 年 12 月 31 日,周馥在奏折中表示:我相信,德国人已经把租借地当作自己的国土来看待了。胶澳租界条约签订后,生活在租借地的中国人受制于德国的统治。我们对此很难提出异议。目前与德国人对抗是毫无理由的。周馥认为,我们对外要维护友好的交往关系,以便巩固我们的外交地位。胶澳租借地内部的关系十分复杂。我们必须尽一切努力,防止捣乱分子煽动暴动。必须派遣一位能干的官员前往租借地附近地区,在当地居民中重新建立保甲制度,与德国人澄清现存的外交问题,谈判法律条文的进一步补充。在这份上呈皇帝的奏折中,周馥建议:"我们必须通过工业和商业关系,对(德意志人)加以控制。"

后来的事实证明,周馥的态度,在青岛的中国居民和商人中间,有广泛的支持基础。特鲁泊1909年3月15日在致蒂尔皮茨的信中曾总结说,租借地中的中国居民把济南当局视为自己的代表,并且与它进行密切合作。因此,余凯思在《在"模范殖民地"胶州湾的统治与抵抗:1897—1914年中国与德国的相互作用》中相信,当时的"山东当局自认为与居住在青岛的中国民众存在着一种家长制关系,它继续想为他们承担起关怀照顾的义务"。

从周馥1902年在青岛的表现中,我们多少可以获得一个中国人的欣慰。在所有的山东地方官员中间,作为袁世凯的坚定的政治盟友的周馥,是和德国方面关系最好的一个。而就是这个周馥,在1902年的最后日子里面,在一系列的匆忙的活动中,最大限度地阐述和维护了生活在青岛这个德国殖民地的中国居民的尊严。

没有可信任的证据加以说明。据信,周回省后即上疏,奏请在胶济铁路、矿山购买华股。1904年周馥促成了济南和周村两处商埠的奏开,并通过竞争,迫使德国的山东矿物公司最终破产……

在周馥之后,山东重要地方官员访问青岛逐渐形成了惯例。而德国方面去济南的访问,也慢慢增多了……⑯

从以上引文可以看出,周馥最初意图争取对德占的包括青岛的胶州湾中国居民的管理权,这在当时的情况是办不成的。于是改从经济上包围、限制德方,他在这方面做出了有成效的业绩。

据山东政府网站公布的《山东外事大事记(1840—1911年)》载:[1904年]"6月1日胶济铁路全线通车,德皇赠山东巡抚周馥金冕头等宝星。"周馥去世后,这枚勋章由周学煇保存。文化大革命开始时,八十四岁的周学煇被从他的三层楼的大楼房中扫地出门,空手离开。若干年后落实政策时,发还的东西中只有德皇威廉二世签字的证书,勋章不见了,此证书由周学煇的子孙捐赠中国历史博物馆(即现国家博物馆)。⑰

乙、治理黄河。当时黄河还是经常成灾的,从《年谱》看,周馥光绪廿八年(1902年)七月初六日接山东巡抚印,八月就"出省往勘惠民县北岸刘旺庄漫口、利津县南岸冯家庄漫口各工。九月二十三日,赴黄河上游曹濮一带勘工,又赴济宁州、兖州、东平州勘运河……十月二十九日勘小清河……十二月初四日赴黄河下游勘工。时冯家庄漫口已合;刘旺庄口门夺溜九分,合龙未成。与臬司尚其亨、道员窦延馨、知府张恺康勘徒骇河下口。复勘铁门关、韩家垣、丝网口各海口"。从这一段看,周馥初上任的六个月中,有五个月都有考察河工的活动。只有十一月份是去了青岛、青州等地,未勘河工。我叔祖周学熙、周学渊、周学煇等所撰《先考玉山府君行状》,曾引过一段周馥初到山东巡抚任上时对僚佐的谈话:"养民之政,莫大乎治河。吾往佐文忠,亲历山东勘河道,即思殚诚瘁力,澹厥沈灾。巨帑未集,吾谋辄罢。今来兹土,誓竭吾怀,愿诸君助我。"可见周馥对治理黄河的重视,以及山东黄河问题之重要。

以后的两年,周馥仍多次勘河工。今从《年谱》抄录如下:光绪廿九年(1903年)有:"二月十八日,堵合刘旺庄漫口。督工为道员丁达意……六月,赴河工防汛,七月十六回省。是年六月,利津宁海庄漫口……九月赴利津县勘工。十一月复往勘工……十二月十四日宁海庄合龙。督办此工为臬司尚其亨,用银七十三万两。"光绪三十年(1904年)有:"正月初四日,凌汛暴涨,利津北岸王庄漫口。又相近扈家滩三处亦漫决。水落扈家滩等三处,挂淤王庄。二月十六日合龙。督办此工为道员丁达意、朱式泉。用银十八万两……[五月初九日]自贾庄乘船沿黄河查验堤埝工程……六月,利津薄庄漫口。"

以上是《年谱》中所记周馥在山东勘河的纪录。纪录中明确记有某工是由某臬司或某道员督办,就是说,不是周馥本人在具体领导。回想周馥在北洋治理永定河、潮白河时,就是以臬司、道员身份处在这个位置,治水最前线。但那时和此时的周馥地位相对应的是李鸿章,而那时并未见李鸿章像周馥这样频频勘河工,或者根本就未勘过河工。我想,一来是山东黄河年年有灾,责任重大,更主要的可能是周馥治河已有经验,见黄河连年灾害,想稍作根本性的治理,所以各处漫口都去看,去了解。果然,在《年谱》中,光绪三十年(1904 年)于"六月,利津薄庄漫口"之后记录了他提出并实行的稍能维持长久的办法,今录于下:

先是,山东抚臣皆不谙治河之法,随湾就曲立堤,水流不畅,尾闾更甚。余视薄庄一村,正当其冲,先为择地迁居,并给移家建屋之费,用银三十万两。又筹购运石料银十余万两,俾护两岸堤埽。时户部惜费,余奏请拨银三百万两,暂图补救。乃部枢某欲余认定以后永无漫溢,始肯发银。盖吝银不发,故巧其辞以难我也。黄河自古难办,而欲以三百万责余永保安澜,千古无人敢道此语。余知户部无可商办,日夜筹思,只有自筹经费,购石料权宜防护,以免频遭溃决。一面勘筹下口,徐图改直,以期尾闾通畅。然下口河形如"之"字,小民安土重迁,不能遽责迁避。惟有先将当水冲之民,预为购地建屋,并给迁家费。待之是年六月,河大涨,直冲薄庄,数千家片瓦无存。幸预为筹备,民皆迁居,未伤一人。余躬棹小舟,沿流查看。水东北入徒骇河,奔流湍激。遂奏明不堵。河身从此刷深。两岸曲堤逼溜处,皆因河道直行,险工尽闭。又加买石料,将上游险工节节抛护。复于下游,运石路远之处,烧砖代石。由此山东黄河十余年来未决一次。亦由后任吴赞臣中丞(廷斌)深知河务,遵行不懈。第不知后来任事者肯如此用心力否?

正如前面所引于式枚为周馥所著《治水述要》一书作的序中所说:"山东黄河,无岁不决,或一岁数决。自尚书改下口办砖工后,十年未见一决。效已如此。"(从此事中顺带亦可看到清代朝廷办事之不成体统。不准就是不准,可以直说。说要周馥保黄河永远不出事,近乎开玩笑,而此话竟出自上级朝廷。)关于此事,在《清史稿·河渠志一·黄河》也记有:

先是,山东屡遭河患,当事者皆就水立堤,随湾就曲,水不畅行。张秋以下,堤卑河窄,又无石工帮护。利津以下,尾闾改向南,形势益不顺。巡抚周馥请帑三百万,略事修培,部臣靳不予。不得已,自筹二十万添购石料,又给赀迁利津下民之当水冲者,而民徙未尽。又于堤南增建大堤,以备旧堤坏、民有新居可归。至薄庄决,水东北由徒骇河入海……嗣是东河安澜,数年未尝一决。⑱

周馥就是这样,在上级不批经费时,仍自己努力就地想办法,尽可能将事办好。

关于周馥治水,无论是前一段在北洋治理永定河、金钟河、北运河、潮白河、大清河等海河水系,或是治理黄河,都是卓有成效。不但如此,前面已说过,他还提出了系统治理的方案,形成系统的治水思想。汪志国在所著《周馥与晚清社会》一书中对此作了详尽的分析和评价。我这里对于此两阶段的治水,只是略叙一二,以纪其积极治水济民之心,并示其治河思想有显著成效。

丙、山东的"维新新政"。前面已说过,庚子以后,自上向下要求实行"新政"。方方面面都有事情要兴办,真有点头绪万端,很难做一全面、有条理的总结。周馥在《年谱》中有关在山东实行新政叙述极简,今从《行状》及济南市人民政府网站公布之《大事记》②中摘出若干类目,分列成条,并于各条之后略加注说,以窥其大端。

一、扩高等学堂,设师范学堂:"[1902 年]十月,为选送京师、保定及留学日本之师范生,山东大学堂内附设师范馆……首批招生 104 名。此为山东官办师范教育之始。""[1903 年]十月,山东大学堂师范馆析出,改称山东师范学堂。"有意思的是,这山东大学堂正是一年以前,他的儿子周学熙奉袁世凯之命兴办的,并任总办(即校长)。今引一段周学熙的《自叙年谱》里的话:"[1901 年]九月到济南。时山东巡抚为项城袁宫保(世凯),札委总办山东大学堂。盖因乱后改良教育,奉上谕各省所有书院于省城均改设大学堂。其教法当以四书五经、纲常大义为主,以历代史鉴及中外政治、艺学为辅。是为中国开办大学之始。"

二、建立巡警系统、创立巡警学校:[1902 年]"农历十月……在济南设立巡警总局,主管省城警务并监督各州县筹办警察事宜。年末裁练绿营兵,改练巡警。此为济南近代警政之始。"又设铁路巡警系统。[1903 年]"农历五月,山东警察学堂……开办。1909 年二月,改为高等巡警学堂,设正科、简易科、司法科各一班。"

三、创立客籍学校、武备学校、农林学校、蚕桑学校、女学堂、中学堂、小学堂、陆军小学堂等许多学校。

四、建立防河的电报系统:"[1902 年]八月,为防河患,山东巡抚奏请沿黄河架设电报线。是月,在省城河防总局设立官电局。翌年,在泺口设河工电报总局。"

五、在济南安设电话。[1902年]"省城各衙署安设电话,连线成网。此为济南的市内电话之始"。

六、创办济南最早的期刊。[1903年]"六月二十五日《济南汇报》五日刊创刊,由山东巡抚周馥主办,为济南近代创办最早的期刊"。

七、始创济南环境卫生、防火事业。"[1903年]农历闰五月,教养局拨给巡警总局除秽夫64名,逐日清理省城道路,此为济南环境卫生事业之始。翌年农历七月,山东巡抚周馥命增招除秽夫,凑足100名。设立消防工队,除遇火灾穿消防号褂救火外,平日分散各街巷清扫道路。"

八、设山东农工商务局,创办各种工厂,培训工人。[1902年]"本年山东农工商务局设立于济南。当年在省城西门外创办工艺局,设铜铁、绣花、毛毯、织布、木器、人力车等六厂。各厂兼制玻璃丝屏、嵌银丝、蜡烛、肥皂、电镀、毛巾等。局内附设半日学堂一所,设置文理、算学、英文、体操四科,选各厂聪颖学生,每日减少做工钟点两小时入堂学习。1905年工艺局改称工艺传习所。"

九、奏请设立铜元局。"[1903年]七月周馥奏请设立铜元局,仿北洋模式铸造铜元。翌年七月在省城东流水设厂铸造铜元。"

十、设官办的中西医院。"[1903年]八月二十一日济南西关开设官办的中西医院。"

十一、创办山东农事试验场,引进蔬菜、树木新种。"[1903年]清山东当局以官商合办的名义,在济南东郊七里堡迤北购地12余公顷,创办山东农事试验场,由在籍湖北候补知县谭奎翰、候选县丞任董事,聘日本人谷川恭吉为农桑教习,试种日本谷类瓜果、美国豆类棉花及本地谷菜等,并在南郊燕子山、马鞍山、千佛山南麓辟山场三处,栽植树木。"这里说一句:我在1946年,听聂崇岐教授在中国通史讲堂上说,我国过去只有小粒的花生米出产,大粒花生米引入中国不过五六十年。最近听堂兄榘良说,大粒的花生米就是那时周馥所办山东农事试验场引进的,因为出油率高。

十二、推行农业改良。[1903年]"本年,山东农桑总会在济南成立,雇聘日本农学士,考察研究国内外农业技术,在山东推行农业改良。"

十三、兴修马路。[1903年]"10月20日《江南汇报》载,省城现修马路,由何蕃斋会同洋员葛斯特承修,先从东圩门外至铁路作为第一段工程,以下陆续接修。"

看到这第十三段,也令人有些想法。据《年谱》,周馥修建天津城东接至租界的马路,是在光绪八年(1882年)。周馥"禀立天津工程局,专办修路、浚沟、掩骴诸事",是在光绪九年(1883年)三月。这就是说,早在二十年前周馥就在天津办了同样的事。而山东这里,要等到二十年后方才开始兴办的(仍是周馥来办)。这样大的差距可能有两方面的原因:一是沿海城市和内陆城市接触西方的程度、接触现代化事物程度的差异所造成;另一方面,天津那时是在李鸿章领导的洋务运动下进行建设,而济南等内陆仍深受遍于全国的反对近代化的保守势力影响之中。

以上列了十三条,其中许多条都说"为……之始",其实每一项都是山东、济南的"……之始",这些都说明了周馥推行新政的成绩。

八

任两江总督期间,奏请禁革买卖人口;与袁世凯等督联衔奏请废科举、奏请立宪;多方面施行新政;大刀阔斧整顿江南造船厂,使江南造船厂进入所谓"第一个黄金时代",此为中国造船事业的重要转折点。

(一) 起止日期

周馥光绪三十年(1904年)"九月二十四日奉电传旨署两江总督,迅速赴任。""十月初十日交卸山东抚篆……二十九日至金陵接印。光绪三十二年(1906年)"九月十二日交卸两江督篆。江宁文武官绅、全军将校、各校生徒由辕门列送于仪凤门江干,感愧交集。"(《年谱》)

周馥署两江总督。"署"是代理的意思,一般署理时间都较短,但有职权,该处理的事照常处理,无论有关官员或是老百姓对其称呼也按照实任官员对待。有人觉得"署"是代理,觉得地位打了折扣,不如正任,殊不知他这里的"署"是与一般情况不同。李鸿章和周馥都是安徽人,先后都"署"过两江总督,李是江苏巡抚署两江总督。清朝有规定,本地人不允许做本地的官,自知县起,官愈大则以原籍为中心禁止任官范围愈大。有具体规定,某级官不准在若干里以内为官。李和周都是安徽人,安徽省是两江的辖制范围之内,照例是不能任命去做两江总督的。明摆着不允许任命,而朝廷仍任命他去,就有一种破格优遇的意思在内。但仍格于法令,名义上不能说任命,于是就说代理,就是"署"。这种代理,比起到其他地方的任命还要光荣。接到这种任命的官员也绝不会就径直谢恩去上任,定要请求皇上收回任命,再不允,再去。如周馥在《年谱》光绪三十年(1904年)项下记载:"九月二十四日奉电,传旨:'署两江总督,迅速赴任,钦此。'"周馥奏:"自维资浅德薄⋯⋯且籍隶安徽,例应回避,因请收回成命。"旋电传旨:"毋庸固辞。"这才去上任。而且周馥在两江待了有三个年头,已不是短期代理的意思了。有意思的是,周馥在两江待了约两年不到,跨越了三个年头,山东方面自有别人接替去管理,但是,周馥正式任命的职务还是山东巡抚,是山东巡抚在署理两江总督。所以,在光绪三十一年(1905年)十二月,离开山东一年多之后,他请辞职时仍是"以病重奏请开山东巡抚缺并开两江总督署缺"。同样因此,在山东接替周馥的杨士骧也得是署山东巡抚,因为正任的山东巡抚仍是周馥。杨士骧署了一年八个月,到周馥于光绪三十二年(1906年)七月十四日调离两江,杨士骧才能实授山东巡抚,下命令的日期同为七月十四日,和周馥调离两江为同一天。

据《年谱》:"光绪三十年(1904年),九月二十四日奉电,传旨:'署两江总督,迅速赴任。钦此。'时江南吏治窳败,曾文正公遗风扫地矣。自维资浅德薄,难以挽救。且籍隶安徽,例应回避,因请收回成命。旋电传旨:'毋庸固辞。'"此时,清廷进一步腐化,社会风气进一步败坏。在周馥眼中,就成了"江南吏治窳败,曾文正公遗风扫地"了,总之是不好办。

(二) 周馥在两江总督任的施政、作为

甲、这一期间有几件牵涉到全国体制的大事。

(1) 奏请立停科举,推广学校。

光绪三十一年(1905年),由袁世凯领衔,联合湖广总督张之洞、两广总督岑春煊、两江总督周馥等会衔奏请立停科举,推广学校,得到批

准。清政府谕令从丙午(1906 年)科起,停止所有乡试、会试和各省岁试。这样,1905 年 9 月 2 日,清王朝废除科举考试,延续了一千多年的科举制度被废除了。⑩

（2） 奏请立宪,实行三权分立和地方自治的立宪政体。

光绪三十一年(1905 年)六月四日,直隶总督袁世凯、两江总督周馥、湖广总督张之洞联衔奏请"自今十二年以后实行立宪政体"。

周馥又单衔奏请实行"立法、行法、执法"三权分立和地方自治的立宪政体。⑪

（3） 奏请禁革买卖人口。

沈家本《历代刑法考》,卷四云:"两江总督周馥于光绪三十二年(1906 年)奏请禁革买卖人口。他建议:'嗣后无论满汉官员军民人等,永禁买卖人口。如违,买者卖者均照违制律治罪。其使用奴婢,只准价雇,仍议定年限,以本人过二十五岁为限,限满听归本家。无家可归者,男子听其自主,女子由主家婚配,不得收受身价。纳妾只准媒说,务须两相情愿,不得抑勒。母家准其看视,仍当恪守妾媵名分,不许僭越。'由于此议事关重大,又涉及变通旧例,而旧律例条目甚繁,更改动关全体。皇上殊批政务处会同各该部议奏。"⑫

以上是关系全国体制的大事的活动。

乙、属两江本身范围内的施政、作为。《年谱》中着重记录的是前两项,这在今天不一定是很有意义,反之后面所列的倒可能在今天看来更意义。

（1） 奏裁江淮巡抚

据《年谱》光绪三十一年(1905 年):"三月,奏裁江淮巡抚一缺。时朝廷据暂署江督端方条陈请划江北淮、徐、海三府州及河南归德、山东之沂州为江淮一省。议久不决。嗣某枢乃请割江北淮、扬、徐、海,设巡抚,

96

画江为界。旨下,苏绅哗然。余初以事由内廷独断,不敢议驳,嗣反复思之,流弊甚大,拟以去就争之。乃一面电奏,一面疏陈,竟邀俞允。旋因江淮巡抚电奏漕标兵弁哗噪,盖有唆使之者,奉旨往清江,布置一切。因奏裁淮扬镇,设江北提督。"

（2） 查办上海会审公堂案件

据《年谱》光绪三十一年(1905年):"十一月二十三日,奉旨赴上海查办会审公堂案件。先是,会审公堂因英副领事误以官眷某孀妇多携婢女,视为拐带,判押西牢。廨员不允,遂唆西捕夺去,殴差受伤。上海道袁树勋恐民怨滋事,暂停会审。旋有匪徒传单罢市,勒逼铺户闭门,流氓因而抢夺,伤印捕三名、英人三名,华人被枪毙十二名,内有良民。余奉旨往沪查办,即饬开公堂审案,缉拿匪徒,查抚中外受害之家,民心大定。将应撤副领事、应惩西捕两事归外务部商办。英使索赔款,未允。于十二月回宁、电奏。奉旨:'外务部知道。钦此。'"上海会审公堂当时闹得很大,故周馥奉旨去查办。周馥除恢复社会秩序外,一面与英方交涉,坚持撤销英国副领事、惩办外国巡捕,并拒绝英方索赔要求。李伯元所辑《南亭四话》中之《庄谐诗话》内载有八首描写当时情况的诗,今录最后一首于下:"持节东来仰壮猷,旌旗指处大功收。太真涕泪临江洒,多少苍生拜马头。"诗后有注云:"玉帅(周馥)莅沪,人心大定。此次交涉能得和平之结果者,皆玉帅坚持之力也。"③

（3） 练新军、练巡警

据《行状》:"是岁裁湘军疲弱万人,练新军万数千人,复练巡警千数百人。"

（4） 首先看到、并向清廷提出由于各地竞相铸币造成的金融问题。

据《清史稿》:"初铸铜元,为补制钱之不足,旋艳其馀利,新政饷需皆取给焉,竞铸争售,乃至不能敷铸本。两江总督周馥首疏其弊,户部为立法限制之。"⑭

（5）派人出国考察茶业

所考察茶业,包括种茶、制茶、机器、经营等一切。这是清朝官方派人考察茶业之始。从考察的结果看,也是非常有成效、有切实结果的,对中国茶业的近代化起了一定作用,使茶业科技走出低谷,进入一个新的时期。现引两段文字于下:

近代茶叶科技的建立

1905 年,清政府南洋大臣、两江总督周馥,派浙江慈溪人郑世璜、翻译沈鉴少、书记陆溁、茶司吴文岩、茶工艺苏致孝、陈逢丙赴印度、锡兰(今斯里兰卡)考察茶业,著有《乙巳考察印锡茶士日记》,曰:"……中国红茶如不改良,将来决无出口之日,其故由印锡之茶味厚价廉,西人业经习惯……且印锡茶半由机制便捷,半由天时地利。近观我国制造墨守旧法,厂号则奇不零不整,商情则涣散如故,运路则崎岖艰滞,合种种之原因,致有一消一长之效果。"1907 年,江南商务局在江苏南京紫金山麓的霹雳涧设立江南植茶公所。植茶公所是一个茶叶试验与生产相结合的国家经营机构,创办人就是郑世璜。⑮

至于官派出国的例子,现在我们能举的只有两江总督派郑世璜去印度、锡兰考察茶业和烟土税则,及清廷派大臣……至考求中国出口土产销售这样两例。陈世璜于光绪三十一年"农历四月初九出发, 八月二十七日回国", 一般认为这次即"我国考察国外茶叶的嚆矢"。陈世璜回国后,给两江总督府撰写了一份详细的《印锡种茶制茶暨烟土税则事宜》的条陈。文中除力陈我国茶业必须改革外,对印度、锡兰的植茶历史、气候、茶厂情况、茶价、种茶、修剪、施肥、采摘、茶叶产量、茶叶机器、晾青、碾压、筛青叶、变红、烘配焙、筛干叶、扬切、装箱、茶机价格、运道、奖励、锡兰绿茶工艺以及机器制茶公司章程等等,逐一作了具体介绍。可以说,在此前我国对印度、锡兰茶业的实际,知之是一鳞半爪甚至有误传和片面的:通过这次考察,不但得了一个完整的真实印象,而且还对我国茶业的改革和发展,也提供了不少切实和合理的建议。⑯

(6) 奏请新浦、大浦开港,海州开埠

下面引一篇刘洪石著《开港百年话沧桑》文中的几段,希望将开港开埠问题阐述清楚:

今年 9 月 22 日是新浦、大浦自行开放 101 周年纪念,而促成此事的是时任两江总督的周馥。他的奏折现存国家第一档案馆,上世纪 80 年代因编写《连云港港史》我们抄录了这份奏折的副本:

"海州居胶州上海之中,为航路往来必经之道。本地商人早欲自雇商轮试行贩运,惟筑坝疏河需费甚巨,应俟部议作为自开商埠后,将应办各项工程料理粗妥,再行奏明订期设关收税。现在各工未兴,关员未设,尚无开关之期。该州绅商迭来陈请,拟自雇小轮装运货物来往行驶。查与内港行轮章程相符,自应照准。"

时在光绪三十年八月二十四日(1905 年 9 月 22 日),今年正好是 101 周年。这一自开的商埠港口就是新浦和临洪口的大浦港。秦皇岛港、青岛港作为通商口岸的开放,都在这一时间的先后。青岛、秦皇岛等地由于帝国主义的染指或地区的工业经济的发展,逐步相继筑港。青岛、秦皇岛因港兴而成为中外著名的海港城市。临洪口、新浦作为自开商埠后,清户部将海州划属常关淮安关管辖范围。当时新浦为东海县临洪市的临洪镇。直至1936年全国自开商埠才32个,而新浦为全国较早的自行开放的商埠。⑦

可见周馥所到之处,其措施总是支持和促进我国近代化。

（7） 设武备、法政、师范、女子等学堂

据堂兄榘良文章,当时马相伯创立复旦大学时,曾得到身为两江总督周馥的支持,批示拨地七十多亩作为校址,并拨给银一万两。⑱

关于周馥在两江总督任时办教育的情况,还有一些有意思的事。先引杨仁山的孙女、赵元任先生的夫人杨步伟女士所著《一个女人的自传》中的几段话:"……大姊来信说,周玉山做两江总督,常到我家来,祖父和他谈,劝他在南京办一个女学堂。(那时天津已起头办了一个女学堂了,其余教会办的早有几个了,可是所谓上等人家总不送女孩进去的。)现在他已答应,正在觅房子。问我要不要报名?"⑲"三天半到了南京,大姊告诉我已经给我在旅宁学堂报了名了。学堂名字叫'旅宁',因为那时在南京做官的多数是湖南、安徽人,而学生十分之八是官家子女,所以叫'旅宁'。""开学的这一天,学堂门口绿呢轿子、红伞不知多少,因为周玉山总督亲到的,他的太太和大媳妇也来了。周本人算名誉校长(那时叫'总办')……来宾都是南京的候补道和现任官等。"⑳这里值得注意的是,不仅是周馥办了一个女子学校,更重要的是他影响了其他官员们和上层人物,使他们愿意送家中女子进入他所办的女学堂,这

100

在当时是不容易做到的。

杨步伟的书中还有一段也值得注意:"［哥哥的朋友中一位姓倪的］听到周玉山家要请家庭教师教英文,所以托我祖父荐了他姊姊温太太去了。"⑩可见,当时周馥已请了教师在家里教女眷学英语了,足见周馥当时超前的思想也在改变着自己家庭内部。

(8) 使江南造船厂由衰败转兴旺,进入所谓第一个黄金时代

在《年谱》和《行状》中着重提到的是第一、二项,但是,使我感兴趣的是他整顿江南制造局,使江南造船厂独立的事。这事在《年谱》、《行状》中都未见记载,却比上述两项意义深远得多。先说一下江南制造局的有关情况。下面先引几段王国慧著《江南造船厂:中国人从这里踏上追赶西方之路》中的文字,每段按以标题,以醒眉目。

成立:1865 年 9 月 20 日,以"制器之器"为目标的江南机器制造总局在上海虹口原美商旗记铁厂设立……

设备最齐全、规模最大的军工厂:……1867 年,制造局正式迁往高昌庙。不过短短的十几二十年,其规模已非同一般,共有职工 3000 余人,房屋 2000 余间,分厂 16 所——机器局、木工厂、轮船厂、锅炉厂、枪厂、炮厂、枪子厂、炮弹厂、炼钢厂、熟铁厂、栗药厂、铜引厂、无烟药厂、铸铜铁厂和两个黑药厂。从设置看,这不仅是当时设备最齐全、规模最大的军工厂,而且的确成了容闳所构想的"机器母厂"——绝大多数车间既可以为军用生产服务,也可以制造农业、工业发展所需的民用机械设备。

集军工、科研和人才培养为一体的大型民族资本企业:制造局以生产枪炮子弹为主,辅之以修造船舰,并附设翻译馆、

广方言馆和工艺学堂,以翻译西文书籍、培养技术人员。因此,当时的江南制造总局无论从设置、定位和影响看,都远非单纯的军械所或官办企业,而算得上是集军工、科研和人才培养为一体的大型民族资本企业。

许多中国第一:……虽然机器设备及主要原材料基本上依赖进口,但通过中国近代第一批科学家和技术工人的努力,也创造出许多"中国第一":1868 年 8 月,它造出中国第一艘新式轮船;1878 年制造出中国第一架钢制火炮;1891 年生产出中国第一炉钢水、第一磅无烟火药……

造船:1867 年,曾、李二人把徐寿派到高昌庙。1868 年~1884 年间,徐寿主持了十余艘战舰的设计建造——从明轮到暗轮,从木壳到铁甲,从 600 吨位到 2800 吨位,他为中国的造船工业做出了巨大贡献。

制造局变得暮气沉沉,业务不振:1872 年曾国藩去世后,李鸿章出掌制造局大权。由于他主张"造船不如买船",所以从 1873 到 1885 这 12 年间,江南制造局总共只造了 4 条船。之后到 1901 年李鸿章去世期间,江南制造局更是完全停止了造船业务。由于甲午战败的影响和官办企业的管理问题,整个制造局暮气沉沉,业务不振。

周馥使江南造船厂进入第一个黄金时代:1904 年冬,新任两江总督周馥视察制造局,看到船坞荒废,心有不忍。周颇有现代思想,力主"局坞分立",即把造船厂从制造局中独立出来,仿照商坞的经营方式,开放外接商船的修造业务以增加收入;对军舰修造,也要按工料收取成本费用。1905 年 4 月,局、坞正式分家,取名"江南船坞",隶属海军,但真正负责经营的核心人物是总工程师 R.B.Mauchan（前英商和丰造船厂经理）。从此江南造船厂开始了"官办民营"的独立历史和第一次发展小高潮,6 年间造船 136 艘,并在开办当年就把借支的 20 万两开办费全部还清。㉒

以上从王国慧文中得以了解从江南制造局成立到局坞分家近四十年的经过,下面再引《江南造船厂志 1865–1995》中的相关文字以见周馥如何把江南造船厂引入其第一个黄金时代的具体措施:

船坞荒废,兵轮反入外商船厂修理: 自 1885 年起的 20 年间,只造了 5 艘小铁壳船和 2 艘小木船,致使船坞长期荒废。与此相反中国对外开放的通商口岸, 西方列强势力的长驱直入,上海是主要口岸。进出港口的轮船艘次骤然增加,刺激了船舶工业的发展,外商船厂生意兴隆,英商祥生、耶松等厂,规模日大,获利尤丰。1904 年冬,两江总督周馥奉清廷之命到江南制造局考察,针对制造局"近年以来商船裹足不前,兵轮反入洋坞修理"的不景气局面,认为"非认真整顿,无由振兴"。

周馥整顿: 周馥的整顿方案,先后与驻沪总理南北洋海军提督叶祖珪及北洋大臣袁世凯筹商,1905 年 4 月奏请清廷批准,将造修船部分从江南制造局中划分出来,船坞单独建制,实行商务化经营,史称"局坞分家"。

聘请毛根: 新成立的江南船坞,归清廷海军部领导,海军提督叶祖珪和总兵衔候补副将吴应科分别任督办和总办,起用原北洋海军轮机总管德国人巴斯为总稽查,聘请英国人毛根(R.B.MauoKan)为总工程师。

拨借资金：江南船坞需开办经费 20 万两白银,用以添厂购料,开拓坞基,周馥奏准清廷暂借江安粮库银,议定在以后修造船余利中分期归还……

商务化经营的实质：商务化经营的实质就是"仿照商坞办法,扫除官场旧习",从为海军服务的封闭性生产,转变为面向国内外市场。江南船坞对外可自行承揽修造华洋兵商轮船,对内独立经营,自负盈亏。修造南北洋海军兵船,按实耗工料收取成本费,而承接修造中外商船及机器,则在成本之外加上利润。船坞所获盈利,允许提出一部分作为花红,奖励员工,其余作为发展基金。江南船坞常年经费,在修船及修造机器收费中自行周转,政府不另拨款。

毛根的重大改革：……对一些管理制度作了重大改革。其中毛根也起了较大的作用……(他)既熟悉修造船技术,又懂得船厂经营管理。他从英国商船厂搬来了一套管理办法,也带来了一批工程技术人员和监工头。在人事管理上,按技艺决定员工去留,大刀阔斧地遣散了 400 多名员工,大量推行包工制度,减少固定工人,包工工人的人数要比正式工人多一倍左右,辞退各厂委员,改用工头督率工人、学徒进行操作。他和外商有着广泛的联系,利用这种人事关系,多方承接造船业务,派外籍人员乘用小火轮到吴淞、蕴藻浜一带的外轮上招揽业务。

日益兴旺,提前还款：江南船坞实行了商务化经营之后,一改制造局时期死气沉沉的局面,出现了转机,营业日益兴旺,内部有了活力,收益不断增加……到 1911 年,因财务宽裕,原定分 10 年归还的借江安粮道 20 万两库银,提前 4 年全部还清,还积累了一笔资金,用于船坞的发展和添置设备。

生产业务大有起色：江南制造局从 1865 年至 1905 年的 40 年间，仅造船 15 艘，总排水量 10490 吨。而江南船坞从 1905 年至 1911 年的 6 年间,就造船 136 艘,总排水量 21040 吨,其中 1907 年、1908 年和 1911 年造船最多,分别达到 20 艘 5399 吨、39 艘 4033 吨和 40 艘 9515 吨。舰船的形式也有很大的改进。⑧

以上两文中、还款日期、早年造船数量略有出入,因与本文所谈问题关涉不大,故照样转录,不予细究。

在江南造船厂这一事例中:我看到:

一、周馥对江南船坞实行商务化经营。周馥这一主张是很大胆的,思想远远超前的。什么是商坞？那就是私营企业,如当时在上海的外国修造船厂。试想我们今日国有企业的体制改革还那样难,何况当年的没落的大清帝国时代？其敞开对外营业、利润、花红、奖励、发展基金等,都已明列在奏折中,而"扫除官场旧习"在奏折中提得非常明确、肯定。

二、周馥给安排了启动资金,并规定了还款计划。想办一事,必须有头有尾各方都安排好。周馥能给他们找到钱,这是周馥办事细致的一面。我们不知道详情,但找一笔钱绝不是简单的事。

三、选拔并聘请了既懂技术、又懂经营的人才毛根,并给予这外国人以整顿的全权。从后来的效果看,人是选对了,但能找出这样一个人,亦非易事。《年谱》中就记有在北洋时期周馥撤换旅顺军港洋雇员善威的事。我想,在这样一个事关重大的举动中,周馥是会时时留心注意毛根的表现的。

四、毛根之所以能够大刀阔斧地遣散了四百多名员工,非有周馥作后盾是办不成的(据香港凤凰电视台江南造船厂节目说,只留下二十名原有工人)。更使我特别注意的一点是辞退各厂委员。这些委员中多数人的面目,我们在清末的一些描写世态的小说如《官场现形记》等中常可见到。他们的一个特点是只拿钱、不办事,也没本领办事。毛根辞退他们,改用工头督率工人、学徒进行操作,愈显得这些委员们令人可笑的处境。这些委员的另一个特点就是人人有后台,动他不得,有时牵涉到很高的官。所以,从这个问题上看,周馥的全面支持也是必不可少的。

总之,这件事虽然在《年谱》《行状》中都未见记载,但我觉得这是周馥在两江任上办的非常重要的一件事。此后不到十年,第一次世界大战时,江南造船厂接受了美国政府定制四条万吨运输舰,下水时当时的海军部长刘冠雄都出席了,这都是经过那次整顿才能有如此的实力。

五、建议恢复海军。周馥一生大部分时间都投入到了北洋海防建设。甲午战争使北洋海军毁于一旦。周馥自是非常关心海军的恢复和建设,于光绪三十年(1904年)周馥终于正式奏请复兴海军,提出了分两步发展海军的方案。据《晚清海军兴衰史》〈结束语:晚清海军兴衰的历史启示〉三:

> 甲午战争后,恢复海军的问题再次提到了清政府的议事日程上来……
>
> 在当时的世界,列强之间扩充海军的竞赛日趋激烈。对比中国的现状,怎能不令究心海防者痛心疾首……1905年1月,两江总督周馥终于正式奏请复兴海军,提出了分两步发展海军的方案:第一步,先统一南北洋海军,定一军两镇之制;第二步,相机扩充办理。翌年……清政府改兵部为陆军部,下

设练兵处,负责发展海军规划。按"急就"和"分年"的思路草拟了三个方案……[84]

九

任两广总督时期,打破广州城自然发展的模式,开创有规划地进行整体设计和建设广州城的新阶段。有组织、有系统地编练广东新军。卸任完全退隐,不再出仕,不问政事。

(一) 起止日期

据《年谱》,周馥光绪三十二年(1906 年)"七月十四日奉上谕:'闽浙总督着周馥补授。钦此。'"尚未成行,上面又改了任命。"七月二十四日奉上谕:'周馥着调补两广总督。钦此。'""九月十二日交卸两江督篆。""九月二十六日抵广州省城。岑云阶(春煊)制军送印,当即拜收。"光绪三十三年(1907 年)"四月十七日电传上谕:两广总督开缺,另候简用"。"五月十九日奉电旨:两广总督着胡湘林暂行护理。二十日交卸,起程,并于交卸折内奏明回籍就医。"

(二) 周馥在两广总督任内的施政、作为

《年谱》中记载了周馥到各处视察学校、军队、炮台、工厂等事,但并未记录有什么建设事项。《行状》中却记有两条:

甲、严吏治、清讼狱。据《年谱》:"粤东吏风痼甚,讼狱繁兴,囚禁或十余年不释。府君悯焉。首严吏治,饬所司清讼狱。不数月,囹圄一空。"

乙、有规划地进行整体设计和建设广州市区。据《年谱》:"往者英港

108

督谈粤事,谓非拓地广新堤,使廛宇扩张,不足驱疫患。府君忆其言,甫
至,即扩珠江堤、设新市局,拓地数百亩,市政一新。中外商民,至今利
赖。"

关于后面这一事,有近人赵春晨的一篇题为《晚清民国时期广州城
市近代化略论》的文章,文中于"广州城市近代化的发展历程"标题下,
把广州城市从晚清至 1949 年为止的发展分为三个阶段:第一阶段为初
步启动期(1840—1894 年);第二阶段为全面展开期(1895—1920 年)。
第三阶段为有限发展期(1921—1949 年)。文章讨论了广州城市工商、金
融、学校、传媒、市政规划和建设等等全方位的发展情况。在第二阶段即
全面展开期中谈到了周馥:

> 第五,城市建设规划的制订和建设工作的开展。广州城市
> 在历史上基本属于自然发展的模式,有规划地进行整体设计
> 和建设实肇始于这一时期。1907 年,两广总督周馥以广州"非
> 添辟市廛不足为疏通招集之计",提出方案,准备以当时广州
> 正在进行的长堤以及铁路建设为起点,同时兴筑川龙口、河
> 南、黄埔三个新的外围商业区,开发省城-河南-黄埔三地之
> 间的交通,最后拆除城基、拓展广州市区。这一计划颇有见地,
> 但由于实行起来困难甚多和周馥的匆匆离任,使其基本未能
> 实施。⑤

"基本未能实施",是因周馥在广东只待了不足七个月,不可能充分
实施这一计划。但他在城市建设规划方面突破了"自然发展的模式",开
始了"有规划地进行整体设计和建设"的新时期,亦显示了周馥的眼光
和魄力。

　　除此二事外,还找到一篇讲周馥在广东练新军的文字。

　　这篇题为《广东新军编练始末》的文章详细叙述了清末广东编练新军的前后情况。据文章说,光绪三十二年(1906年)二月,岑春煊由常备军和亲军营中剔除老弱,加上从粤北和皖北招募的新兵二千余名,编新军十个营。但是,仅半年时间因被开除淘汰和身故、逃亡、请假不归等原因,新军缺额已达一千六百三十余人(二千人中缺少了一千六百三十人)。不得已,到9月份时岑春煊奏请从南(雄)、韶(州)、连(州)三属招兵补充各营未成,朝廷以周馥接任两广总督。

　　周馥到任后,一是建立与规范了新军的领导机构,为以后的新军编练工作打下了基础。据该文:"周馥在任做了三件与新军关系比较大的事:一是上任后即按清廷陆军章制设立广东督练公所(地址在观音山南侧,现中山纪念堂所在地),自己兼任督办,督办下设参议官一人,参议会同各处总办商议一切事宜,平时则考察公所、军队、学堂的军官和投效人员,有随时禀告存记提升的权力;然后又分别任命道员沈桐、谢汝钦、姚鸿法为兵备、参谋、教练三处的总办,负责策划新军编练之事宜(因两广总督周馥兼任督办,故又称两广督练公所);三处皆设总办、帮办各一人,下面还有提调和科员。兵备处下设搜讨、经理、赏罚、医务、兵器五个科共四十九人,负责筹备饷械、管理医务、工程等事务,参谋处设运筹、测绘、调查三个科共三十八人,承担筹划平时、战时方略的职责;教练处设教育、训练、翻译三个科共三十六人负有审定军队学堂教育之职。全所共有官兵一百六十七人。这就建立与规范了新军的领导机构,为以后的新军编练工作打下基础。"

　　其二、组建教导营,以储备人才。据该文,"为以后编练着想,周馥从粤北招募的成绩优裕者和嘉应州中招收的良家子弟组成模范营(相当于教导营),编为二队步兵,辎、炮、工各一队,为未来正副目的储备人才。"

第三、组建陆军速成学堂,培养人才。据文章介绍,"早在光绪三十二年(1904年)五月,清政府就令广东成立陆军速成学堂,为编练新军培养初级军官。周馥上任后将广东陆军中学堂和将弁学堂合并,改为陆军速成学堂,驻广州大东门外北横街。以陆军中学堂学生为第一区队,以将弁学堂学生为第二区队,均属步科;另外招收部分新生编成炮、工、辎三科。共办两期,学制均为一年。第一期学生四百名,于光绪三十三年六月毕业,毕业生李济深、陈章甫等人被选送保定军官学校深造,其余则分配到广东新军的学兵营及第一、二标(团)任初级军官。同年续招第二期生三百人,分编为步、炮、工、辎四队,于宣统元年五月毕业,毕业生除十一人送保定军官学校深造外,其余均分派到广东新军各标营任初级军官。"⑩

周馥在两广总督任不到七个月就被罢免了,上谕结尾还说一句"另候简用"。据《年谱》,光绪三十三年(1907年)"四月十七日,电传上谕:'两广总督周馥开缺,另候简用。钦此。'""五月十九日奉电旨:'两广总督着胡湘林暂行护理。'二十日交卸,起程。并于交卸折内奏明回籍就医。奉批旨:'知道了。钦此。'"回籍就医,就是说,回家了,像甲午战之后一样,不做官了,不在等那"另候简用"了。

就周馥本人来说,倒不是很贪恋做官,过去也屡屡辞职,这在以后再稍详细叙说,但周馥开缺本身是牵涉到两起镇压革命起义,而真正的原因却在朝廷掌权者之间的斗争。且看周馥在《年谱》中所说:

"先是,潮州府饶平县属之黄冈镇有三点会匪被拿,匪遂夺犯戕官,聚众据镇城,欲谋乱。派署镇黄金福带兵二百名先往,连战灭之。自四月十一夜起事,十六夜贼即败窜,因派署惠

111

潮道沈传义,会同闽界文武搜捕余匪,筹办善后。

又钦州土匪刘思裕藉抗学堂捐为名,聚众数千谋乱。先饬廉钦道将堂捐谕免,毋使匪类藉口,并将他捐之不便民者,或减或免。而该道延不遵办,署北海镇某只顾招抚,不知示威,屡被刘思裕扑营,不敢进攻。遂致刘思裕鸱张,诱胁数十里莠民入伙,抗拒官兵。因派道员郭人漳率新军营官赵声,带一千五百兵,旬日灭之。

此二事,皆前任所酿成,而在两广系常见之事,且已迅速扑灭,因朝臣党争,互相水火,枢臣疆吏有因之去位者,遂波及于余。传闻某枢奏:广东匪多,周某年衰,恐筋力不及,可以某某代之。实挤某某出京也。其中情事复杂,不便叙述。余以屡次乞退之身,得以蒙恩开缺,感激无地。

可能周馥当时还有所顾忌,《年谱》中常只写"某某",致使我们弄不清当荣禄举他做河督时是被谁反对掉的,但两广这件事清末及民国笔记中记载颇多,大家都很清楚:是袁世凯想把岑春煊排挤出北京,不让他在慈禧面前多说话。袁就对慈禧说:周馥年老,对付不了两广的革命得让岑春煊去接任。(然而,周馥也免了,岑春煊也任命了,可是岑春煊不满挤他出北京,赖在上海很久不去两广上任。)

这两次起义在周馥的记载中都是"匪",没有详细的记载。我于是想稍查一查究竟是怎样的起义。现就第一次起义,略补充几句。首先,在《人民网》有题为《1907 年 5 月 22 日黄冈起义爆发》一文,内容大要如下:

孙中山原定于 1907 年 5 月 25 日在黄冈起事。21 日,商民演戏,防兵在台前调戏妇女,捕去出面干涉的党人两名,并拟搜查泰兴杂货店总机关。负责起义的同盟会员余纪成、陈涌波遂提前行动。22日晚，余纪成聚集七百余人于黄冈城外，誓师起义。陈涌波为前锋，由北门攻入，围攻都司衙门……生擒都司隆启等。次日，在旧都司衙门成立军政府，以陈涌波、余纪成为正副司令，同时，以"大明都督府孙"及"广东国民军大都督孙"等名义发布文告……

粤督周馥电责潮州镇总兵黄金福出兵，并派水师提督李准率队继进；又促闽浙总督松寿拨队防堵……27日晨，陈涌波、余纪成等决定保存实力，解散义军。余纪成等由海道逃往香港……这年是农历丁未年，此次起义又称"丁未黄冈之役"。⑯

另一篇文章讲述了孙中山领导的起义和洪门的关系。请注意上面引文中的"大明都督府孙"，这是要"反清复明"，和洪门的主张是一致的。

许多次起义中，孙中山都是依靠洪门的力量。那时老百姓也只知有洪门，只知"反清复明"，而不知有孙中山。孙中山真正加入洪门的时间是在1903年。1905年，孙中山在日本横滨创建同盟会，并被推为总理。总理在同盟会中，是地位最尊贵的、权力最大的。然而，此时的孙中山除了同盟会总理之外，还有另一重身份，就是洪门致公堂"洪棍"。值得注意的是，"洪棍"在洪门致公堂中地位并非是最尊贵的、权力也并非是最大的……孙中山为了进一步得到洪门会党的支持，于1911年5月赴美，在旧金山与洪门致公堂大佬黄三德协商，决定将同盟会并入洪门；凡同盟会成员以前未有加入洪门的，一律加入洪门致公堂……至此，同盟会亦成为洪门一组织。

"从孙中山创建兴中会、加入洪门、创建同盟会到辛亥革命为止，孙中山发动了著名的'十次起义'（第十次即大家熟知的黄花岗起义）。在这些起义中，洪门会党发挥了至关重要的作用。"

而周馥面对的潮州饶平黄冈镇的起义就是这十次中的第三次：

> 第三次是1907年的潮州黄冈起义，起义的基本队伍为会党，直接领导者有许雪秋、余丑、陈涌波等，均为会党首领。此役于四月十一日发动，义军占领黄冈，后在井州与清军八营激战，义军势渐不支，退回黄冈，以无弹药接济的缘故，最后自行解散。

但是，在辛亥革命胜利后，会党与官绅地主阶级势若水火。同盟会继续与会党打成一片就会失去官绅地主阶级的支持，最终导致了掌权的立宪派与革命党联手对付会党，予以取缔及镇压。当时在广东的洪门会党中人，有很多参加过孙中山发动的著名的"十次起义"。因为在这些起义中孙中山主要是依靠会党的力量，例如会党首脑许雪秋、陈涌波参加过周馥所镇压的1907年的潮州黄冈起义，但独立之后的广东军政府自从被陈炯明领导之后，就对洪门会党予以了严厉的镇压。许雪秋、陈涌波被陈炯明指使人杀害，陈炯明还步一些省分的后尘，下令正式取缔三合会，孙中山公开致电支持了陈炯明的行为。⑧

这样看来，潮州黄冈起义的领导者许雪秋、陈涌波没有被周馥捉到杀头，反被孙中山领导的陈炯明杀了，而孙中山还支持陈炯明的行动。

114

十

周馥和李鸿章、袁世凯的关系。"与合肥相始终,投笔从戎,久矣封疆推老宿;为项城所敬礼,垂纶明志,故宜史传补臣工。"

亡兄一良在为尚小明君所著《学人游幕的兴盛与清代学术的发达》一书所写的序中®,曾引郑孝胥 1906 年 8 月 8 日(光绪三十二年丙午)日记中一段文字:"昨闻沈爱苍诵《南京白话报》曰:'昨日一科房,今朝督部堂。亲家袁世凯,恩主李鸿章。瞎子兼聋子,南洋属北洋。金陵旧游处,瓦石响叮当。'吴人嘲周馥之作也。""科房"是说周馥是"师爷",即过去衙门中办刑名、钱谷等事的书吏。"瞎子兼聋子",是说周馥无所作为。"金陵旧游处,瓦石响叮当"是把周馥当初在金陵善后工程局恢复、建设南京贬损为做瓦石工,隐约讽周馥不是读书、科考正途出身。一良毕竟是忠厚、严肃的学者,还认真地对"顺口溜"中把周馥说成是"科房"作出辨析,并说明有两类不同的幕僚:一种是管刑名和钱谷,专门性强但地位较低;另一种是笔札、文牍师爷,类似后来的秘书,这种人有些参与出谋划策。这种人常有经过保举做官,有些甚至飞黄腾达。其实,郑孝胥岂不知周馥是哪种幕僚?而且,郑孝胥自己就在张之洞处当过幕僚,好像也和周馥初在李鸿章幕一样,做"文案"。其实,他们就是看不起周馥,看到报纸上有这类文字,也不管有无歪曲,就拿来说说寻开心。不但说说而已,居然还记在日记里。一良说:"更主要的恐怕还是因为周馥没有任

115

何科举功名,由布衣而升到总督,因而受到歧视。"这就说到点子上了。郑孝胥光绪八年(1882 年)中福建省乡试解元,沈爱苍(名瑜庆)是沈葆桢的儿子,也是举人出身。两人都有科名在身,一个是乡试第一名,一个是有名大官的贵公子,意气风发,看不起周馥也是极可能的。当然,这也不排除夹杂了张之洞等清流一系人攻击李鸿章等洋务一系人的派系矛盾成分。因为郑孝胥在张之洞幕府呆过,而沈瑜庆又是张之洞的得意弟子。我引这套"顺口溜"主要是为就周馥和李鸿章、袁世凯的关系作一开头。这段文字稍稍长了点,也是为了说明周因没有功名而受到的种种歧视的世态。

走笔至此,附带说一句,辛亥革命推翻了帝制,科举的功名没有用了,那一套由于科举的功名而织成的互相支持的庞大人事关系网也无效了,新的利害关系代替了原来的,人的态度也逐渐改变。自然,有科名的人,仍不免自命清高,但气就没有原先那样粗了。到了 1919 年(离郑的那篇日记不过十三年)时,郑已和周馥的孙子、我的大伯父周梅泉(达)成了密切的诗友。郑孝胥是有名的保皇派、复辟派、大汉奸。但他同时也是大诗人、大书法家,是清末民初所谓"同光体"诗派的几个有名的诗人之一。

我从一位堂婶母处听到另一套"顺口溜"就比较平和。其辞曰:"北洋转南洋,两广继两江;亲家袁世凯,恩师李鸿章。"(周馥只是护理直隶总督兼北洋大臣,只是看守印信,这里说"北洋"严格说是抬高了。大概是为了词句好看、对仗。)在周馥去世时,邵章的挽联说:"与合肥相始终,投笔从戎,久矣封疆推老宿;为项城所敬礼,垂纶明志,故宜史传补臣工。"(下联是说辛亥革命以后袁世凯仍很礼遇周馥,但周馥并不回应,仍做自己的清朝遗老。)还有一位程崇信的挽联中说道:"周旋于李合肥、袁洹上之间,名位兼隆,晚岁优游全亮节⋯⋯"⑩其他还有几副挽联也是李、袁并列。大概,周馥有李鸿章、袁世凯两个关系是大家公认的。我下面想谈一下我对周馥和李、袁关系的认识。

(一) 周馥和李鸿章的关系

前面根据《年谱》已看到,周馥在为战争所迫、到处寻出路时,为李鸿章所招募。周馥为李鸿章招致,曾国藩推荐李鸿章单独建一支队伍到江苏去作战也是适逢其时。当时李本人还在曾国藩幕府,李需要收集人才、建自己的队伍,而且李鸿章还很赏识周的才能。周自然非常感激,终李鸿章一生,为李做帮手。此外,据有的文字说,当时李在曾国藩幕府,本人每月只有五两银子,却从这五两中每月分给周二两,因周有家属需要赡养。⑨

李鸿章自同治元年(1862年)二月率军乘轮船到上海,接任江苏巡抚,开始作为淮军独立作战起,直至光绪二十七年(1901年)九月二十七日李鸿章去世为止,李的毕生事业共四十三个年头。在这四十三年中,周馥只有两段时间不在李鸿章身边:一、李任两江总督,周馥襄办金陵工程局。两年后,李鸿章奉旨去打捻军,周以经手事未完,不得随行。此六年中约有四年不在李的领导之下。二、甲午战败以后,周馥自请开缺。李鸿章虽未治罪,但正处在所谓"投闲置散"的状态,此一段约五年。但其间在光绪二十四年(1898年)李鸿章奉命勘查黄河时又电招周去"襄勘黄河工程",周只同意"作为游客勘筹办法,不办工、不奏调",也就是只出主意不当官,仍是做李的助手。

李鸿章对周馥的倚重,处处可见。在淮军攻打常州紧急时,李亲自上前线,便把巡抚大印交给周保存(见《年谱》)。李鸿章调直隶总督兼北洋大臣后,立即于同治十年(1871年)三月调周馥到直隶,从此开始的二十多年间,周在北洋建设中成了李的最重要的助手。李各项工作多倚重周馥,前面已经详细列叙了,兹不赘述。光绪七年(1881年)周馥丁忧服除时,又有朋友劝他改官江苏(当时沈葆桢任两江总督),周推辞并说:"李相国待我厚,我既出山,安可无端弃北而南也。丈夫出处,惟义是视,何计利害?"这话充分表达了周对李的态度。以后,甲午战起,那时周的官职是直隶按察使,与战争无直接关系,但李仍又需要周的帮助。按李的安排,周馥奉旨总理前敌营务处时,据《年谱》云:"有友告余曰:'此役必败无疑,尔往前敌何为?'余曰:'明知必败而义不可辞也。余从相国久,不忍不顾,死生听之。'""丈夫出处,惟义是视",这就是周馥对李鸿章关系的基础。于是周馥在关键时刻就表现为"何计利害"、"不忍不顾,死生听之"。上文说过,李鸿章奉命勘查黄河也电招周馥去。最后一次是庚子议和,李鸿章奉命和八国联军谈判,李鸿章又要找周馥做他的助手了,这对李鸿章、周馥都不是什么好事。那是在敌人枪口下,争取减免一点敌人的要求的谈判。所以,不论谈判结果如何,都要被全国百姓及唱高调的大官谩骂。李鸿章格于形势是不能不去的,周馥却可去可不去,但周馥还是去了。周馥当时去也是有风险的。当时整个直隶省都为联军占领,往往听了一些人的挑唆就逮捕、杀人。直隶布政使廷雍就是被联军所杀,周馥去就是接他的任。周馥大概仍是本着"惟义是视,何计利害"的态度去的吧。从以上种种,周、李的关系可见。

当《行状》中说到周馥升任山东巡抚时说:"朝廷念其功,始诏晋兵部尚书衔、拜山东巡抚之命,府君于是滞监司三十年矣。"这么一句多多少少有点牢骚的味道。的确,咸丰十一年(1861年)十一月周馥入李鸿章幕府;至同治十一年(1872年)"奉旨以道员留直隶尽先补用",自此升为道员;至光绪二十八年(1902年)升授山东巡抚时,整三十年任道员、臬司而没有被擢升。只就这方面讲,三十年间可谓沉滞监司矣。李鸿章在这三十年中(甚至终李一生)从未推举周馥更上一步、升任督抚,但这不影响周馥拼死拼活,在津海关道、北洋海防、直隶及黄河治水等方面做出突出的成绩,也不影响周馥对李鸿章的忠诚、生死与共。可能,李鸿章也确实需要一个有能力而可靠的人紧紧抓在手头为他办这些事,即使有功、有才具也不能推荐、让他走掉。也得要有这样的人死心塌地跟着他才行。周馥恰即是这样一个人,只有在甲午战争以后,李鸿章的势力集团完全垮掉了,如前面所述,在慈禧命李勘察黄河时,李才感到多年来有点对不起周馥,说了前面讲到过的一句话:"老夫荐贤满天下,独周某佐吾三十载,劳苦功高,未尝求荐拔。今吾年老,独负此君,吾其能自已乎!"

滞监司三十年,周馥并非没有感觉。真没有感觉岂不成了呆子?在周馥的文字中,偶然有一句半句或许与此有关:

一、《年谱》光绪元年(1875年)记有:"是年秋,办永定河南二大工,吏部从优议叙,加一级、记录三次,生平得邀议叙颇多,皆例保也。"光绪元年时,周馥到北洋才四五年,故知末句"生平……"是周馥晚年写年谱、总结一生时的话。也就是说,从无破格推荐、提拔的事,是按照例奖功,一步一步提升上来的。

二、《玉山诗集》卷四中,《感怀平生师友三十五律》之《徐仁山提刑》一首题下有注云:"……同治元年(1862年),淮军赴沪三千人。皖南从军之士,无凭借而起家者,惟仁山提刑、刘芝田中丞兄弟及予而四耳……"这里提到"无凭借",就是没有后台,没有熟人关系,看来他也对有无后台是有感觉的。

周馥不是没有感觉,而是不在乎这些。对于周馥,主要的是感恩知遇,主要的是"惟义是视",是"义不可辞"。在李鸿章声势显赫、如日中天时,大家都有求于李的时候,这是看不出来的。到甲午之后,李鸿章的势力完全垮掉后,跟李也得不到什么好处时,就见到人心了。今稍费笔墨举盛宣怀一例,以见周馥的情况在当时也并不是很简单,也还是难能可贵的。

　　盛宣怀的父亲盛康是李鸿章的好友。盛宣怀投靠李鸿章时,李鸿章一见就非常欣赏,多年来屡屡委以要职。庚子时盛宣怀总管全国电报局(这也是当年在李鸿章领导下,周馥初创,后改委盛宣怀接办的),各路电报、消息都得由他转。李鸿章北上议和、过上海时,和盛谈了两天两夜,李鸿章约盛宣怀随行,庆亲王奕劻又专电奏调盛宣怀襄办和约。盛宣怀犹豫不决,问计于其父盛康,盛康认为时局如斯,宜退不宜进,盛宣怀乃决定留在上海。②所谓"宜退"、"宜进"都是从盛本人能否得到好处着想,李鸿章当时的艰难处境就不管了。况且,此时并非李鸿章本人闯了什么祸,去受惩罚,他是勉为其难,替国家收拾烂摊子。盛此时的表现就远不如周馥的"惟义是视"了,而且,此时的盛宣怀还有点背叛李鸿章的味道。据姜鸣著《天公不语对枯棋》一书"清流·淮戚"章中所谈到:

　　　　八国联军之役,李鸿章奉诏北上议和,他的亲信盛宣怀以电报局总办的身份在上海居间联络。鞠耦(李鸿章的嫁给张佩纶的女儿,当时在南京)给父亲(李鸿章)的信中就提到盛宣怀与两江总督刘坤一、湖广总督张之洞之间的勾结串通。她指出张之洞在内部讨论求和方案时常常空发高论:"明知事甚棘手,即竭其才智,岂能办到好处? 无非巧为拨弄,以见其心思精密,高出全权(按,指全权大臣奕劻、李鸿章)之上,落得置身事外,以大言结主,知收清议而已。"……奕劻、李鸿章在给军机处的电报中曾评论说:"不料张督在外多年,仍是二十年前在京书生之习,盖局外论事易也。"盛宣怀立即把这个密电泄露出去(这在今日说法,就是严重违反组织纪律。而告诉李的对

120

立面张之洞,就有点背叛李,另攀高枝的味道)。鞠耦则劝告父亲:"闻大人电内有讥香(香涛,即张之洞)语,杏(杏荪,即盛宣怀)即电鄂,香甚愠,以后乞留意。香、杏交甚密,小人最不宜结怨耳。"这个判断,同李鸿章在1897年告诉儿子李经迈,盛宣怀不过一个道员,家资已数百万,官未显而已反噬的看法完全是一脉相传的。⑧

所以说,在李鸿章不得势时,可看出周馥能够对李鸿章"明知必败而义不可辞也、余从相国久,不忍不顾,死生听之"、"丈夫出处,惟义是视"还是不容易的,是极难能可贵的。

(二) 周馥和袁世凯的关系

记得我在读高中时,曾翻阅过一本日本人写的中国近代史,比较厚的一本,是用日文写的。书中写到袁世凯声势显赫,说周馥虽是前辈,但也屈尊和袁结成儿女亲家。我当时对周馥的情况毫无认识,但从我在家庭中的气氛感觉,周、袁两家的关系中不像是周依附袁(这类哪个和哪个的关系从语气中是可以感觉出的)。周自然是袁的前辈,但把袁的亲家都列在一起看,周并不是仅有的前辈。结儿女亲家自然是拉关系,但辈分问题并不那样严格。无论如何,这日文书上所写,是我第一次看到周屈尊趋奉袁的说法,比那"亲家袁世凯"要早好几年。但"亲家袁世凯"从文字上讲的是事实,但是否就是周趋奉袁呢?

文史资料出版社出版过一本名为《八十三天皇帝梦》的文集,大约是全国政协组织人写的吧。其中有王镜芙《一生投机的袁世凯》一文中说:"据说袁世凯早年习举业不成,屡困文场。后来到广东潮州找他的父交周馥(字玉山,建德人)。周馥时任潮州府知事兼办潮关,因袁世凯是他的故人之子,就委袁世凯为潮州分关委员。袁世凯在潮州二年,终日花天酒地,结果亏欠了公款混不下去了,就向周馥提出辞职去北洋。周馥替他捐了个正五品同知,把他推荐给北洋李鸿章。袁世凯拿着周馥的信投奔李鸿章。李鸿章把他交给中东粮台督办吴筱帅(长庆)任用。"⑭

又有张联菜《小站练兵与北洋六镇》文中说:"袁世凯想到自己没有科名,前途希望很小,就求助于他伯父的好友周馥,由周馥出钱替他捐个同知的官衔,在吴长庆那里担任了营务处的职位,随吴长庆驻在朝鲜。"⑮

以上两则,都是说袁世凯未发达时周馥帮助过他,但内容各有出入,特别是说周馥曾任潮州府,根本与事实不符。

舅父左象高曾和我说过,袁世凯对周馥非常尊重。袁做直隶总督时,有一次周馥去总督衙门,袁非常热情,并叫他的儿子们出来磕头拜见。周一边还礼一边说:"喔,喔,怎么搞出这么许多来。"在场的司道官员私下传为笑谈。那时,从官阶上讲,从上下级关系上讲,周对袁的关系和原来周对李鸿章的关系同样,而袁叫出儿子们拜见,足见袁对周的尊重。由于周不善于辞令,闹出笑话,也因此笑话的流传,使我们知道当时袁对周的尊重。我的外祖父左运玑清末在直隶当过候补道,这故事是我外祖父告诉我舅父的,但不知是否我外祖父当时在场,或者是他听别人说的。

周馥去世时,他的女婿、袁世凯的第八子袁克轸送的挽联说:

> 识英雄于未遇,说来真古道所稀,数吾父知音,惟公最早;
> 略辈行为婚姻,犹及见孤儿成立,痛老人聪训,此后无闻。⑯

上联显然说在袁世凯未发达时周馥帮助过他,而且看来当时别人还没有怎么帮助袁，所以"惟公最早"。这些话虽然不够具体，但已很明确了，而且是出自袁世凯的第八子袁克轸之口，自不是道听途说了。

又据丁中江著《北洋军阀史话》中谈到民国成立后，清朝遗老劳乃宣志存复辟，著《正续共和解》一书，借古代周召共和的故事鼓吹袁世凯于若干年后还政清帝。劳乃宣写了一封信给周馥，请周馥代递他这本书给袁世凯。劳的信中曾提到："……伏思我公，历事累朝，恩深位重，孤忠耿耿，至今梦寐不忘，于项城有父执之谊，识拔之雅；近又缔结丝萝，亲同肺腑，若出一言，重如九鼎。可否将狂瞽之言，转达聪听？"⑩这里边谈周馥和袁世凯的关系有三点："父执之谊"，是说周为袁的前辈；"缔结丝萝"，是讲成为儿女亲家；而"识拔之雅"，则又是说明在袁世凯早期，周馥对他有所提携。由此看来，在袁世凯尚未得意时，周馥确实帮助过袁世凯。而袁世凯后来也确实记得并一直感念周馥的好处，所以，当李鸿章去世之后，周馥升任督抚方面大员以后的一段不长的时间里，和袁的关系密切，可能也颇得力于袁。有文章说周馥任山东巡抚即是由于袁世凯推荐，但是我想，由于参加庚子议和这繁难的任务，事后论功，循例是会提升的。而庚子议和时周馥已经是直隶布政使，这是督抚之下最高的官了，所以提升巡抚似较自然。也许，李提摩太在回忆录中所说："义和团事变之后，周馥在处理直隶省的对外事务方面表现了卓越的技巧，作为奖赏，很快被提升为山东巡抚。"这一说法似更接近事实。但是两年多以后，周馥升署两江总督就很可能就是袁世凯之力了。因为，两江总督，不同寻常，在总督中是极尊贵的，多少官员谋求这位置。要有力的后台支持，而周馥除李鸿章外似没有什么后台，也没有他和什么人联系的迹象（不像盛宣怀，私下和攻击李鸿章的张之洞、刘坤一联络，以后又传说盛用四十万两贿赂庆亲王谋求邮传部尚书职位）。张伯驹在所著《春游纪梦》中说："清江苏巡抚恩寿，贪婪淫秽，江南官界皆知。然有奕劻奥援,自言江督指顾可得。既总督李兴锐出缺,朝命宁藩李有棻就近护理,而不及恩(当时江苏巡抚驻苏州,布政使驻江宁)。恩怂恿奕劻借事罢之,未及,竟为周馥所得,盖袁世凯力也……"⑱不过,不太像是周馥去袁处奔走,周馥也没有钱去奔走。而可能是袁一面有报答之意,一面又是拉拢、建立自己的势力圈。然而,同是袁世凯,后来因排挤岑春煊,为使岑离开慈禧太后身边,就建议慈禧太后免去周馥的两广总督而任岑春煊为两广总督。交情不过如此,儿女亲家只使得关系近一点。列观袁世凯的各儿女亲家,在政治上并不一定有很近的关系,但无论如何,袁始终是对周馥很礼敬的。袁世凯做皇帝时就曾申令:"凡旧侣及耆硕故人,均勿称臣。经政事堂议定:黎元洪、奕劻、载丰、那桐、锡良、周馥、世续七人列为旧侣……"⑲但周馥却隐居天津,没有任何回应。

周馥的儿子周学熙是多年跟随袁世凯并得到袁的信任的,但周学熙坚决反对袁称帝,于是被袁软禁在北海濠濮间,一度有生命危险。只有这时,周馥才写信给袁说情。此事始末堂叔周志俊所记如下:

> 至于吾父(周学熙)因反对帝制,失欢于袁世凯,奉命迁居北海"濠濮间"以防他去,则形同软禁,终至去官。当时吾父几有生命之虞,幸吾祖父周馥与袁世凯为儿女亲家,曾致函关说,并询问有无称帝之议,袁复函以吾父多病,暂住北海,将来可准予辞职,对帝制则矢口否认,信中并有"一部廿四史,不知从何说起"之句。⑳

说到底,周馥当年究竟如何帮助过袁世凯,就始终是一个谜了。袁世凯后来那样显赫,周家的人自然不会提起。我想,我叔祖周学熙那一代也许还是知道一点的。

十一

退隐之后,读书、著书,对时势有清楚的认识。以清朝遗老自守,而不反对民国。于袁世凯称帝、张勋搞溥仪复辟都有清楚的认识,不参与。

周馥自两广总督罢官之后,即住在芜湖,读书、著书,但有也时周游各地、拜访旧友,或上庐山避暑。宣统二年(1901年)自武昌北上,到彰德府拜望袁世凯。此时光绪皇帝的弟弟载沣当摄政王,他想杀袁世凯,但被一些人反对,就命袁回家"养病",故此时正是袁避居在家、随时都可能大祸临头、众人唯恐避之不及的时候。当袁知道周馥已到卫辉、将要去袁家时,就派他二儿子袁克文前住迎接,然后经辉县,过新乡,到彰德府袁世凯洹上府宅。周馥住了十天之后,再经汉口回芜湖。辛亥革命武昌起义后,周馥就经上海移居到青岛,当时青岛是德国人的租借地。避居青岛,大概是可以躲开当时国内社会秩序的紊乱局面。第一次世界大战开始,周馥就移居天津,由他的儿子周学熙供养,直至去世。

周馥在辛亥革命以后,一直以清朝的遗老自居,有时做诗还对变天有所感叹。但他究竟是一个头脑清晰的人,他知道大趋势是不可逆转的,所以他不反对民国,也不谋求复辟,只是自己做自己的遗老。他在青岛时,凑了十个常来往的七十岁以上的遗老(有一个只六十九岁,凑数算在里面),做诗、照相,装为一册,号称"十老图"。这只是遗老们的游戏之作,并无结社复辟之意。(现在有些文章说这是图谋复辟,是不确的,其实这十人中有的后来搞复辟,有的不搞,名单具在,并不划一。)

曾 祖 周 馥

　　当张勋拥溥仪小朝廷复辟时，复辟小朝廷给周馥的官职是协办大
学士。大学士、协办大学士官职，在清朝是最尊贵的了(虽然在雍正以
后，朝政实权转到军机大臣手中，大学士并无实权)，但周馥和搞复辟的
那些实权人物并无交情或来往。溥仪复辟小朝廷给了周馥这样尊荣的
位置，说明了周馥当时的声望、地位已很高了，他们正是希望利用这样
的人来粉饰小朝廷。但是，周馥对待这样隆重的"恩赐"并没有回应。我
想，这并不是说他反对清朝，只是他认为大势已不可逆转，而且，头脑清
晰的他更可能看到搞复辟这一群人都不是材料。在周馥的《玉山诗集》
卷四中有一首诗题为《记五月十三日事》。五月十三日就是张勋搞溥仪
复辟的农历日期，周馥在这首诗中写出了他自己的感慨。现把这首诗及
堂兄榘良的注解诠释抄在下面：

> 诏书午夜下天阍，父老惊疑破涕痕。
> 何故夺门同景泰，有谁感泣似兴元。
> 宗贤负扆应难选，旧制违时讵可援。
> 自是老臣过忧虑，孤忠无路达修门。⑩

　　注解：天阍：帝王的宫门。惊疑破涕痕：既惊又疑，又哭笑不得。夺
门：明正统十四年(1449年)英宗北击瓦剌，兵败被俘。诸臣立郕王为景
帝。后与瓦剌议和，英宗返回京师，居南宫，不许朝谒。景泰八年(1457
年)石亨、徐有贞等率兵破墙夺门入南宫，迎英宗复位，废景帝，改景泰八
年为天顺元年，史称这次政变为"夺门之役"。兴元：为唐德宗年号。朱泚
742年任卢龙节度使，其弟朱滔叛唐，泚被免职，以太尉留京师。次年泾原
节度使姚令言军在长安哗变，德宗奔奉天。姚军奉泚为帝，国号大秦，年
号应天。旋改为汉，改元天皇，与朱滔为应。兴元元年唐将李晟收复长安，

126

泚出逃,为部将所杀。负扆:天子朝诸侯背以扆南面而立,故称负扆。此处指辅佐的人选很难物色。

诠释:诏书半夜里从皇都传来,父老们既惊疑又哭笑不得。大官们为什么要效法明景泰"夺门之役"、搞什么武装复辟?要知道老百姓谁也没有像唐朝兴元年间"剿灭朱泚,恢复唐室"而被感动得流下眼泪。当前要物色辅佐之臣是很难的,已经废弃的旧制度也不应再恢复,这些都是我的过虑,这些意见也无从上达。

总之,从这首诗可看出,周馥一方面自认是清朝的臣民,另一方面他又认为搞复辟已是既不合时宜,搞不成的。

在周馥去世时,溥仪尚未出宫,给他的谥号为"悫慎"。溥仪还"赐祭文"。据高拜石《古春风楼琐记》《不搽粉的活曹操——水竹邨人徐世昌》一文所记:"周馥死时,小朝廷以周孤忠不二,破格优恤,也追赠'太师'。"(徐世昌听到后,请人向小朝廷表示,也想生前得一太师衔,由于他做民国的官,被婉拒了。)[102]

在溥仪复辟之前,还出现过袁世凯称帝的事。袁世凯列举了十三人给以优待,说不必对他称臣,周馥是其中之一。此事上一章已说过,而周馥对此种优待并未回应、迎合。在本文前面第四章第七节所引挽联的下句"中国共和于项城未加可否,天乎有眼,当知老子是旁观",正是注意到周馥对袁态度的清醒。前面也已说过,只是到了周馥的儿子周学熙因反对袁世凯称帝,而被袁世凯软禁在北海濠濮间、有生命危险之时,周馥才写信给袁世凯关说。周学熙能保住性命,多少还是和袁世凯如何对待周馥以及是儿女亲家有关。

周馥对待死亡、临终前数月直至临终,《行状》中也有一段描述:

曾祖周馥

　　今岁(1921年)元旦,不孝等(周馥之子自称)谒贺起居毕,忽命曰:"吾今年八十有五,精力已衰,岁不我与。附棺之事,尔曹早备之,毋忽也。"不孝等闻之矍然。秋七月,体生红痱。至八月,寒热时形,然动履如常,不自以为病也。九月初,眠食顿减,而医云:"脉静神完,无恙也。"府君(周馥)乃述邵康节先生濒没,横渠先生往视之,两公纵谈天命之语以告家人,谕令速备后事。且谓生平所历艰难困苦与安富尊荣俱臻极境,凡所遭遇,皆非人谋,此天命也。今天命已尽,恋此奚为?九月六日,赋五言律一章,诗云:

　　　　　天命运已尽,徒将医药缠,
　　　　　长饥不思食,醒卧亦安眠。
　　　　　默数平生事,多邀意外缘,
　　　　　皇天偏厚我,世运魄难旋。

　　犹自隐几悬腕书之。自是或泻或呃,坚不服药。恬然宁定,闭目安卧。有时命奏八音琴以娱耳。神明朗彻,湛然不衰。家人戚友或自远来,闻声辄知为某某,略叙一二语,以示别离。十三日因所赋诗中"思"误作"嗜",犹取笔易之。弥留至二十一日辰时,竟弃不孝等而长逝矣。

　　周馥生于清道光十七年农历十一月二十三日(1837年12月20日),卒于中华民国十年农历九月二十一日(1921年10月21日)。自两广总督开缺,周馥就从此结束了他做官、干事业的一生。综其一生,确也

128

多少有点传奇性。2004 年 7 月《济南日报》上有一篇名为《周馥其人》的文章说:"周馥也够得上是个传奇人物,一介穷儒,连个秀才都不是,却以文笔洗练为李鸿章器重,从帮办文书直到参与决策,最后升到李系的二把手地位上。李鸿章办外交,建新军,搞洋务运动,周馥都是左右手,有些要务甚至是李鸿章挂衔,实际上是周馥来办的。"⑩

十二

余　白

以周馥的《自著年谱》为线索，参考手头的一些材料，我边读边写，写下了我对周馥的理解和认识，到此应该是了结了吧。但是，还有一些头绪，萦系心头，挥之不去。这些头绪中，有一方面是属于我对周馥的某些思想、态度还不十分清楚，另一方面则是有些人对周馥的一些批评、攻击，甚至是泼脏水，也需要写一两句。或者还有不在此二类之中的。目前没有充分的材料去弄清楚他的一些思想，我只是就所见所闻写了这第十二章，名为"余白"。在这里我想将一些问题提一提、谈一谈。自然不可能有明确的结论，只是在这里说说而已。

周馥自入李鸿章幕府（严格说来最先应是在曾国藩幕府）以来，走的是为幕、做官的道路，一生做出很多成绩。以上基本上都是写他做了哪些业绩，写的是做出的具体事业，而不是他的思想。至于周馥对于他这做官的生涯如何感觉、如何看，则没有十分清楚的纪录。但他诗文、年谱里字里行间的一句两句话中，似乎也透露出一些信息可供猜测。

首先，先看看周馥如何表述自己的态度。下面引述周馥在《负暄闲语》中说的一些话：

余生平，遇家事惟守素节用，淡泊处之而已。至于一身行

130

止,惟义是视,从不趋利避害。当患难可辞而不辞,遇富贵可就而不就,此心坦如也……违义而荣,不如守义而困。荣与困在命,义与不义,关于己也。⑭

大凡人存心公正,则虑事详审。先审:此事于国有益否?于民有益否?即有益矣,能持久而别无流弊否?斟酌已定,义当举办。⑮

我任司道日,遇有益于国、于民之事,莫不勇往图之,未尝一日偷安。每当利害未明时,先为大府画策。凡用人、用财及取益、防损诸事,无不条具以陈。甚有非职任内所笼摄者,但求于公有益,劳怨赔累,皆所不辞。⑯

处事之方,随地随时而变。如处家,则恩掩义;居官,则义掩恩。为小吏,则循法,而求有益于民。为大吏,则当观变谋远,期有益于军国;执法宜正,而仍持以宽恕;治军宜严,尤必结以恩义;事巨而繁,则总其纲要,慎选主事之吏而与以权;事小而杂,则分派所司,先其急而后其缓。此其大要也。⑰

从上面所引三段话,可总结为三点:

一、对于家事,是"守素节用,淡泊处之"。

二、对于自身的行为,是"一身行止,惟义是视,从不趋利避害。当患难可辞而不辞,遇富贵可就而不就,此心坦如也。"

三、做官,首先要"存心公正"。公正,才会遇事先看是否"于国有益"、"于民有益"。"遇有益于国、于民之事,莫不勇往图之,未尝一日偷安。""甚有非职任内所笼摄者,但求于公有益,劳怨赔累,皆所不辞。""大凡人存心公正,则虑事详审。"在周馥眼里,"虑事详审"是和出自为国为民的公心密切联系在一起的。"虑事详审"不只是工作作风问题,而是责任心问题。

对于上面三点中的第一点,从本文第一章所叙看来,周馥基本做到了。这一方面可能由于他出身贫寒,自幼原未娇生惯养;另一方面可能也是他读书能联系自己、要求自己,所以随着官位提高、收入提高,能不受外来奢靡生活诱惑,心有所守。

对于上面三点中的第二点"惟义是视",从本文所举多处看来,周馥也做到了。周馥的"惟义是视",表现最突出的就是他和李鸿章的关系。不过,这只是私人间知恩图报的事例。然而,这也极不容易做到的。在李鸿章权势极盛时,可以不计自己的官位升迁;在李鸿章失势成众矢之的时,可以不计利害;在李鸿章为慈禧太后背黑锅去庚子议和时,本来与己无关,仍能跟着跳火坑,帮人帮到底。这是极不容易的。前面说过,盛宣怀就没这样去做。但是周馥的"惟义是视",并不是只限于个人恩怨。例如甲午战争时期,周馥在关外负责后勤供应。负责后勤不是什么好差使。前线打败了仗,将领往往诿过于后勤不力,负责后勤的人往往动辄得咎。当李鸿章调他进关时,应是躲开这种麻烦位置的最好机会。但当诸将领环请他不要走时,他竟答应了。他说:"军务一日未平,我一日不离营,决不舍诸公他去。战事皆公等任之,饷械各事,我独任之。"这一番话说得真是掷地有声。周馥的"惟义是视",许多是与国家的利益联在一起的,只是在特殊情况下,才凸现出来。

对于上面三点中的第三点,其中心内容为"遇有益于国、于民之事,莫不勇往图之"。笼统地说,好像凡不是错误的措施,都是益国、益民的。李鸿章几十年的北洋海防建设、庚子以后的新政都是益国、益民的。所以,凡在这些范围之内,一般做事无大过、随大溜、甚至做一天和尚撞一天钟,从其后果说,似乎也可说是"为国为民"。但周馥说的不是这个。周馥认为,凡认定是益国、益民的事,还要用心去实现它、做好它,认真考虑"能持久而别无流弊否"。既认定之后，就"义当举办"、"勇往图之"。一般，有些事办起来没有什么矛盾，但另有些事办起来就有诸多麻烦。这时候各种矛盾就凸现出来，个人的利害也凸现出来了。这时候就看你是不是"勇往图之"了。以周馥禀建胥各庄至阎庄运煤铁路为例。周馥说："时议诋铁路者上下一词。余惩唐山运煤迟滞，不能以时接济兵船，因就唐山原开运煤小渠岸上废土，铺设钢轨六十里。相国未奏，亦未咨部。人皆为我危。我持理正，无敢斥驳者。"⑩全国范围内（其中特别是清流、保守派）上下一致反对铁路，李鸿章未向上奏禀，也未咨部，因此人皆以为周馥处境危险。而周馥认为这事该办、于国有利，就独自承担一切责任，坚持办了。这就是"勇往图之"。又，周馥整顿江南造船厂，决心改制，看来就是经过认真考虑、"能持久而别无流弊"的。所以，江南造船厂经整顿后，很快就发展起来，而且能持续发展。不但造船成倍地增多，提前还了贷款，而且未出十年即能造出四艘万吨运输舰。

总起来说，周馥基本上做到了自奉简朴、勇于为国为民。当时，许多人去做官是谋求富贵。这是再普通不过的情况了。投靠李鸿章的人，抱这样目的的也不会少。周馥初投靠李鸿章时，其内心要求恐怕还够不上这么高。他当时只是逃命，谋一条出路。但是周馥感恩知己，一生能和李鸿章共患难，就不算太寻常了。李鸿章一生没有特殊保荐过他，他也不以为意，仍是积极做事。如果周馥的目的是升官发财，他就会在适当机会转投他处了。例如，当他修建胥各庄至阎庄铁路之后，醇亲王奏建卢沟桥至汉口铁路派他为提调，他却未去。以后醇亲王又奏设天津至山海关铁路找他办，他也是只办了天津至林西一小段，其余部分推荐他人去接办。⑩这一串事情中有两点值得注意：一、醇亲王注意到他，推荐他、使用他，已经找上门了。这是爬上更高枝、找更高靠山的大好机会，而他不去。而且这并不是他主动谋求接近醇亲王，并不是他背叛李鸿章。二、如果他办了那两大条铁路,他很可能象盛宣怀后来总管全国电报方面一样,说不定管起全国铁路了。(实际上电报也是周馥先办起,然后他不继续去办而改由委盛宣怀去办的。)周馥都不去,其原因也可能是他感到北洋海防建设的重要,也可能是他忠于李鸿章。但不管是哪样原因,由此可看出升官发财、不断爬上高枝的欲望在周馥心中并不是那么强烈,不是见机会就上的人。

当时许多人为了做官、升官到处钻营。而在周馥却屡屡提出辞官。如果从周馥到李鸿章幕的咸丰十一年(1861年)算起,直到光绪三十三年(1907年)的四十六年中,在《年谱》记有周馥萌退意、向上级提请代奏辞官、直接奏请免官等,前后约十次。其情况虽各有不同,但相同处,就是对于做官看得平淡、可进可退。以下根据《年谱》略作分析。

一、在逃难时,周馥的祖母、父亲已先后去世。同治四年(1865年)周馥祖父去世。周馥"自伤重闱连年见背,禄不逮养,伤痛罔极。拟终身布衣蔬食,不复远游"。百日后,由于他母亲劝促,乃又出山。光绪四年(1878年),周馥的母亲去世。周馥又感到:"我母一生艰苦,享寿仅六十二。自伤禄不逮养,从此无意出仕矣。"这两次都是自伤"禄不逮养",不想再出仕了。我猜想,由于这期间周馥一直是在候补,没有俸禄(薪金)。虽然李鸿章个人会给他一些补助,但也不会很多。或许是因他没有力量接祖父、母亲出来供奉而自责。总之,思想感情上觉得,如不能养亲,还不如不做官。把两者放到天平上,做官并不是压倒性地一头沉。不过,从那以后由于他祖父母、父母亲都已去世,"禄不逮养"的问题已不存在了。这类问题就不再提起了。但当他说"禄不逮养"时,也不排除同时包含他对官场的复杂矛盾有所厌倦的因素。因为他母亲去世时,他在北洋已工作了六年多了(主要是治水差使)。当他守丧两年多以后,被朋友函招到扬州并劝他在江苏做官时,他说:"官兴已阑,愿就幕职。"对于他几十年的为宦历程,这才只是开始,就已经"官兴已阑"了。⑩(最后仍是应李鸿章召去了北洋。)

二、光绪十年(1884年)周馥已是实任的津海关道,虽然事情繁杂,却是人人羡慕的肥差、要差。不知为什么,《年谱》记有:"五月初六日,因病请开缺。相国未准,饬在津养病。"也未说有什么病。旁人求之不得的好差,他却说不干就不干。我没有什么根据,只凭空猜测,很可能是他不耐烦官场的腐败和互相倾轧,出了点问题,又不愿妥协。因为我看到几个月后、当中法战事紧张时,他又"自请销假,奉委赴各海口编查民船立团,以防有事时济敌也。并画大沽、北塘、山海关、旅顺口各炮台图式奏进。九月,奉旨:'饬回津海关道任'。"看来没有什么大病。国家紧急需要时,大局为重,自己就又回来了。虽然写《年谱》是后来很晚的时候,周馥也没有解释这段辞职的背景,或许与李鸿章的处理问题有关?

三、光绪二十一年(1895年)《年谱》记:"三月……时和局已成,归志已决。当军务初起时,余对李相国言,事平必请开缺遂初。至是咳病加剧,遂申前请。而相国不便批准。王夔帅欲姑待之,亦未批准……初十日复请速奏开缺。二十八日京电传上谕,准开缺。"这是和李鸿章同进退。对于他是当然的事。虽说"咳病加剧"等等,都是托辞、套话。

四、在前面第五章已经提过了,光绪二十四年(1898年)八月初六日慈禧太后重新执政,慈禧太后执政后,又开始任用李鸿章等老人了。这时候,慈禧的朝廷也想到了周馥。电命皖抚邓筱赤(华熙)问:"周馥前经告病回籍,现在是否病痊?"而周馥复电云:"衰惫已极,不堪再供驱策。莫由图报,愧悚无地。"(见《年谱》)这是对形势没有信心,不肯出山。如果只考虑有没有官做,则这又是一次找上门的机会,焉能不去?

五、光绪二十四年(1898年):"十月十八日奉李相国电招赴山东襄勘黄河工程。当即电辞。旋电促再三,商允,不办工、不奏调。"在前面第

135

五章已解释过:"作为游客勘筹办法"就是肯去出力;"不办工、不奏调"就是不负责具体领导,也不通过官方正式任命。还是不做官的意思。其心情仍和上一条相同:对形势没有信心,不想出来做官。

六、光绪二十四年(1898 年),当李鸿章考察黄河工作结束时,"……拟定治河办法十二条呈李相国。会奏时,相国欲保余在山东治河,力辞。"保举他做官,力辞不干。

"光绪二十五年(1899 年)《年谱》记:"正月……请相国奏余假归养病,未允。言:'上意有在,未便奏。'"为什么"上意有在,未便奏"?因为,李鸿章已报告找周馥来协助,并"奉批旨:'周馥俟查河事竣,即行来京,预备召见。钦此。'"(见《年谱》)先已有圣旨了,周馥仍想试着告病。这自然是办不到的。从以上这一而二、二而三的表现看来,他当时是非常不想出来做官。

七、《年谱》光绪二十六年(1900 年)记:"八月,以乱萌已灭,禀请开缺,未奏。"请报上去辞职,又未得到上级同意。为什么又要辞职? 实在找不出很充分的理由。能设想到的只是他觉得做事矛盾太多。这时,周馥任四川布政使(藩台),主张不答理朝廷屡下的"召集义民成团"的圣旨、反对杀洋人。四川总督奎俊采纳了他的意见。《年谱记》:"当时官绅颇有不谓然者。迨后闻北方糜烂,两宫西幸,始恍然改谤为誉。吁! 任事之难如此!"是否有感于"任事之难",又萌退意?但到九月就又调他任直隶布政使了。

八、《年谱》光绪二十八年(1902 年)记:"二月十五日,闻有御史误信嫌言劾余。旨饬制军查明。因请假,属家人等勿出。自问无大过,深愿以微罪去官。"这时周馥庚子议和的事情已结束,周馥仍是直隶布政使。看来,"以微罪去官"是他很寄希望的。御史弹劾他什么事没有记载。但负责查明此事的袁世凯来札所问的几条却记录了下来:(一)"乙未年(即甲午战争的次年)告病是否在中东未和之前？"(二)"何时起病？"(三)"何时简授四川藩司？"(四)"因何不即赴任,在京帮同全权大臣议和？"从问的问题可看出,从甲午起,每一步都在找碴。但周馥是个踏实、谨慎,循规蹈矩的人,自然找不出什么毛病。大概,派系矛盾仍是很复杂的,在庚子议和做了那样繁重的工作,仍有人想从老账翻起抓机会扳倒他。可能,这种局势,也增加了他对官场的厌恶。

九、《年谱》光绪三十年(1904年)记:"九月二十四日奉电传旨:'署两江总督,迅速赴任。钦此。'时江南吏治窳败,曾文正遗风扫地尽矣。自维资浅德薄,难以挽救。且籍隶安徽,例应回避,因请收回成命。旋电传旨:'毋庸固辞。'"

"例应回避,因请收回成命"一事在前面第八章已说过了,照例要辞的。但"时江南吏治窳败,曾文正遗风扫地尽矣。自维资浅德薄,难以挽救"的看法,似乎和一年以后他又提出辞职有一定关联。

十、《年谱》光绪三十一年(1905年)记:"十二月自沪回。以病重奏请开山东巡抚缺,并开两江总督署缺。奉旨:'赏假一个月,安心调理。毋庸开缺。'"在两江总督任好好地干了近一年,也有一定的政绩,忽然又提出辞职了。为什么？也许就是因"江南吏治窳败"、"难以挽救"？须知两江总督这个位置是许多人花银子、走人情极力去谋求的位置。即周馥这次任命时,就有别人谋求在先,已见诸记载。⑪

从以上所列诸条看,辞官的原因虽然各殊,但有一共同的基础,就是:至少周馥不是很贪恋做官的。我猜想,如工作能按原则办,他会愿意做下去,以求做出有益的事。当国家需要、形势紧急时他会自动出来干,例如甲午应诸将领请求他留下做后勤,例如中法战事紧张时自动销假去编查民船、画各炮台图式奏进。但是,风气太腐败、不好办事,他就冒出辞官不干的念头了。换了别人,也许奔走权门以求支持,也许放弃原则而妥协。

周馥所处的时代是清朝日趋腐败、多方矛盾重重的时代。周馥抱着那样高调的目的办事,能不遇到障碍、矛盾、打击吗?他又怎能坚持办下去?他又怎样想呢?

对于周馥工作的干扰、打击最常用的办法是公开向朝廷弹劾他。例如,有人向朝廷奏请开永定河两堤放水灌田。李鸿章命各道员议论是否可行。据周馥在《年谱》记:"相国饬各道议,皆畏避、不敢详驳。余以久延非便,乃独具稿详陈利害。各道欣然同画诺,相国(李鸿章)亦深赞之。奏上,奉旨:'毋庸议。'而原上条陈之人探知驳奏系出余手,因诬砌多语劾余,有云:'办工不实、溃决不报,及任用私人、通贿赂'四款。盖不知余从未独办一工、未用一私人,且不知贿赂为何事也。奉旨交许河帅查复。乃许河帅据实奏雪净尽,反加褒奖。"⑩看来原上奏人是极有势头的,大家明知不对不敢说话。一旦周馥提出反对,大家又都签字同意周馥,说明大家都知道周馥的意见是正确的。这只是举一个打击报复的例子,关键仍是周馥自己正派、无隙可乘。同时,通过此事又看到周馥为有利于国家而勇于任事,"但求于公有益,劳怨赔累,皆所不辞"。

在《年谱》中还有两条,周馥记录感到为难的话:

当周馥谈到他任直隶臬司时遇到的情况时说:"凡旗人任州、县官者,在直隶尤多,其政绩多不及汉人。揭参诚不易,且参不胜参,大府亦无如之何。实属疚心,有愧职守也。"⑪旗人是惹不起的。周馥在这方面是坚持不了他的原则的。

又,周馥在《负暄闲语》中说:"李文忠殁后,余蒙圣恩,擢升督抚,则时势益艰,新政待举,分内应办之事日不暇给,而内外掣肘,困难情形有为向来所无者,几不可一朝处。屡请罢归,朝廷不允。昼夜忧思,发焦气折。始知古人求以微罪去官,亦不易也。"⑭

　　所以,我觉得,整个形势使得周馥不可能在每一件事上都那样坚持原则。但在重要事情、主要事情上,他必坚持原则才能达到主要工作目的。如上述他忽然辞津海关道职务,会不会有什么事和李鸿章的安排冲突?(李鸿章掌握那样大的局面,不可能不照顾到一些方面而有所妥协。)又,有某笔记载周馥在两江总督任时,某事就牵涉到袁世凯而不得不和稀泥。所以,当不好办的事太多时,他所能有的对待就是辞职。

　　他在《负暄闲语》中对孙辈说:"至处公家之事,每当利害交乘,人言庞杂,或谓'省心不如省事',或谓'姑忍待时',或谓'他人不便者将有以中伤之',我尝曰:'某一生作官能得几日? 今从若言,可以苟禄邀誉,如公事何? 清夜自思,所负多矣。从我而行,理得心安。彼不便者,不过诬蔑我、买弹章劾我,或诱小人造飞语疑忌陷害。此乃彼错,非我错也。即脱冠归去,此心何等干净。此时一著失手,全盘皆输。将来能补救耶? 人生所最患者,贫与死耳。我幼遭大乱,屡濒于死而不死,久处贫困而未饿死。今蒙圣恩,擢任疆寄,而乃澳龌龊龊,若此果何为耶? '友人遂不复有言。"⑮这一番话,可以解释周馥的作为了吧? 出身贫寒, 屡经大难而不死,这是他的基础。但另一方面,他能认真读书、读进去,至老坚持那些儒家的道理,也是重要基础。

　　在《负暄闲语》中周馥还写了一段他和李鸿章看法不同的话:"李文忠曰:'天下熙熙攘攘,皆为利耳。我无利于人,谁肯助我? 董子正其谊,不谋其利语立论太高。'余曰:'道谊中自有功利。正谊明道之人,谋功利更远。'"⑯这段话大体上可理解为,李鸿章认为人都是为于自己有利才肯去干,所以调动人的积极性就得给他好处。这就可能造成李使用了许多为自己求利益而来的人。而周馥认为做事的出发点要出自正义,最后自然会得到好处。这话隐含着用人要用做事出自正义的正派人。这是仅

139

有的一段周馥谈他和李鸿章从原则上看法不同的话。初看起来,好像周馥思想很正派,而李鸿章用人是以利诱之。但是,李鸿章要调动一大批人,其像周馥主张那样的能有多少? 处在周馥的位置,在遇到无法妥协的矛盾时,可以甩手辞官不干。处在李鸿章的位置,即使他想要去官不干,他能甩手辞官不干吗? 周馥处的地位不同,所以能在一定程度坚持原则。事实上,周馥做官的大部分时间都是在李鸿章领导之下,许多矛盾和问题是李鸿章在撑着的。周馥之所以能为周馥,不仅是由于他的出身寒苦、他的努力读书等他的内在条件,同时他的上下关系环境、主要有李鸿章的支持和保护这样的外在条件也很重要。

有人说:世上人有的是干活的,有的是吹牛的。工作完成了,吹牛的升了官,干活的仍在干活。这话虽略有偏激,但很尖锐。另有一种类似的说法,似略平和,是电视节目中百家讲坛王立群先生说的。他在讲《史记》时说:"有的人是琢磨事的,有的人是琢磨人的,有的人是琢磨钱的,有的人是既琢磨事、又琢磨人的,还有的人是人、事、钱都琢磨的。"我没有听全王先生的讲座,我想,琢磨事的人大概是指全心关注如何把工作做好,不理会或不善于搞好人事关系和矛盾的人。琢磨人的人,则可能指善于研究及搞好人事关系和矛盾的人。这类人的范围很宽:既包括那种地位较高、负责的方面很大,既能协调属下内部各方面的安排,又能面对外部的联络以及处理种种矛盾的居领导地位的人;又包括那种不干活,只面面俱到搞好人事关系的那种靠关系吃饭的人。琢磨钱的人,当然是一味挖心思弄钱的人了。按这种分类,周馥或可说是个琢磨事的人了,他遇到的麻烦也常是这类人所常遇的麻烦。

关于周馥的心态,我只零散写了以上这一些。材料不足,猜测居多。我也没有多少把握,只是随便谈谈我的理解。

最后,我想谈一些有关周馥的负面言辞。这"负面言辞"的用语,似有点文绉绉、不自然,这是由于我一时想不出合适的用语。这一些言语加在周馥头上,说是批评,又没有什么明确、具体的内容。作为周馥的后人,我觉得我不应一概扣以贬损、谩骂的帽子而了之,最好的办法还是摆列出来,让读者知道有这些言辞,由读者自己判断。当然,我也谈一些我的看法。

民国时,有一位笔名沃丘仲子,的著了一部《近代名人小传》,其中"官吏"门"周馥"条说:"余初不识馥能,己亥(案光绪二十五年,1899 年)李鸿章出视河工,疏调馥参赞,疏中举其学行志节几过曾、胡,余默识之。未几,馥任川藩,时与计事,则一昏黯庸下人也,而仆从需索几步李瀚章后尘。余忆鸿章疏至失笑。"据杨徽五《榕园琐录》卷五:"近人有自称沃丘仲子者(按此为费行简别号)著有《近代名人小传》一书……观其所自述,则斯人固王湘绮弟子,且曾参满人(四川总督)幕者也。"⑪上面的文字,读来令人迷惑,周馥怎样地昏黯?怎样地庸下?费行简是四川总督奎俊的幕僚。文中交代得很清楚:"馥任川藩,时与计事",不但接触到周馥,而且常一起商量工作,不是道听途说。所以费的意见应予重视。

关于所谓"己亥李鸿章出视河工,疏调馥参赞,疏中举其学行志节几过曾、胡"一事,在前面第五章已引述过李鸿章奏折附片的原文:"周馥在直境督办河工多年,于修守事宜,最为谙练。应机敏决,识力过人。"只此数句。不知哪里有说周馥学行"志节几过曾、胡"的字句?而且李鸿章并未"疏调馥参赞",只是周馥作为私人在帮忙。但因朝廷正在找周馥出来,李必须向朝廷打个招呼,故有此附片。费行简或许在别处看到了什么。如确有此类学行"志节几过曾胡"的字句,或可能引起费行简的反感。

在前面第五章讲周馥在四川时列举过他的施政:设课吏馆督吏治;

清厘宝川局积弊,铸银币,便商民;积粮备荒;颁示各属他撰写的《安辑民教示》,指示处理一般百姓和教徒关系的原则。周馥在四川呆了十一个月,在藩司本职工作主要做了这些事。且不说事情做了多少,但总不至于是昏黯吧？特别应该注意的是,总督奎俊采纳了周馥的主张,不理会朝廷下令扶助义和团类型的民团,不杀、反而保护外国人。周馥的主张使四川得以安定不乱,事后又无对外纠纷。这事周馥在《年谱》中自己有记载,记载说是周馥建议、奎俊采纳,前已引述。李提摩太也说是周馥的主张,大概不会有错吧。(可参前第五章)

我略翻阅了一下费行简所著《近代名人小传》和《当代名人小传》。两书中对一些人的缺点错误,如奔走权门、弄权势、拉帮派、互相攻击、贪污、行贿以至私生活等毫不隐晦地加以披露。即如对自命清廉的张之洞,也照样揭穿。至于他所举的事情是否完全属实就不敢说了。他在《当代名人小传》中对于周馥之子周学熙立有传,基本上是持肯定态度。但在周学熙传中说:"馥仕清室,为津海关道、直蜀各省藩司,缺皆优裕,富仅亚于盛宣怀,而诸子朴雅无纨绔习。"⑩这里对于周馥的儿子们的朴实是肯定的。另外,在周馥传中还附有一句:"子学铭,字位(味)西。以翰林官蓬溪县知县,廉惠爱民。"⑩

但说到周馥"缺皆优裕,富仅亚于盛宣怀",就有点"想当然"了。难道做肥缺就一定要贪污？殊不知周馥是连灰色收入也不拿的。关于周馥的廉洁或贪腐,在第一章已谈过了,这里不重复。但当我读到"富仅亚于盛宣怀",也不禁要失笑。一般富裕家庭有时也有不显山、不露水,看不出其钱财有多少的。但如富到盛宣怀那样程度,其钱财就藏不住了,上海滩的人都看得到的。周馥如"富仅亚于盛宣怀",其钱财岂能瞒过世人？所以,不能单凭"想当然"就轻易下此断语。

再因所写周馥传中有"仆从需索几步李瀚章后尘"一句,也许周馥对于仆从或有管理不严之处，我无从查考。我顺便翻阅《近代名人小传》中所写的李瀚章传。其中谈到李瀚章本人"贪劣"、"需索供应，纵下骚扰如盗"、"通贿尤广"、"尽鬻各武职及水陆防营统将"等等。而《近代名人小传》中对周馥本人则没有任何具体指责，只说他"昏黮庸下"。

因为费行简亲身和周馥有工作接触，我力图了解费行简眼中的"昏黮庸下"是什么样，于是大胆猜想下去。当读到《近代名人小传》中张荫桓传时，对我有了一点启发。张荫桓和周馥的情况各不相同，但有一点相同，两人都没有科名。周是保举出身，张是捐了个小官出身。这样的人，侧身非门荫即甲科的同僚之中，自是被人看不起。怎样能改变人的看法呢？传载张荫桓"才气恢张，文词赡丽"。当他任总理各国事务大臣时，同列非门荫即甲科，同僚都看不起他。张"乃益交名士，时为酬唱。所制沈博绝丽，翰詹中鲜其媲，众始惊之"。张荫桓有工作能力。推荐他的人、任用他的人，都是因为他有工作能力。但要这些正途出身的同僚看得起，却得诗词文章做得好，他们不看你的工作能力。张荫桓乃努力结交名士，自己文辞作得比他们更好，镇住他们。在本文第二章已谈过，周馥主张读书主要不是去作词章，更不用说集会酬唱。周馥又是一个务实的人。周馥也不像张荫桓那样琢磨人、拉拢人，虽然他不乏超前的认识和处理问题的远见，但从现有材料看，我猜想他大概不会"才气恢张"，出些惊世骇俗的言论。他处处显得平实，这看上去大概就是"昏黮"吧。再加上周馥仍相当程度保持农村带来的朴实气质，在才气纵横的"高人"眼中恐怕就是近乎下等的乡民。用现代的话说就是"土"，就是"庸下"。在这一件事情上费行简之识人就不如翁同龢了。《翁同龢日记》中提到周馥说："其人貌似粗疏，细看甚能而练。合肥称之。"⑩翁同龢同样看周馥粗疏，但他能发现周馥有能力、干练。而费行简虽然"时与计事"却认识仍然停留在表面上。但是，为什么周馥的二儿子周学铭，"以翰林官蓬溪县知县,廉惠爱民"呢?须知周学铭是光绪壬辰年(光绪十八年,1892年)二甲第四名进士。在三百多名考取的进士中,若从状元数起,他是第七名。这就足以另眼相看了。以上各条,只是我的猜想、随想,不过说说而已。

此外,还有两段梁鼎芬谈周馥的话。

据胡思敬所著《国闻备乘》"梁鼎芬奇气"条载:"湖北臬司梁鼎芬,丙午(光绪三十二年,1906年)俸满来京,连上四疏……京僚皆侧目而视。既入见,又面参两广总督周馥,谓馥为李鸿章执虎子,士大夫羞与为伍。"

又据高拜石所著《新编古春风楼琐记》第一集中《晚清枢臣秘辛》中所引梁鼎芬参袁世凯奏折中列举袁世凯任用、推举私交时,提到周馥的字句说:"贪昏谬劣、衣冠败类之周馥,袁世凯之儿女姻亲也……"

大概这样的评价太有趣了,所以直到最近香港凤凰卫视播出的"世纪大讲堂"上还有一位先生仍以此来总括周馥。梁鼎芬当时素有"梁疯子"之目,其人说话本无边际。其实,当时内外宅之分极严,岂能轻易进得去?现在的人没有这种概念。关于梁鼎芬提到的两条只记在这里,由读者自行判断了。

清代末年,清流造成的舆论力量是很大的。他们敢言,但有时可以肆意谩骂,不顾事实。例如评论李鸿章,可谓攻击备至。早在李鸿章去世不久,在政治上和李完全对立的梁启超就写了一篇《李鸿章传》,持论公正。但直到现在,一般人心中,李鸿章给人的印象似乎仍是停留在当年清流派舆论的阴影中。所以,清流舆论影响之深,不可忽视。察看当时之事,需要我们仔细分析。

写到这里,对于在本章开头我提出想说的两方面,我有得说的都说了。特别是我想深入探索一下周馥的内心深处思想,我也勾画出一个图像来,但仍觉得材料不充分,不全面。所以对自己勾画出的图像并无把握,也只是说说,随便谈谈而已。

2007 年 6 月 22 日

参考文献:

① 周作人著《知堂回想录·自传》,134-137 页,群众出版社,1999 年 1 月第 1 版。

② 陈子善、鄢琨编《饭后随笔》,307-308 页,河北人民出版社,1994 年 9 月版。

③ 《周悫慎公荣哀录》。

④ 李伯元著《南亭笔记》。

⑤ 周小娟编《周学熙传记汇编》,17 页《周止庵先生自叙年谱》,甘肃文化出版社,1997 年 8 月第 1 版。

⑥ 孙树棻著《豪门旧梦》,38-39 页,作家出版社,2002 年 10 月第 1 版。

⑦ 周小娟编《周学熙传记汇编》,34 页《周止庵先生自叙年谱》,甘肃文化出版社,1997 年 8 月第 1 版。

⑧ 周馥著《负暄闲语》卷下,2 页。

⑨ 赵仁珪、章景怀整理《启功口述历史》,56-57 页,北京师范大学出版社,2004 年 7 月第 1 版。

⑩ 田本相著《曹禺传》第一章。

⑪ 沃丘仲子著《近代名人小传》上册,北京图书馆出版社,2003 年 4 月,210 页。

⑪ 周馥著《治水述要》。

⑫　周馥著《负暄闲语》卷上,3页。

⑬　[英]李提摩太著,李宪堂、侯林莉译《亲历晚清四十五年——李提摩太在华回忆录》,297页,天津人民出版社出版,2005年5月第1版;2006年1月第2次印刷。

⑭　同上,309页。

⑮　周馥子所撰《行状》。

⑯　周馥著《玉山诗集》。

⑰　同注③。

⑱　周馥著《负暄闲语》卷下,40页。

⑲　《周馥自定年谱》,"同治四年(1865年)"。

⑳　马其昶著《清授光禄大夫陆军部尚书两广总督周悫慎公神道碑文》,见《抱润轩文集》卷十四,中华民国十二年(1923年)刊本。

㉑　周馥著《玉山文集》卷二,43页。

㉒　石泉著《甲午战争前后之晚清政局》,3页,生活·读书·新知三联书店,1997年1月第1版;2003年8月第2次印刷。

㉓　同上。

㉔　《清史稿·食货志六·征榷条》。

㉕　《清史稿·邦交志八·奥斯马加条》。

㉖　《清史稿·邦交志三·法兰西条》。

㉗　《清史稿·盛昱传》。

㉘　《清史稿·李鸿章传》。

㉙　《中国近代史参考图录》,中国历史博物馆编,上海教育出版社,1983年1月第1版,中册。

㉚　刘体仁著《异辞录》,上海书店,1984年12月。

㉛　[清]黄本骥编《历代职官表》,附:瞿兑之著《历代官制概述》及《历代职官简释》,上海古籍出版社,1980年2月新1版;1982年4月第3次印刷。

㉜　同注⑳。

㉝ 〔英〕李提摩太著,李宪堂、侯林莉译《亲历晚清四十五年——李提摩太在华回忆录》,275、297 页,天津人民出版社,2005 年 5 月第 1 版;2006 年 1 月第 2 次印刷。

㉞ 《清史稿·兵志七·海军条》。

㉟ 《清史稿·职官志六·新官制·海军部条》。

㊱ 《清史稿·选举志六·考绩条》。

㊲ 周慰曾著《周馥创建天津武备学堂》。

㊳ 汪志国著《周馥与晚清社会》108 页,合肥工业大学出版社,2004 年 6 月第 1 版。

㊴ 谢存礼著《周馥协助李鸿章办的几件大事》,见政协天津市河东区委员会学习和文史资料委员会编《周馥家族与近代天津——河东区文史资料》第十八辑,97 页,2006 年 8 月。

㊵ 人民网 http://www.people.com.cn/.

㊶ 石泉著《甲午战争前后之晚清政局》,6 页,生活·读书·新知三联书店,1997 年 1 月北京第 1 版;2003 年 8 月第 2 次印刷。

㊷ 戴逸主编《中国近代史通鉴》第三卷上《洋务运动与边疆危机》,52 页。

㊸ 史滇生著《北洋海军和甲午战争前的中国军事变革》(舰船知识网络版) http://qol.qdc.com.cn 清江在线。

㊹ 周馥著《书戴孝侯死事传后》,见《玉山文集》卷二,3 页。

㊺ 刘体仁著《异辞录》卷二,24 页,上海书店,1984 年 12 月。

㊻ 石泉著《甲午战争前后之晚清政局》,89 页,生活·读书·新知三联书店,1997 年 1 月第 1 版,2003 年 8 月第 2 次印刷。

㊼ 马昌华主编《淮系人物列传——文职·北洋海军·洋员》,4 页,黄山书社,1995 年 12 月第 1 版。

㊽ 汪志国著《周馥与晚清社会》,98-105 页,合肥工业大学出版社,2004 年 6 月第 1 版。

㊾ 孙宏光主编《寻根溯源·大直沽》,天津市河东区文化和旅游局内部资料。

(50) 同注③。

(51) 张侠等编:《清末海军史料》,557 页,海洋出版社 1982 年。

(52) 周馥著《玉山诗集》卷二,26 页。

(53) 周馥著《玉山诗集》卷三,1 页。

(54) 梁启超著《李鸿章传》,74 页,海南出版社,1993 年 7 月第 1 版。

(55) [英]李提摩太著,李宪堂、侯林莉译《亲历晚清四十五年——李提摩太在华回忆录》,280 页,天津人民出版社,2005 年 5 月第 1 版;2006 年 1 月第 2 次印刷。

(56) 中国社会科学院近代史研究所近代史资料编辑组编《近代史资料》总 59 号,1 页,中国社会科学出版社,1985 年 5 月第 1 版。

(57) 同上,21 页。

(58) [德]瓦德西著《瓦德西拳乱笔记》,162 页,上海书店,2000 年 1 月第 1 版。

(59) 同上,173 页。

(60) [英]李提摩太著,李宪堂、侯林莉译《亲历晚清四十五年——李提摩太在华回忆录》,301 页,天津人民出版社,2005 年 5 月第 1 版;2006 年 1 月第 2 次印刷。

(61) 同注③。

(62) 戴逸主编《中国近代史通鉴》第五卷上《辛亥革命》,第一篇《总论》。

(63) 广东省政府网:www.guangzhou.gov.cn 2006 年 7 月 14 日。

(64) 张继平《1904,济南开埠那一年》,2004 年 7 月 23 日《济南日报》。

(65) 《古城开埠》第一集《自开商埠》(探索·发现 2005-60)央视国际(2005 年 3 月 28 日) http://www.cctv.com.cn/program/tsfx/20050328/101215.shtml。

(66) http://blog.sina.com.cn/m/Cg2N160enJ007jP1 2006 年 7 月 21 日。

(67) www.shandong.gov.cn/art/2005/12/20/art_6322_143735.html。

(68) 《清史稿》《河渠志一·黄河》。

(69) www.jinan.gov.cn 《济南概况——大事记》。

(70) 《袁世凯与清末新政》http://www.sina.com.cn 2005 年 11 月 29 日 人民网。

(71) 刘硕著《地方督抚与清末预备立宪》。中华文史网 http://www.

historychina.net/tws/QSYJ/ZTYJ/QMXZ/06/22/2006/17528.html。

⑦ 沈家本《历代刑法考》卷四,2037-2038 页,中华书局,1985 年版。

⑦ 李伯元辑《南亭四话》65 页(卷一,《庄谐诗话》)。上海书店,1985 年 10 月。

⑦ 《清史稿》食货、五钱法、茶法、矿政。

⑦ 利弗朴著《近代茶业的发展——记"茶是故乡浓"》,2007 年 3 月 31 日,http://post.baidu.com/f? kz=186501491.

⑦ 朱自振编著《茶史初探》,146 页,1995 年。

⑦ 刘洪石《开港百年话沧桑》,2005 年 10 月 21 日,《连云港日报》。

⑦ 周榘良《周馥和两所学校的历史渊源》,《江淮文史》,2005 年第 2 期,151 页。

⑦ 杨步伟著《一个女人的自传》,62-63 页,(台湾)传记文学出版社,1967 年。

⑧ 同上,65-66 页。

⑧ 同上,68 页。

⑧ 王国慧著《江南造船厂:中国人从这里踏上追赶西方之路》,http://www.sina.com.cn 2006 年 06 月 23 日,《中国国家地理》。

⑧ 沈岙主编《江南造船厂志 1865-1995》,62-64 页,江南造船厂志编纂委员会,1999 年。

⑧ 戚其章著《晚清海军兴衰史》,522-523 页,人民出版社,1998 年版。

⑧ 赵春晨著《晚清民国时期广州城市近代化略论》,《广东社会科学》2004 年第二期。

⑧ 《广东新军编练始末》,beyondnap, 征程忆事—军事馆。http://www.mgjs.com/01wenzhang/02junshi/guangdongxinjun_beyondnap.htm

⑧ 《1907 年 5 月 22 日黄冈起义爆发》,《人民网》,2003 年 8 月 1 日的《历史上的今日》。

⑧ 《"反清复明"结局篇——孙中山与洪门》(见《中华魂》2007 年 3 月 25 日),http://hi.baidu.com/% BA% C3% C8% CB% CD% F8/blog/item/ae759c233f34bf45ac34dee9.html.

⑧⑨　周一良著《〈学人游幕的兴盛与清代学术的发达〉序》《燕京学报》新七期。又见,尚小明著《学人游幕与清代学术》,社会科学文献出版社,1999 年 10 月第 1 版。

⑨⓪　同注③。

⑨①　《中国近代史上的李鸿章》,凤凰卫视"世纪大讲堂"。

⑨②　中华龙人史学网。

⑨③　姜鸣著《天公不语对枯棋》,"清流·淮戚"章。

⑨④　王镜芙著《一生投机的袁世凯》《八十三天皇帝梦》,176 页,文史资料出版社,1983 年 12 月。

⑨⑤　同上,184 页。

⑨⑥　同注③。

⑨⑦　(台湾)丁中江著《北洋军阀史话》。

⑨⑧　张伯驹著《春游纪梦》,74 页,辽宁教育出版社,1998 年 3 月。

⑨⑨　(台湾)李宗一著《中华民国史》第一卷。

⑩⓪　周志俊著《粤皖系之争与帝制活动》《八十三天皇帝梦》,226 页,文史资料出版社,1983 年 12 月。

⑩①　周馥著《玉山诗集》卷四,32 页。

⑩②　(台湾)高拜石著《不搽粉的曹操——水竹邨人徐世昌》,新编《古春风楼琐记》第三集,121 页,作家出版社,2003 年 9 月。

⑩③　林吉了著《周馥其人》,2004 年 7 月 23 日,《济南日报》。

⑩④　周馥著《负暄闲语》卷上,40 页。

⑩⑤　同上,卷上,39 页。

⑩⑥　同上,卷上,40 页。

⑩⑦　同上,卷上,41 页。

⑩⑧　周馥著《自著年谱》卷上,光绪十二年。

⑩⑨　同上,卷上,光绪七年。

⑪⓪　张伯驹著《春游纪梦》,74 页,辽宁教育出版社,1998 年 3 月。

⑪①　周馥著《自著年谱》卷上,光绪二十年。

⑫　同上,卷上,光绪十五年。

⑬　周馥著《负暄闲语》卷上,41 页。

⑭　同上,40 页。

⑮　同上,42 页。

⑯　周一良著《〈学人游幕的兴盛与清代学术的发达〉序》《燕京学报》新七期。又见,尚小明著《学人游幕与清代学术》,社会科学文献出版社,1999 年 10 月。

⑰　沃丘仲子著《当代名人小传》卷上,41 页,崇文书局,民国十五年二月第五版。见《近代名人小传》下册,北京图书馆出版社,2003 年 4 月,48 页。

⑱　沃丘仲子著《近代名人小传》上册,北京图书馆出版社,2003 年 4 月,210 页。

⑲　[清]胡思敬《国闻备乘》。

⑳　(台湾)高拜石著《新编古春风楼琐记》第一集,132 页,作家出版社,2003 年 9 月。

周馥手札二通略释

周景良

蒙王贵忱先生寄示先曾祖父周馥手札二通复印件，并希望我缀以小文，略作说明。我因行动不便，赖北京大学孟繁之先生协助搜集资料，并共同识别文字，勉成此篇，以说明大概。

手札原文如下：

手札一

菊圃仁兄先生阁下：昨奉四月廿四日安邑途次
惠寄一函。敬谂
驺从便道珂乡，指日入
觐。出处进退，绰有馀裕，非寻常所可及也。承商一节，弟便中
密询中峰，言此时法密，疆臣不便代奏告病。然暂息故园二三
个月后，俟前次浮议冷过再为北上，似亦妥当。
贵处距京县远，无人指摘。且此事断无人指摘。若此时进京，
恐
上意不即转圜，长安久住亦无谓也。乞
酌之。子方昨已赴都。弟六月启行。大小儿应南闱，二四两小儿应

北闱。知承

垂爱，并以奉

闻。顺颂

台祺。

教弟馥顿首　五月十四日

手札二

菊圃先生方伯大人阁下：顷奉

手翰，敬谂

安抵珂乡，

侍养多福，慰颂无量。　弟九月底回籍省墓，腊(臘)月初四由

旱道回津。奉

饬赴新任，已于十三接印。奏明仍兼办水陆营务处。开河后

须时往津门，商酌防务。诸祈

随时指示，以匡不逮。李英已到。派管幕吏之摁门。以其质

实可靠，视为锁钥。大小儿学海幸中江南廿九名(官卷)，　二小

儿学铭幸中顺天副榜第七名(因过继不入官卷)　四小儿学熙亦

堂备。此皆

先生春风嘘植，感激曷已。明年

恩科当属儿辈再接再励，以副

厚期。刻下海疆无事，惟奉天水灾、皖北旱灾，须盼明春秋丰

收挽救耳。敬颂

153

曾祖周馥

　　侍祺。不尽。

小弟馥顿首　　十二月十五日

　　周馥,字玉山,安徽建德人(今安徽东至县)。以李鸿章幕府起家,历任津海关道、直隶按察使、四川布政使、直隶布政使、山东巡抚、两广总督等职,是李鸿章建设北洋海防的重要助手,参与筹画并直接领导多项北洋海防建设,对华北水系及黄河的治理多所贡献。任山东巡抚、(署)两江总督、两广总督等职时,致力推行新政,有所建树。

　　受信人名李用清,字澄斋,号菊圃,山西平定人。咸丰八年举人,同治四年进士,改翰林庶吉士,授编修、侍讲衔。历任广东惠州府知府、贵州贵西兵备道、贵州布政使、陕西布政使等职。

　　写信的年份,可由两函都谈到的我的祖父周学海、叔祖父周学铭、周学熙乡试的情况推定。据周馥《自著年谱》记,光绪十四年(1888年)我的祖父、叔祖父等分赴南京、北京乡试。故知两函俱写在光绪十四年(1888年)。当时周馥任津海关道。至第二函,则已谈到于前两日升任直隶按察使、接印事,也是在光绪十四年(1888年)的事。

　　两函都谈到李用清对我的祖父、叔祖父的培植,是因他们均曾受业于李之门下。在周学海、周学铭中进士后所印行的硃卷中,照例印有受业、受知师的名单,且按受业时间先后排列。两人硃卷中所列受业师中,第七人都是李用清。在李之后,第十人为李慈铭,可以据此推断受业李用清门下的大致时间范围。查李慈铭《越缦堂日记》,于光绪十年四月二十三日记有周馥命其三子(周学海、周学铭、周学熙)来执贽门下,是受业李慈铭门下之始。以此推之,我的祖父、叔祖父受业李用清门下当在同治十年周馥北调天津之后、光绪七年李用清外任之前这十一年中的某一时期内。

第一函,即五月十四日函,是周馥回答李从山西安邑来函的回函。当时李用清卸陕西布政使任,在奉命来京候简的途中。李是山西平定人,想便道过家乡,刚刚走到安邑。大概是想告病还乡,想请周馥托大员代奏。信中虽未明言,但从周馥的情况看,周馥当时所能托的只可能是李鸿章了。经周馥"密询"之后,觉得当前不宜提出告病,即回此信给李,并建议李在家乡拖延两三个月,等"浮议冷过"再进京。只不知当时关于李用清的"浮议"是些什么不利言论了。

第二函是距前函七个月以后,答李用清自家乡的来信。这时李已告病还乡了。

清朝制度,总督、巡抚对布政使、按察使的关系,近乎领导而形式上又似平列。故总督、巡抚如对布政使、按察使不满意,不能直接撤职,只能在年终考语(鉴定)中表示。皇帝看了考语不佳,便命该布政使或按察使"来京候简",即重新任命,以保全面子。周馥的第一封信,正是回答李用清自陕西布政使来京候简途中寄来的信。当时年终考语,总督谭锺麟奏称:〔李用清〕"性情坚僻,用人行政,固执成见,与同寅未能和衷,以致官民交诼,上下情睽,于此地不甚相宜。"巡抚叶伯英奏称:〔李用清〕"性情褊急,遇事诸多操切,必须随时训迪,方免贻误。"故李用清有来京候简之命(见《东华续录》光绪八十九)。

当时,朝野对李用清的评价趋于两个极端。而这次李因考语不佳、来京候简的前后,正是这两种态度交锋最激烈的时候。

李用清究心理学,生活工作皆极清苦朴素。其学问、品行,深受一些大员的敬重。如,《翁同龢日记》同治七年(1868年)三月廿四日记有:"见李菊圃(用清),目光炯炯,他日当贵。笔下亦佳。"《翁同龢日记》同治十一年三月五日又记:"李菊圃来,谈读书之法,实体之于身乃为有用,徒读经济书以为有用者末也。其言切实。菊圃近来笃志理学甚有识力,不得仅以文士目之矣。"时李在京任翰林院编修。其后,《翁同龢日记》于光绪十二年(1886年)八月四日又记有:"李菊圃来,蔼然仁人哉。"

当李用清任翰林院编修时,于光绪四年左右,曾由阎敬铭奏调去山西查赈。他的工作成绩和工作作风也得到好评。光绪四年(1878年)九月阎敬铭《敬举贤才折》中称:"翰林院编修李用清,留心正学,取与不苟,朴勤耐苦,质直端方。此次在晋办赈,钜细躬亲,深明事理,洵属志节坚毅,体用兼优……"(见《东华续录》光绪二十四)《翁同龢日记》于光绪五年四月廿日也记有:"李菊圃由山右来,盖一年查赈,只身跨驴,辛苦特甚,可敬可敬。"

光绪七年(1881年)李用清任广东惠州府知府。光绪八年(1882年),迁贵州贵西道。明年,超擢布政使,署巡抚。其间屡受大员推崇、举荐。张之洞于光绪八年(1882年)四月二十日胪举贤才折中列有:"广东惠州府知府李用清坚确勤苦,不为习俗所夺,可以挽回风气。"(见《张文襄公奏议》卷四奏议四)丁宝桢于光绪十一年(1885年)正月初七日奏折中提到:"……查署抚臣李用清,自到黔后,公忠自矢,力崇俭朴,办事实心,实为黔省历任抚臣所罕见。今以该省糜烂至深,流亡未复之地,该抚臣苦心孤诣,竭力撑拄,通省方冀大有转机。即臣在川疆办理黔边盐务一切,皆深仰其维持之力……"(见《丁文诚公奏稿》卷二十五)以上折中"可以挽回风气"、"实为黔省历任抚臣所罕见"、"即臣在川疆办理黔边盐务一切,皆深仰其维持之力"等等皆非寻常考语,足见李之历任上级对李推崇之至。

李用清严于自治,勇于奉公。然其行事或亦有狷急之处,在晚清吏治腐败时,自不为许多人所容,形成矛盾。在山西办赈时,曾上书山西巡抚曾国荃主张禁种鸦片。曾国荃"疑晋新荒,禁烟效缓,且全国未禁,徒敛怨",未采取他的意见(见《清史稿·李用清传》)。从这里可以看到李的意见是正确的,主张是坚决的。但曾国荃则考虑更全面:当时主要是赈灾,要做急切见效解决民生的事;全国不禁,一省禁烟,也是难于实行的。李慈铭颇不乐李用清,在《越缦堂日记》中颇多人身攻击之辞。但有一段记李用清署贵州巡抚时事:"……而力禁种罂粟,操之过急,吏缘为奸,渐成民变……"(《越缦堂日记》光绪十一年六月十三日)《清史稿·李用清传》也记有:"……用清奏陈禁种之法,分区限年,时自出巡,刈铲烟苗。言者疑其操之过急。十一年秋,有旨来京候简……"所以,算起来,周馥回信这次是第二次候简来京了。

但是陕西督抚的这次举动,却引起了赏识李用清的大臣的抗议,做出了不寻常的举动。是年四月当时的户部尚书阎敬铭奏了一折说:"……署陕西布政使李用清,为近时藩司之最,现今谕令来京另候简用,或系德馨、叶伯英年终密考淆乱黑白,颠倒是非……"这个批评督抚的举动受到了朝廷的斥责:"督抚所奏大略相同。封疆大吏系朝廷特简,凡用人行政,必须假以事权,方资治理。至考察属吏,耳目最近,闻见非虚,若督抚两人密考不谋而合,必出公论。阎敬铭一偏之见,一似经其保荐不进不止,他人遂不得更置一词者。此风何可长耶!况用舍大权,操之自上,一切举措,亦不尽以督抚之言为凭。阎敬铭曾在军机当差,岂不知悉?何此奏私心揣测,竟专指为德馨、叶伯英二人之密考,尤属非是。原折著掷还。"(《东华续录》光绪八十九,光绪十四年夏四月)督抚年终考语,不论考语好坏,是常例的公事,而阎敬铭的举动却属异常,造成尖锐的对立。此种情况,非所奏督抚有大过错,朝廷是不会采纳的。况且,就此事而论,李用清已经有一次从贵州来京候简了,上次处理是宽厚的,命李去署陕西布政使。看来,朝廷方面还是心中有数的。然而,拥护李的人,心中还是不平。据《翁同龢日记》光绪十四年(1888年)三月二十五日记:"陕藩李用清,赣藩李嘉乐皆另简。两李皆贤者,而不容于时。何也?"

据《清史稿·李用清传》:"十四年,复命来京候简,遂以疾归……"可知,虽然托周馥转托大员代奏告病未成,但是不知通过什么手续,仍是告病还乡了。从周馥的第二封复信也看到这点。

李用清回乡七年之后,仍受到张之洞的荐举。《张文襄公奏议》卷三十八载张于光绪二十一年(1895年)六月十八日的荐举人才折中列有:"……前陕西布政使李用清,该员廉洁俭朴,刻苦自励,遐迩皆知。办事诚笃勤恳,不辞劳瘁,虽其才具稍偏于拘谨一路,然以之砥厉官方,激扬流俗,可以挽回风气,于今日时局自有裨益。"可见李用清之为人给一些大员留下印象之深。

附带说一句。人事无常,当周馥写第一封复李用清信时,谭钟麟已于二月廿五日因病免去陕甘总督职务了。陕西巡抚叶伯英也在这年九月六日去世了,在周馥第二封复信之前。

周馥这两封书札有关情况大致如此。

最后,谨感谢王贵忱先生提供书札复印件、及促我写此短文殷殷之意。谨感谢孟繁之先生的帮助。

2009 年 11 月 8 日

(《万象》2010 年 6 期〔总第 130 期〕,第 84-90 页)

菊圃仁兄先生閣下昨奉留芎多並遠次

惠書一面敬誦

躬逢便道珂卿指之

觀去冬進呈除夕能諸以月季雲照及如不

言一竹和使中書為中華言此時清宮疆

屋石使代奏若病然彼身以園三三個月亦後

前次清議冷過再為此上仍立候

春寒難奈野畫名人招揽且此乃野名人招揽
莽山叮進素志
上意不肯轉圜吾身久住此意謂如之
酬之子方昨已赴都明六月躁行六意者雨
開二四两少宽君此開知乎
妻爱偕小隼闫听听
冬祉 封如邾之母
要十昌

菊圃先生方伯大人閣下

壬新致譜

安執珍卿

侍老多福　其少主臺力九月庚回以稿省著

膝月初四曲皇道回津奉　旸赴新任己卧十

主接印　奉明偶雪驛山陸金彩奎開河浮須时程

津门客的助路諸行

161

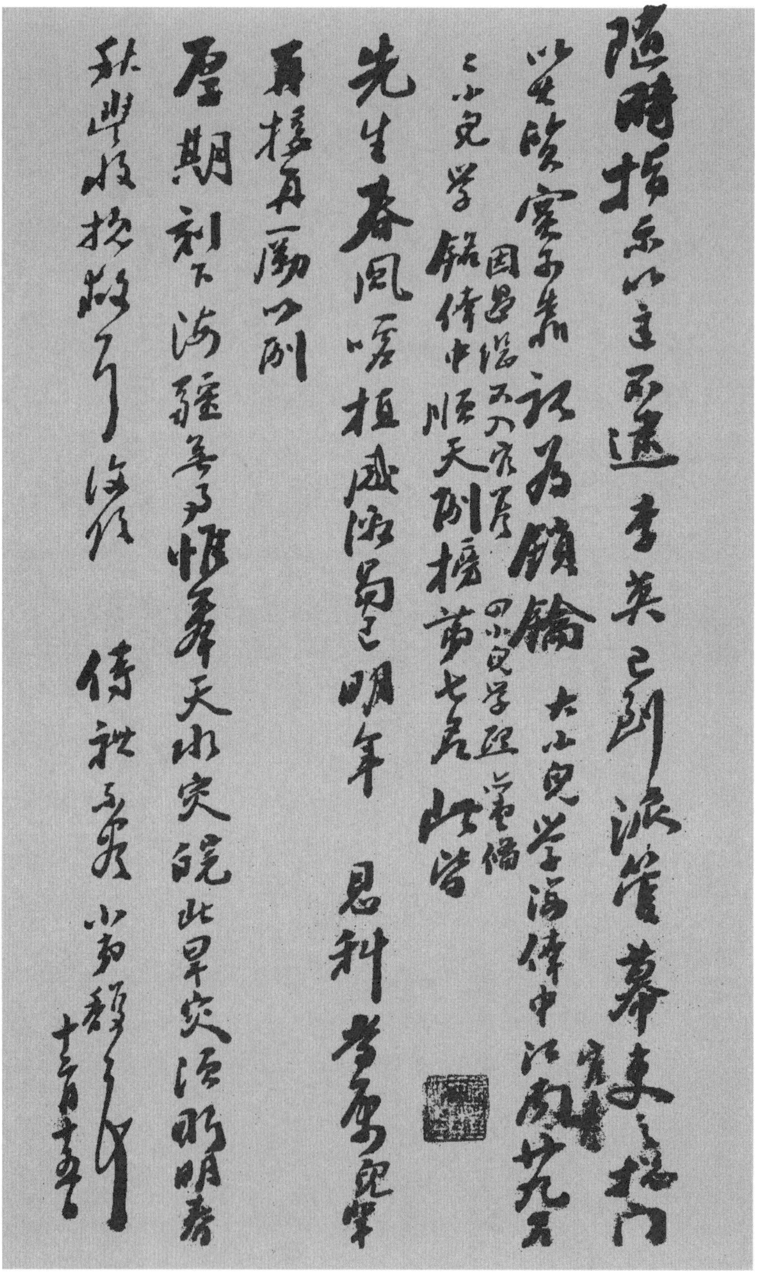

隨時指示以主不遠者其之即派管幕友之極內

此學問寔不敢許為領袖 大小兒學海偉中江廩先生

二小兒學銘偉中順天別榜第七名此聲

因思惟之際所可以文學經常偉

先生春風�相感深為之明年 恩科孝廉兒輩

再擇其一勵之則

星期刻下海疆等�

秋盡校核故不及一一詳陳

侍弟之名 小弟 顿首

国史列传·周馥本事

佚名 撰文　　孟繁之 校点

　　周馥,字玉山,安徽建德人。少值寇乱,家贫,奉大父母、父母,窜彭泽山中,一日数徙,念守此终无全理,脱身去。时郡邑多陷贼,落落无所遇。李鸿章募勇东征,见馥,奇其才,令司文牍。一日,战青旸镇,俘贼千,属馥诛其抗命者。馥戮三十人,馀悉遣去,鸿章益贤之。在幕六年,累功晋知府,留江苏。连丁家艰。

　　同治十年(1871年),永定河决,鸿章督畿辅,奏起馥,使任河事,特旨以道员留直隶。迭治天津入海金钟河、北运筐港减河及通州潮白河,设文武汛官资防守。时天津频患水,馥言天津为九河故道,不泄则水患莫瘳,请就上游辟减河而开屯田,南运下游分水势。部议格不行。厥后提督周盛傅,率兵士开兴济减河,屯田小站数千顷,本馥议也。光绪三年(1877年),署永定河道。内艰,服除,署津海关道。朝鲜初通商,馥与美提督薛斐尔(即 Robert W. Shufeldt,校点者案)议草商约保卫之,首称朝鲜为中国属邦,固以防侵夺也,而枢府削之。馥私叹曰:"分义不著,祸始此矣!"九年(1883年),兼署天津兵备道,俄真除津海关道,兼北洋行营翼长。鸿章以忧归,张树声署直督,而朝鲜乱作,馥兼天津营务处。及中法事起,鸿章既还任,则益倚任之,命赴海口编民舶立团防。鸿章之督畿辅也,先后垂三十年,创立海军,自东三省、山东诸要塞皆属焉;用西法制造械器,轮电路矿,万端并举,尤加意海陆军学校。北洋新政,称盛一时,馥赞画为多。

任津海七年,醇贤亲王校阅海军,嘉其成劳,擢按察使。任按察又八年,中间一署长芦盐运使,再署布政使,以阻清赋、保河工,民歌诵之。初,畿疆旗地多迷失,或奏请设局厘正之可益赋,馥曰:"贫民越耕事诚有,于国体无伤也。奈何争利以扰民!"筑永定河北岸石堤卫京师,芦沟南减水石坝工尤巨,不撼于浮议,自是河不溢。

甲午中日开衅,任前敌营务处。跋涉安东、辽阳、摩天岭之间,调护诸将,收集散亡,粮以不匮。初,鸿章迫朝议主战,既丧师,遂坐夺职,王文韶代之,仍檄馥总沿海营务。和议成,乃自免归。居三载,鸿章被命治河,复强起之。撰上治河十二条,以费绌,不果行。于是鸿章念其劳苦功高,久屈司道中,抗疏论荐之。授四川布政使。至则课吏绩、广银币、积粮储,虑教案易生衅,撰《安辑民教示》颁郡县。教士大悦。乃未几而天津义和拳仇教事起,朝议惑之,诏各行省集练义民。馥亟白总督:"旨真伪未可知,且此皆乱民,不可纵。宜阁朝旨,毋遽下。"川境以安,而畿辅大乱作矣。八国既联兵内犯,两宫出走,授鸿章议和大臣,总督直隶。而馥亦调直隶布政使,随鸿章入都,理京畿教案。数月事稍定,始赴保定,受布政使印。先是,法兵至保定,戕前布政使廷雍,遂踞司署,及闻馥来,列队郊迎入署。久之,观其设施,无间言,乃徐引去。两宫驻跸西安甫回銮,而鸿章病笃,既薨,目犹视,馥至乃瞑。外人咸感动,盟约不渝。遂护直督兼北洋大臣,寻诏袁世凯为总督,馥还本任佐之。车驾谒东陵,馥言丧乱之后,民力不堪,请减车驮费、拨库金。疏入,报可。俄擢山东巡抚加兵部尚书衔,将之官,复诏留议津榆路事。时和议虽成,外国兵壁天津,踞津榆铁道,设都统,治民政。越二年,世凯屡争,莫能得。至是,密言馥娴交涉,足可办此。立谈之顷,津榆俱复。至今父老犹乐道之。

馥抚山东,值河决利津薄庄。议徙民居,不塞薄庄,俾河流直泻抵海。设沿河电局,备石工,讫十馀年,河不为灾。德踞胶州湾,筑铁道达省治,因蚕食路测(侧)矿山。馥奏开济南、周村商埠相箝制,德人意沮,自撤胶济路兵,还五矿。馥更事久,无所不谙练,既膺疆寄,则益欲大有为。拓高等师范、武备、巡警、蚕桑、外籍诸学校,又起医院、设官报,凡所以阜民财、瀹民智者,次第兴举。天子嘉之,擢署两江总督兼南洋大臣。汰旧伍,练新军。时廷议画江北,别设巡抚,奏寝其事。移督两广,拓珠江堤,新市政。以年逾七十,请告归。辛酉(民国十年,1921 年)九月卒,年八十五。清帝谥曰"悫慎"。

馥为人清约寡欲,义所当为,屡斥万金不顾自。少以至笃老,未尝废学。晚喜读《易》及儒先学案,著《易理汇参》、《负暄閒语》、诗文集、奏议,又纂《通商约章》、《教务纪略》、《治水述要》、《东征日记》、《海军章程》凡若干卷。

直隶、山东、江南士民,皆祠祀之并祀本邑乡贤。

(民国十一年〔1922 年〕孟春秋浦周氏校刻本《周悫慎公全集》卷首)

〔校点者案〕周馥生平行藏,《清史稿》本传外,以《周悫慎公全集》卷一所收传稿(《清史列传》未见有周馥本事)最为详备。文章不署撰人,不知谁家手笔。揆诸文句,以作者对周馥生平事迹之了解,当系亲近人所撰无疑也。传文既题曰"国史本传",则当系国史馆传记材料,但比勘《清史稿》,文辞相类,而一详一略,出入较大,颇疑此系初稿,《清史稿》传文即据此笔削而成。

清授光禄大夫陆军部尚书两广总督
周悫慎公神道碑文

马其昶　撰文　　孟繁之　校点

公讳馥,字玉山,安徽建德人。今县名易秋浦。建德周氏,始唐初中丞公访,避武后乱,自徽州来迁。数传至御史中丞繇,以诗名,咸通间弟繁亦举进士第,一兄弟并祀乡贤。其后或隐或仕,至公而大。考讳光德,妣叶氏。自考以上,至高祖王考,皆赠光禄大夫,妣皆赠一品夫人。公虽旧族,起寒素,无资借,少值寇乱,为人治军书。李文忠公率师东征,见所为书,奇其才,拔以自随。一日战青旸镇,俘贼千计,以属公,谓当诛其半。公择宿贼戮三十人,馀悉遣去。文忠益贤之。在幕六年,累功晋知府,留江苏。连丁大父母及父忧,心气耗损,从宝华山道士受止观法,体益健。

同治十年(1871 年),永定河决,文忠总督畿疆,奏起公,特旨以道员留直隶。公任事勤讨周谘,不涂饰耳目,既治河,遂洞明水利害。山东巡抚奏挽黄河复淮徐故道,文忠用公言,纵水北归,不复故道而治。天津入海金钟河、北运筐港减河、通州潮白河,设文武汛官资防守。后又建永定北岸石堤卫京师,筑芦沟减水坝工尤巨,民赖其利。

光绪三年(1877 年)署永定河道,明年内艰归。服阕,署津海关道,俄

166

真除。朝鲜初通商,公与美提督薛斐尔(即 Robert W. Shufeldt,校点者案)议草商约,首书朝鲜为中国属邦,枢府削其语,公喟然曰:"分义未著,启戎心矣。"文忠督畿辅三十年,创兴海军,设机器局、电报局,开天津商埠,凿取煤井、金矿,造轮舟、铁轨利交通,尤加意海、陆军学校,公无所不与其役。时海内清流率骜夷新政,公不通晓外国语文,规画付应,动中机窾,北洋推为先进。

任津海凡七年,擢按察使,任按察又八年。尝一署长芦盐运使、天津兵备道、布政使。甲午(光绪二十年,1894 年)日本争朝鲜,败盟,公任前敌营务处。款成,文忠已龁龅去位,公遂投劾自免归,家居三载。文忠被命治河,复强起之。条上治河十二策,以费绌,不果行。于是文忠乃称曰:"吾推毂天下贤才,独周君相从久,功最高,未尝一自言,仕久不迁。今吾老,负此君矣。"密疏荐之,授四川布政使。调直隶,复召入都,理京畿教案。

蜀地险远,公既莅政,虑教案易生衅,撰《安辑民教示》颁郡县,教士大说。乃未几而畿辅义和拳乱作,诏各行省集练义民。公曰:"此乱民也,可召乎?"亟白总督,阁朝旨毋遽下,川境以安。

八国既连兵内犯,两宫西狩。文忠自粤督移直隶,授议和大臣,入京师,尤倚任公。当是时,诸国兵横境上,拳孽奔逃,恣劫掠。公至数月,时其柔刚以应之,事稍定,始赴保定,受布政使印。前布政使廷雍纵拳乱,法兵至保定,戕廷雍,遂踞司署。及闻公来,法兵郊迎入署,观其设施,无间言,乃徐引去。

两宫方议回銮,而文忠薨,公再入都,镇抚京邑。始命护直督兼北洋大臣,寻诏项城袁公为总督,公还本任佐之。车驾谒东陵,公力陈民艰,请减车驮费、拨库金,无扰累民。陵事毕,迁山东巡抚,加兵部尚书衔。将之官,袁公密言:外国兵壁天津,踞津榆道,设都统,治民政,越二年,臣屡争莫能得,环顾在列多后起,惟周某娴交涉,足可办此。乃复诏公留议津榆路事。占对谅恺,强敌敛容,还我疆索。至今谈者,犹叹息焉。

公之抚山东也,值河决利津薄庄,议徙民居,不塞薄庄,俾河流直泻抵海。设沿河电局备险,工讫十馀年,河不为灾。德踞胶州湾,筑铁道达省治,因蚕食路侧矿山。公奏开商埠,济南、周村相箝制,德人意沮,自撤胶济路兵,还五矿。外患既纾,则益务兴学及它工艺、慈恤诸政,拟于北洋。天子咨叹,擢署两江总督、南洋大臣,移督两广,声绩并茂于是。

公年七十矣,上疏乞骸骨以归。归五年国变,又十年,薨于津寓。公为人缜密,经事综物,俭约自将,义所当为,屡斥万金不顾。修干鹤立,神思高迈,出言谆谆若老儒。以施于政,折冲忠允,为功于国甚大。自少以至笃老,未尝废学。其在官,纂《通商约章》、《教务纪略》、《治水述要》、《东征日记》《海军章程》及奏议,凡若干卷。自馀公牍机要者,悉取裁内心,不假他手。晚喜读《易》及儒先学案,优游林壑,系心皇极,时时见之咏歌。疾革,屏医药,赋诗一章而逝。辛酉(1921 年)九月二十一日也。清帝悼念遗臣,谥曰"悫慎"。直隶、山东、江南、安徽士民,皆祠祀公并祀本籍乡贤。

配吴太夫人,侧室吴氏、王氏。子六:学海,进士,江苏候补道;学铭,翰林院庶吉士,署江西按察使;学涵,未仕,皆前卒。学熙,举人,直隶按察使,财政总长;学渊,举经济特科,山东候补道;学辉,举人,湖北候补道。女三,皆适右族。孙二十六,长孙达,三品荫生。曾孙十七。

公卒之明年,葬本邑之皮家坞。学熙等具状请铭,其昶尝辱公知荐,不敢辞。铭曰:

九华镵云,耸出江表。灵毓我公,远祖是绍。遭时艰虞,囷不习练。
两有文武,雠而不衒。深山蕴宝,孰能頫之。天衢大亨,公自苴之。

清授光禄大夫陆军部尚书两广总督周悫慎公神道碑文

绥氓睦邻，不愤不贰。人竞巧趋，公以诚致。诚则致矣，皇既宁矣。皇之不宁，公哀谁听。匪我知公，公诗则云。千龄万禩，征此刻文。

（闵尔昌《碑传集补》卷十五，并见《周悫慎公全集》卷首）

169

清授光禄大夫建威将军头品顶戴
陆军部尚书都察院都御史
两广总督予谥悫慎先考玉山府君行状

周学熙　周学渊　周学辉　撰文　　孟繁之　校点

　　府君讳馥,字玉山,世居秋浦县(原名建德)纸坑山。周氏始祖为唐初中丞公讳访,避武后乱,由徽州迁秋浦。六世祖讳繇,咸通进士,与许棠、郑谷等称"咸通十哲",官至御史中丞,时人称为"诗禅"。池州文学,自公始。弟繁,举进士第,一以孝友并祀乡贤。宋明之世,代有闻人,清以来率隐居不仕。府君高祖讳文元,曾祖讳礼俗,祖讳乐鸣,考讳光德,累世敦朴,以府君贵,皆赠光禄大夫。高祖母王氏、汪氏、杨氏,曾祖母张氏,祖母余氏,母叶氏,皆赠一品夫人。

　　府君生于道光丁酉(道光十七年,1837年),天姿英迈,奇悟绝人。幼承庭训,稍长从本邑王介和先生游,不数年,学乃大进。年十七,当咸丰三年(1853年),丁洪杨之乱,吾邑当徽州、江西孔道,自曾文正公以水师遏长江,贼遂出入吾邑十馀年,蹂躏数十百次。时先曾大父母及大父母均在堂,而室为贼燬。府君外侦贼势,内奉重闱,常独身走百数十里,夜行昼伏,奔窜山谷间,数日不得一食。顾善察贼情,往往家甫迁而贼适至,他人恒被屠戮,而吾家独全,其天幸如此!咸丰辛酉(咸丰十一年,1861年)至安庆,始入曾文正幕中。同治元年(1862年),李文忠公召致

170

淮肥将士创淮军,东征上海,礼致随营总文牍,出则授以巡抚印,倚任之。一日剿贼青旸镇,获贼千,嘱曰:"各军俘贼多骈诛,此贼皆战败始降,尔为我诛其半以报。"府君退念:"贼皆降虏,多杀奚为?"即夕讯其状,诛广西宿贼及官兵降者三十馀人,馀悉薙发遣去。文忠益重之。在幕六年,累功晋知府,留江苏。先后任金陵善后工程局、筹防捐局事,大府贤之。顾天性端谨,耻逢迎,蠲洁从公,不私己橐。又迭遭曾大父母及先大父丧,艰苦忧劳,致恇忡疾,自分归卧田园,无复当世之志。庚午(同治九年,1870 年)养疴句容宝华山,一道士授以真人止观法,府君湛虑习之,三阅月大澈大悟,病去而精气勃然,其享高年,实以此。

辛未(同治十年,1871 年)秋,永定河决,文忠总督畿疆,忧河患,特召府君往任之。工成,特旨以道员留直补用。府君遗爱畿疆,与朝廷特达之知,皆始此。时河患迭兴,府君治河名益著。患至,辄徵往戡之。更数岁,论功加按察使衔,晋阶二品。癸酉(同治十二年,1873 年),山东巡抚奏请挽黄河复淮徐故道,东河总督力持之。上命文忠决其事。檄府君往勘之。挐舟泛海,入利津,沂流上至铜瓦厢及下游淮徐故道,复自卫辉沿流下,遍涉运河南北,因力陈黄河不克南行之故。文忠韪其议,奏寝之。事载《中兴奏议》及文忠集中。甲戌(同治十三年,1874 年),迭治天津入海金钟河、北运筐儿港减河,及通州潮白河,事竣,请设文武汛官资防守。当是时,天津频年水患,民生不聊,府君上言:"天津为九河故道,不泄则水患莫瘳,请就南运河之北、北运河之南,择两河上游要隘,辟减河以泄之,就南运下游开屯田,以分水势。"文忠壮其策,卒扼部议,不果行。厥后周武壮开兴济减河灌小站,辟营田数千顷,利赖至今,实本其议也。

光绪乙亥(光绪元年,1875 年),方治永定河南二工,而北洋创兴海军,他省始岁许助三百万金,然多不以时至,匮绌不支,文忠乃命府君总海防支应局,主饷事。苦心经画,军以不饥。而河患复棘。丙子(光绪二年,1876 年)方治东明、长垣、开州黄河南堤葳厥事,丁丑(光绪三年,1877 年)滹沱患作,或请分滹水南行,减永定河患,文忠檄勘之。府君亲历滨河十馀县,深察滹沱不克南行之故,寝之。事载《畿辅通志》。三月,始拜署永定河道之命。府君于是需次畿疆七年矣。

戊寅(光绪四年,1878 年),内艰归,深以禄不逮亲为大戚,尝泫然流涕曰:"贫不克养,贵则亲亡,抑复何心,人世以此?"里居三载,抔土既安,誓守松楸,不作经世之想矣。而当是时,外交日棘,文忠环顾左右,无折冲樽俎之人,辛巳(光绪七年,1881 年)特召返天津,奏署津海关道。适有朝鲜通商之事,遂与美提督薛斐尔(即 Robert W. Shufeldt,校点者案)议朝鲜商约保卫之,原稿首称朝鲜为中国属邦,固以防侵夺也,而枢府削之,遂致"分义未著,开日人争执"之端。朝鲜之亡实以此,君子尤痛惜焉!

壬午(光绪八年,1882 年)兼署天津兵备道,遂拜真除津海关道兼北洋行营翼长之命。未几,文忠内艰归,张靖达公署直督,而朝鲜乱作,乃奏兼天津营务处,驱兵济饟,一赖府君。事平,奉旨优叙。

天津当渤海之冲,市廛湫隘,通商而后,民户殷阗,乃议设工程局、纳船步捐。首斥万金倡厥事,创马路,拓街衢,浚沟渠,设巡徼,气象肃然。天津商埠之盛,自此始。

甲申(光绪十年,1884 年),中法难作,文忠返畿疆,首令赴海口编民舶立团防,测绘大沽、北塘、旅顺、山海关诸炮台形势。时电报初兴,官民惶惑,乃令会办电报局,创北塘、山海关官电以导之。复命创设机器局,整枪炮、军器一新。先是,文忠患海军不竞,创水师学堂,授海战,首命府君总厥事。定章则,严考覈,才俊蔚然。乙酉(光绪十一年,1885 年),中法平复,命创天津武备学堂,聘客卿,授军学,选将士,拔俊髦,肄厥事,所造益众。故近三十年海陆将才,多出其中。当是时,海内名流见洋务辄谤讟,朋兴茫焉,莫窥其窍要,府君病之。是年,会议中法越边通商章程,遂纂道光〔以〕来通商条约昭天下。

既念天津当京师吭嗌,游客滋多,将无以成其业也。丙戌(光绪十二年,1886年)捐建集贤书院,课时政以瞻之。又念万国既通,译才尤重,复捐建博文书院,招生课外语以备之。天津人才之盛,实以此。自刘壮肃奏兴铁路以致富强,廷议扼之,而其事遂沮。府君叹曰:"铁路不兴,中国无富强之日也。"则集巨金,建唐山至阎庄运煤铁道以开之,是为中国商路之始。厥后芦汉、津榆并成铁道,府君规画益多,论者谓新政之起,府君实为先河。是年冬,遂拜署长芦盐运使之命。

丁亥(光绪十三年,1887年),还任津海关,总理北洋沿海水陆营务处,兼督旅顺船坞、威海炮台。虽绾关符,而出入于风涛险塞之区,坚台坞,厉水操,终岁奔驰,不遑启处,其劳瘁为已甚矣。醇贤亲王之阅海军也,见府君才,器焉。任津海关道七年,戊子(光绪十四年,1888年)始拜直隶按察使之命。入朝,王方订海军章,未定也,则奏留三阅月董厥成。乃参各国海军制折其中,奏上,著为令。王以此尤敬礼焉。

任按使八年,一以雪冤狱、恤累囚为务,平反巨狱凡四五十案。严缉捕,重保甲,轻罚锾,而皆严其章制。官吏奉法,罔敢或渝,一时讼盗以衰。己丑(光绪十五年,1889年)一摄直隶布政使,未几,复还按使守故官。其摄布政也,库吏进银五百两,府君讶之,吏曰:"故事:实任千金,署者半,此常例也。公奚却焉?"府君卒坚拒不纳。逾年,某公竟以此蒙弹劾,论者益以是服府君之廉。而其阻清赋、保河工,尤为畿辅人所颂道。初,畿疆旗地多迷失,或请特设清赋局,檄按使会布政使厘正之,曰岁益赋可三十万金也。大府奏行之。府君叹曰:"贫民耕黑地,事固有之,然其事固以益民,于国体无伤也。丈而厘之,赋未增而民扰矣,此岂朝廷矜恤穷黎之意哉？"格其事，力陈之，竟止。

庚寅（光绪十六年，1890年），督办永定河北汛大工，创设北岸巨石堤卫京师。自是北岸无水患，特旨加头品顶戴风励之。癸巳（光绪十九年，1893年），督办芦沟桥南减水坝石工，工益巨。先是，永定河十年九决，费帑动数十万，而民居之漂没，官府之振（赈）赡，至不可亿计。文忠甚患之。府君乃陈抛石改流策。文忠虽然其言，顾帑绌，未及行也。及是，廷臣承太后旨，徵其谋，府君因陈减坝策。逾年，坝成，于是永定漫溢寡，而下游淤垫亦纾，畿辅至今水患顿减，民受其福已三十年，其关系民生如此。当建议时，或造（遭）流言恣弹劾，上命东河总督廉厥状，疏入，温谕褒之，谤乃息。盖府君官畿辅最久，功德及民，尤以河工为特巨，帝心简在，固有以也。

未几而中东之战起。初，甲午（光绪二十年，1894年）夏，朝鲜内乱，日兵舰首夺仁川，我军不克入。府君陈战守机宜甚备，朝廷韪之，特任前敌营务处。时项城袁公方以温处道抚辑朝鲜，偕往出山海关，抵沈阳，平壤军已败溃。返义州，敌势大张，则驰入凤皇城，待诸军谋拒守。诏令董粮运，乃与袁公往来跋涉于安东、辽阳、摩天岭之间筹运输。大军至九连城复溃退，势汹汹不可遏，府君则急驰摩天岭扼诸军，与宋师定岭防之策。于是孤身出入枪林弹雨之中，寝馈冰雪，趣粮械，集散亡，艰难数月，死生以之，卒以忠诚激诸将，坚岭防，敌势虽张，终不克越摩天岭一步。以故盛京根本，屹邑不惊。当是时，前军既溃，铁路未开，徵调奇艰，百倍今日，向非府君一身苦心瘁力，乌足致之。盖府君生平当国家大难，孤忠自矢，不避艰险，有如此者。方东事之棘也，操国柄者辄龃龉，文忠夺直督，以相国王文勤代之。府君念文忠既去，指臂益孤，则乞去。王公察其贤，挽之。乙未（光绪二十一年，1895年），檄令总沿海各军营务处，乃返驻芦台。三月，和议成，疾作，乃浩然投劾归矣。假归三载，布衣野服，日与里老话桑麻,不复谈国事,内旨屡下帅臣询病状、促入朝,府君喟然太息曰:"李相且不安其位,吾辈尚能有所建树哉?"卒不出。

戊戌(光绪二十四年,1898年)秋,太后临政,眷老臣,念黄河屡决,非大治不克奠吾民,特命文忠莅厥事。文忠乃奏府君出佐之。府君叹曰:"黄河不治,中原不能安枕。吾从李相久,任河事且三十年,公既出,吾其能自逸乎?"乃遍历上下游二千里,更数月,详考地形,徵水势,参古人成法,以身验决之,精心擘画,撰治河法十二条。文忠喜,上之,报可。事见文忠奏议。卒以款绌,不果行,识者尤重惜之。当河事之殷,一夕,文忠语客曰:"老夫荐贤满天下,独周某佐吾三十载,劳苦功高,未尝求荐拔。今吾年已老,独负此君,吾其能自已乎?"乃抗疏密荐之。府君不知也。

己亥(光绪二十五年,1899年),诏入朝,遂拜四川布政使之命,乃入川。时川省吏治阔疏,叩以律文,多不习,乃设课吏馆督之。清厘,宝川局铸银币便商民,积粮备荒歉。虑教案之难治也,特撰《安辑民教示》颁郡县迪之,各国教士感其诚,咸致书肃谢。

乃未几而畿疆大乱作矣。庚子(光绪二十六年,1900年),天津义和拳蠭起,争以仇洋灭教蛊朝廷。太后惑之,电各省招义民团练。府君大骇,曰:"此乱民也,治之不暇,而可招乎?大乱从此始矣!"则密陈制府寝之,且曰:"旨之真伪,未可度也。乱不可长,敌不可轻。川处西陲,敌诚难至,然戢匪安民、整军待命、疆吏之责也。川练未已,焉用招为?不招而团,皆乱民也。公其重之。"制府以为然,寝朝旨不下。顾北乱既张,西南奸民望风思起,温、郫、崇、灌大邑,蒲江、名山诸县,蠭起仇洋。府君谓制府曰:"速捕之,乱不可蔓,蔓难图也。"从之。府君复饬府、县官巡四境,戢良民,自撰浅说授诸吏,解民惑,利害怵之。擒乱渠置诸法,川竟以安。当事之殷,绅吏习迂谈、横谤议,府君独坚执不摇。而制府奎公,及成都知府刘幼丹,亦服其言,上下一心,川以不乱。未几,八国联兵入京师,两

175

宫出走,北方糜烂,绅吏乃交口颂府君不置云。

方两宫之出也,念京、津陷没,非文忠莫能拯危亡,遂自两粤调直督,授和议大臣,入都敦盟事。文忠已笃老,自念舍府君莫克助厥成。九月遂调直隶布政使。途次,奉电旨:"速赴京,随庆王奕劻、大学士李鸿章任和议。"府君乃洒泪疾驰。既入都,与各国使臣筹盟事,磋磨数月,要挟万端,笔秃舌枯,久之,和议成,联军乃出。先是,拳匪之乱,都中及畿辅杀教民、平民凡数万,火民宅数万家,掠粮谷,夺资财,莫能选计。赔偿议起,庆邸及文忠念非府君莫克治厥纷,乃奏命理京畿教案。复奉旨,议民教永安章制、绝祸端,遂与法主教及各国教士协定章,期永世。偿款则力求核减,以恤吾民。大端粗定,而州县教案纷扰无端,手据口瘏,数月乃无宁晷,而头眩之症起焉。厥后劳则眩生,实以此。

当是时,各国兵横境上,教民倚势寻仇,拳孽奔逃恣劫掠,外兵搜剿,玉石俱亡。府君叹曰:"拳孽未歼,外兵且恣,是激乱也。"乃礼士绅,分劝释教仇,嘱教士饬教民毋报复,遣兵捕拳孽,降者抚之。至辛丑(光绪二十七年,1901 年)七月,拳教差安,始赴保定,受布政司之印。先是,布政使廷雍纵拳乱,法兵至,讨而戮之,遂踞司署,扼城不出。朝命按察使兼厥事,则居旅舍代之。府君至,法兵列队逆诸郊而自还司署,乃得入。然法兵踞省未退也。府君见满目凋残,流亡载道,恝焉伤之,乃设善后局,安民教、筹赈济、抚流亡、葺城垣、修庙署。法兵见其举措,敬之,兵乃退。盖大乱之后,安辑抚绥,其险阻艰难如此。疮痍既复,新政方行。复创保定大学堂,选高才肄业,为天下望。

两宫方跸西安,闻治状,嘉之。论议约功,始拜巡抚衔之命。方诣都下议回銮,甫还省,而文忠病笃。再入,文忠已绵惙,不克声诘,且(但)犹瞠视不瞑。府君痛哭曰:"两宫未返,公未忍去耶?"仍不瞑,府君益大恸,呼曰:"公所未了,某当了之。"乃瞑。当是时,和议虽成,联军壁津榆不去,天下大局,系在文忠。两宫未还,元臣遽殂,哀音四达,万国震惊。府君纪纲丧事,镇抚京师,电入西安,始拜护直督兼北洋大臣之命。从容镇定,举国晏然。已而,诏任袁公为直督,府君还任布政使佐之。未几,两宫返京师,京师始定。

壬寅(光绪二十八年,1902年),有诏谒东陵,府君叹曰:"谒陵巨典,车驼、徭役,例责诸民。乱后民残,其奚克任?"请饬户部拨库金,商各署减车驼诸役,恤之,皆报可。盖府君官畿辅久,深彻民艰,虽陵役之重,例莫敢渝,而丧乱之后,振(赈)抚之馀,其轸恤遗民犹若此,故畿疆父老,尤重德之。

陵事既毕,朝廷念其功,始诏晋兵部尚书衔、拜山东巡抚之命。府君于是滞监司三十年矣。当是时,联兵壁天津,踞津榆铁道,设都统,治民政,越二年,袁公屡争未获也。府君方入觐,袁公密奏曰:"津榆之事,臣力已穷,环顾诸臣,类多后起,惟周某老成重望,交涉已三十年,为列国使臣所敬服,还津巨任,舍是莫由。"乃复诏与诸使臣筹厥事。府君殚精竭虑,激以至诚,立谈之间,津榆俱复,王畿千里,疆索依然。一时海内贤豪,下逮舆夫走卒,靡不鼓掌欢呼,谓非府君不及此。至今津榆父老,犹叹息焉!

府君之抚山东也,念东省大患莫若黄河,甫受任,即勘惠民县刘旺庄、利津县冯家庄诸漫口,复驰上游,履曹、濮,于济南、兖州、东平诸运河暨小清河诸形势,靡不周巡遍览,相度经营,尝语僚佐曰:"养民之政,莫大乎治河。吾往佐文忠,亲历山东勘河道,即思殚诚瘁力,澹厥沈灾,巨帑未集,吾谋辄罢。今来兹土,誓竭吾怀,愿诸君助我。"于是出海,过烟台,察商务;过威海、青岛,与英、德大臣议交涉;乘胶济铁道;过青州阅防营、旗营,商路矿。甲辰(光绪三十年,1904年)巡视泰安、曹州,勘学堂,筹保甲、工艺,严缉捕,念庚子拳乱萌檗山东而漫延天下也,撰《教务纪略》刊布之,使天下晓然西教之由来,而杜其瑕隙。至六月,而利津薄庄黄河之难作矣。初,东省治河就湾为曲,水流濡滞淤垫实多,薄庄当河道之冲,其势尤曲,不求直泄,患且莫瘳。府君乃上迁民之议,择地建宅,给费移居,所徒至数千家,永除河患。复掉扁舟,循水势,东北入徒骇河,奔流湍激,乃奏陈不塞薄庄、使河流自刷、尾闾出海凝滞无忧,皆报可。又建抛石护堤之法,请款三百万护全河两岸堤防,使无溃决。枢部以款绌,止之。乃就省库通筹,岁加石料,首抛上游险地护之;下游之地,道远石难,则制砖以代。复设沿河电局备险工,由是山东黄河十馀年不闻溃决,民受其赐而莫知所由来。盖府君自任河务三十年,其规画多类此。

德人之踞胶州也,乘威海、旅、连之失,要挟中朝,设总督,驻防兵,视为属地;筑胶济铁道达济南,攫路侧矿山为私业。然胶固租借有限期,非香港割地比也。庚子(光绪二十六年,1900 年)而后,德势日张,益视山东为己物。府君至,外与德总督都沛禄相亲,内则守条约,断断不肯逾尺寸,首奏开济南、周村两商埠,箝制其间。德人知焉,自撤胶济铁路兵,还五矿。府君复筹官款,维峰矿以敌之,交涉之事,寖入范围,咸以此。尝冒雪赴胶入青岛,悲怆时局,托诸咏歌。(诗云:"朔风吹雪海天寒,满目沧桑不忍看。列国尚尊周版籍,遗民犹见汉衣冠。是谁持算盘盘错,相对枯棋著著难。挽日回天宁有力,可怜筋骨已凋残。")府君于是年且老矣。当时日本公使高平见其诗悲凉郁塞,感叹久之,译呈美总统罗斯福,且曰:"胶为租借,有年可稽,周某之诗'列国尚尊周版籍',非虚语也。"罗深韪之。于是列强公论日张,德人之势寖减,论者益叹此诗之作,有深识焉。河患既平,外交既定,复筹巨款,扩高等学堂,设师范学堂,创客籍、武备、巡警、农林、蚕桑诸学校,开教养之原。复创铜元、教养、工艺三局,设官银号为富民之策。虑上情之不能下达也,则设官报局以达之。虑民病之不能治也,则设中西医院以治之。故抚东二载,政绩蔚然,与北洋媲

178

美。

甲辰(光绪三十年,1904 年)九月,始拜署两江总督兼南洋大臣之命。未几,而江淮巡抚之议作,朝旨割江北淮扬、徐海地置巡抚,苏绅哗然,争甚剧。府君审其弊,奏寝之。得旨赴清江廉厥状,乃奏裁淮阳镇总兵,设江北提督,以备镇摄。遂赴通州如皋勘盐场,扩醯利。而上海会审公堂之事起,华洋交閧,几酿兵端,诏府君往勘,安良戢暴,全埠帖然。事讫返金陵,以疾请告归,不许。是岁裁湘军疲弱万人,练新军万数千人,复练巡警千数百人。设武备、法政、师范、女子诸学堂。在宁二载,京察有"办事实心,不辞劳瘁"之褒,交部优叙。

丙午(光绪三十二年,1906 年)七月,诏授闽浙总督,未即行,复拜两广总督之命。广州人繁地狭,患疫频仍,往者英港督谈粤事,谓:"非拓地广新堤,使廛宇扩张,不足驱疫患。"府君忆其言,甫至,即扩珠江堤、设新市局,拓地数百亩,市政一新。中外商民,至今利赖。粤东吏风窳甚,讼狱繁兴,囚禁或十馀年不释,府君悯焉,首严吏治,饬所司清讼狱,不数月,囹圄一空。

丁未(光绪三十三年,1907 年),潮州、钦州土寇并作,驱兵饬将,未几悉平。盖生长兵间,指挥辄当,故能将士用命、动协戎机也。事定,卒以懿亲当国,内政日颓,上疏乞骸骨去。两宫见其老,许之。府君于是年已七十矣。

府君志虑忠纯,服官五十年,惕厉忧勤,视国事如家事。自甲午东征之役,眠食寖衰,而忠荩之忱,老而弥笃。在官,终日治文书、接宾吏,旦夕无倦容,夜分就寝,恒置笔砚枕席间。事之待举,及举而未竟者,或竟夕沈思不寐,既思而获,辄披衣援笔以待旦。为政务持大体,不矜苛细,而规模宏远。任监司久,凡所论列,大府帅辄取施行。自膺疆寄,所兴革皆大端,关系国计民生,利且百世。其见诸章奏,如和民教、禁卖人、变军制、罢科举、辟商埠、广学堂,皆大经大法,治国故者类能言之。而其慎出处、砥廉隅、淡荣利,则有非时人所及知者矣。

晚岁尝言生平遇合,类皆莫之为而为、屡乞病休辄邀升擢、频遭谣诼转荷褒嘉,其迹固已奇矣。辛丑(光绪二十七年,1901 年)而后,主眷益隆,迭邀赐赏,既颁御笔书画、冠服、珍馔二十馀番。在粤七秩诞辰,复蒙两宫赐御书联额、珍奇二十馀事,有非寻常外臣所能幸获者。盖自恢复京畿,重安社稷,其君臣契合,非偶然也。

解组而后,卜居芜湖。国变以还,避地青岛。欧战即起,乃至津门。中间凡五度,奔驰数千里,归省先茔。易箦前一月,先大父忌辰,犹率家人跪拜,奉先之礼,至老不衰。先是,己卯(光绪五年,1879 年)、庚辰(光绪六年,1880 年)间守制乡里,谋葬事,奔劳踰岁,始购一山,棺至,获古墓,亟瘗之,而刊禁以防厥后。旁皇无所,一土人献他地,姑视之,果吉壤,遂购而安大母之阡,即今里中盛传虎形地者。咸以为隐德之报云。及是告归,与族人会议以清明为生育、嫁娶、亡故登谱之期,定族人馂饮先茔之制,免先人茔墓岁久或致遗忘。

见乡里丘墟元气未复,话咸丰兵燹之惨,为之泣下沾襟。捐资修县志、纂宗谱,以纪世变、敦族谊。邑故有研经书院,已捐万金助膏奖,至是复捐数千金扩其地,建高小学堂。又捐四千金,助池州中学,俾本邑诸生得升学之区。咸丰之乱,邑文庙毁于兵,光绪间,曾捐万金复前状,久之,梁榱多蛀毁,复捐金易之。邑绅上皖抚奏其事,奉旨特赏四代正一品封典,貤封高祖父母,乡里荣之。

配先姚吴太夫人,天性慈俭,乐善不渝,晚岁尝言:咸丰间避粤寇之乱,扶老携幼,冒雨雪行泥淖中数十里,夜则篝火炙衣,达旦不寐,每怀往事,辄用凄怆。自随府君宦辙,犹布衣操作,不茹荤者四十年。偶遇灾祲,辄脱簪助赈,尝捐万四千金为"乐济会",以其息济族姻孤贫,有年

180

矣。既没，府君感其谊，乃就芜湖万顷圩，购田二千亩为义庄，以终厥志。其笃于乡党、族姻如此。

光、宣之际，国事日非，改革之声，腾于中外。自念受国殊施，而苦无术以挽之也，则为汗漫之游以自遣。庚戌（宣统二年，1910 年）、辛亥（宣统三年，1911 年）间，纵游河南佳山水，谒周、汉、晋、魏诸帝后陵，及周公庙、二程子祠、邵子祠、安乐窝、朱子祠，游天津桥、白马寺、伊阙、龙门宝光寺及苏门百泉山、孙登啸台诸名胜，遍访前贤隐居之遗迹。之皖，则游黄山、敬亭山、宛陵。之苏州，则游虎邱、木渎、范填、石湖。之杭州，则游天竺。至山阴，谒禹陵，游鉴湖。又观潮于海宁。凡所至，见昔时戎马纵横之地，曾几何时而沧桑再易，感慨系之。丁巳（民国六年，1917 年），北出居庸至大同，揽古昔边塞战征之形势，辄赋诗以寄其怀。其心盖未尝一日忘天下也。庚申（民国九年，1920 年），直、鲁、豫旱灾，及冬，饥民麕津埠，餐宿风露中。府君矗焉，哀之，首命不孝辈捐金治粥厂，收养四千八百人，及春，资遣归田里。今年辛酉（民国十年，1921 年），皖北水灾剧，复纠乡人请政府特任许俊人（案许世英字俊人，与周馥同里）总长专赈事，复捐巨款为之倡；就津设"义赈会"，推龚仙洲总理董厥成。其哀悯穷黎如此。

府君长身鹤立，音吐宽和，不为崖岸。退居后，优游颐养，精神矍铄，转胜在官。今岁元旦，不孝等谒贺起居毕，忽命曰："吾今年八十有五，精力已衰，岁不我与。附棺之事，尔曹早备之，毋忽也。"不孝等闻之戄（懼）然。秋七月，体生红痱。至八月，寒热时形，然动履如常，不自以为病也。九月初，眠食顿减，而医云："脉静神完，无恙也。"府君乃述邵康节先生濒没、横渠先生往视之两公纵谈天命之语，以告家人，谕令速备后事，且谓："生平所历艰难困苦，与安富尊荣，俱臻极境。凡所遭遇，皆非人谋，此天命也。今天命已尽，恋此奚为？"月六日，赋五言律一章，（诗云："天命运已尽,徒将医药缠。长饥不思食,醒卧亦安眠。默数平生事,多邀意外缘。皇天偏厚我,世运媿难旋。")犹自隐几悬腕书之。自是或泻或呃,坚不服药,恬然宁定,闭目安卧。有时命奏八音琴以娱耳,神明朗彻,湛然不衰。家人、戚友或自远来,闻声辄知为某某,略叙一二语以示别离。十三日,因所赋诗中"思"误作"嗜",犹取笔易之。弥留至二十一日辰时,竟弃不孝等而长逝矣!呜乎,痛哉!

府君性嗜学,读书十行并下,过目不忘,终其身未尝一日释卷。笃持宋学,以朱子为归,而不矜门户。归田后,取朱子撰述及各家所著《周易》诸书,反覆研求,嗜如性命。其他十三经、二十四史、《通典》、《通考》、《通志》,及近人所著《新元史》,皆丹黄评点,以所心得识诸简端。下至历代名人诗文集、诗话,旁及道释、星象、堪舆、诸子百家,并近繙西籍,靡不择其精要,纂集成编。晚年辄书程、朱性理论、诸子格言以贻亲旧,或传示子孙。每日率书千馀字以为常,而体画精严,虽年少书家,莫之或逮。尝避暑庐山,著《负暄闲语》二卷,略仿《颜氏家训》,分"读书"、"体道"、"崇儒"、"处事"等门,历述生平力学所得、居官行政之要,及先代嘉言、懿行著于编,盖上述祖德而下教子孙,以世守之道也。平日垂教子孙,谆谆于勤俭耕读,而以仁民恕物为涉世之宗。在官所著,有《通商约章汇纂》、《教务纪略》、《治水述要》、《东征日记》、《海军章程》、奏议,自馀公牍,载入《李文忠奏议》为多。归田后,益究心《周易》,所著有《易理汇参》、《周程张朱语录集要》、《建德县志》、诗文集。而尤嗜古人,其选本于古文则有《历代古文选》,诗则有《古诗简钞》、《楚词简钞》、《历代诗话》、《唐宋金元明诗选》。其尤契者,程明道、邵康节、韩魏公、朱子、欧阳文忠、梅圣俞、苏东坡、黄山谷、陆放翁、范石湖、杨诚斋、陈后山诸家集,皆备选之。馀力则及于词赋,取历代及国朝诸名著,撷其精粹存之,而未尝示于人。其他所读经史诸书,写列眉间,综论绪言,尚数十百种,尚未辑录成书。盖府君学涉渊广,精议入神,有非经生家所能几及,而平生志在经世,不欲以文章自名。观其绝笔一诗,犹眷眷不忘国事,可见也。于是海内遗臣,罗其政绩,最其仁贤,奏诸清室。天子哀悼,特谥"悫慎",以表其行。大总统亲制挽章,遣官致祭。海内荣之。

配吴太夫人,慈祥乐善,奉旨建坊,前十五年卒,享寿七十有三。侧室吴氏、王氏。子六:学海,乙酉(光绪十一年,1885 年)拔贡,戊子(光绪十四年,1888 年)举人,壬辰(光绪十八年,1892 年)进士,历官内阁中书、南河同知、江苏候补道,精医学,著作行于时;学铭,戊子(光绪十四年,1888 年)副榜,辛卯(光绪十七年,1891 年)举人,与兄壬辰同榜进士,以庶吉士散馆,历官四川蓬溪、江津知县,江西按察使,湖南候补道;学涵,勤学未仕,皆先殁。今存者为:学熙,癸巳(光绪十九年,1893 年)举人,头品顶戴,历官直隶通永道、天津道、长芦盐运使、直隶按察使、财政总长、参政院参政、农商总长、整理棉业督办、长芦棉垦督办;学渊,举癸卯(光绪二十九年,1903 年)经济特科,军机处存记,宪政编查馆谘议官,三品衔,广东、山东候补道;学辉,癸卯(光绪二十九年,1903 年)举人,二品衔,湖北候补道,众议院议员,华新纺织公司督办、兴华棉业公司总理。孙二十六,长达,以廪贡承三品廕生,二品衔,分省试用道。曾孙十七,长震良,二品廕生,馀幼读。女三,长适庐江刘文庄公第三子体信,次未字,三适前大总统袁公第八子克轸。

不孝等行能无似,不能继述先人。深惧先人志事散佚不彰,无以备史官之采录,谨衔哀缕述,伏乞当代巨人、长者锡以铭诔,用光泉壤,感且不朽。

(民国十一年〔1922 年〕孟春秋浦周氏校刻本《周悫慎公全集》卷首)

周悫慎公自著年谱①

周馥　撰　　孟繁之　校点

年谱　卷上

秋浦　周馥玉山甫　著

男　学熙、学渊、学辉　　孙　明焯　校字

余向有日记一册，颇多遗漏，今老闲无事，乃检取补叙之，作年谱一册。一生忧勤，碌碌无补，何足称道。虽然，国家大灾大患不能忘也，君父之恩、师友之谊不忍忘也，录示儿孙藏之，俾知终身阅历艰苦备尝，不足为外人道也。

乙卯(1915 年)正月　玉山老人周馥　时年七十有九

余族自唐开元年间，一世祖御史中丞谘臣公访，由徽州婺源县迁居

---

① 整理者案:此次整理，以民国十一年(1922 年)孟春秋浦周氏家刻本为底本;以民国十一年周氏家刻本《负暄闲语》、宣统二年(1901 年)周氏家刻《安徽建德县纸坑山周氏宗谱》及周志辅几礼居抄本《建德周氏简谱》为参校本。

建德之秧田阪。今唐山寺，即余祖宅也。迨六世祖中丞为宪公鏻，复迁本邑东门外之纸坑山。世业农商，无显宦。丁户在唐宋时只十数家，至明乃得百余家。间遭杂乱，谨守先畴，少他徙者。余生于道光十七年十一月二十三日（1837年12月20日）寅时，日者推八字为丁酉、壬子、丁酉、壬寅，许为克家，亦无所指实也。余年六岁始脱乳，我祖父母锺爱异常，我母虽爱，教督不稍贷，每出户游戏，不准至邻舍，有给食物者，非命之受不受。日落后不许外出，祖父篝灯课读，凡《四书》中易解文义，四五岁时皆能通晓。六七岁时，凡乡塾中书，皆读遍矣。先是，余父与袁家山王全某（下一字忘）为莫逆交①，缔为盟兄弟。王某先二年生一子，乳名曰玉京，及余生，佥谓义兄弟也，遂名玉成。嗣王某病故，妻亦殁，伊族人谆托

---

① 周馥《负暄闲语》"祖训"门云：我父幼时为袁家山王某经理商业。东人，长者也，极爱重之，使与其子订为义兄弟。无何，东人死，义兄亦死，我父哭之恸。其族长聚议曰："周某，义士也。今王某父子皆死，仅遗孤寡，周若去，难自存矣。"咸共拜我父前，携其幼子王玉京立于旁谓我父曰："尔不忘亡友，请视此子，今日以后，玉京即尔子。"我父感诺。余年十三，就王介和先生读，见玉京，长我三岁，呼我父为父。玉京多智，有胆识，惟放荡不羁，我父颇以为忧。时有陈姓友谓我父曰："尔辅孺子将成立矣，劳苦十余年矣，有意他游否？"我父曰："弃瘠就肥，为惠不终，非所愿也。"谢不往。逾数年，玉京娶妇，合卺时，余见王姓戚族扶我父上座，指玉京曰："多拜此义父。"后数年，玉京死，无后。我父伤之。适粤匪乱起，避难彭泽九都山中，遂与王氏离焉。我父为人慷慨好义，常为人排难解纷，从无疾言厉色加于人。每教余曰："世人所以多争者，为责人而不责己也。今若有人待我不仁，我不可以不仁报，久之，彼自心服。"余幼在塾中，必使麤（粗）衣疏食，曰："我不能时时教子，惟使其知贫而能耐贫，则庶几矣。"光绪初年，余往袁家山祭王介和先生墓，因与王族议举王玉京亲支王耆祺嗣其后，俾守世业。

余父为抚其孤。王某先有油坊业,势将落,余父念故交不敢辞,逾十馀年,辅玉京复振其业。为之延师教读,聘妻迎娶。又逾数年,我父始辞去,至彭泽九都另谋生计。先是,余祖父名余曰宗培,宗派第三十八世也。嗣因避难,流亡他乡,虑不得归,因改名曰"复",字曰玉山,别字兰溪。盖取余舍后之玉峰山、门前之兰溪水为名。后入李文忠幕,文忠一日手书保奖单,误写"馥"字入奏,遂因而未改云。

道光二十四年甲辰(1844年) 八岁

叔父光徽公抱入塾①,从倪先生晋受业。功课疏懈,晚归祖父课读,读罢讲孝、弟数事,夜分乃罢。至十二岁,日以为常。

道光二十五年乙巳(1845年) 九岁

仍从倪先生受业。先生之父韬,岁贡生,偶到馆代课。先生为木坑山人。

道光二十六年丙午(1846年) 十岁

从南门外附生洪见田先生治受业。早去晚归,午在舅祖余家饭。舅祖家在峰山庙旁,《县志》谓祀昭明太子,今庙与宅皆毁矣。

---

① 据周志辅《建德周氏简谱》,周馥祖父周乐鸣,娶妻余氏,生子三:长曰光德,即周馥生父;仲曰光术;季曰光徽。则光徽为周馥三叔也。据《简谱》,光徽出继乐鸣公胞弟乐祥为嗣,娶徐氏,生女三,无子,以长兄次子周馨——即周馥二弟过继。

道光二十七年丁未(1847 年) 十一岁

族人延西门附生郑紫若先生朝绶到村课读。塾童七八人,功课略进。

道光二十八年戊申(1848 年) 十二岁

仍从郑紫若先生受业。

道光二十九年己酉(1849 年) 十三岁

从元甲山即袁家山王介和先生应兆受业。袁家山距我家七十里,余步行二日到馆。嗣后或行一日到馆,家贫无车马,足茧腿僵,将养三数日始愈。先生与我父至交,先数月谓我父曰:"尔有子读书恐为俗师所误,且尔子性质如何? 能否为士? 何妨见我一试之。"我父欣然,属我往投贽焉。先生初见即许以大器,爱之如子侄,诱掖备至。余后有感怀诗曰:"每逢暮雨常留饭,为念家贫自减脩",纪实也。余到馆之日,先生即属夜宿馆中。惟端午至中秋不夜读,恐伤目力,犹默自温习不辍,余窃自加新课。

道光三十年庚戌(1850 年) 十四岁

从王介和先生受业。是年始能作时文,每篇可满四五百字。每月逢三、六、九日作时文一篇、五言六韵诗一首,限晚餐前交卷。先生间一日讲《论语》二三章。

咸丰元年辛亥(1851 年) 十五岁

仍从王介和先生受业。

咸丰二年壬子（1852年） 十六岁

仍从王介和先生受业。是年凡乡村有请先生作祭文、书札等件，先生属余代撰。

咸丰三年癸丑（1853年） 十七岁

仍从王介和先生受业。时于功课之外，作诗、赋、杂著。是年正月，粤贼洪秀全自武昌东下，安庆失守。时余应县童子试，第一场毕事，第二场省警信至，仅试一文而罢。出场时，市人逃尽，家家户上新年所黏门神，皆撕灭净尽。八月二十六日晨，洪贼党率民船多艘，奄至尧渡桥下，登岸掳掠，城市财物殆尽，妇女有殉节者。十二月，授室吴氏。

咸丰四年甲寅（1854年） 十八岁

仍从王介和先生受业。先是，贼党派伪官到县安民，名曰监军，即知县也。令邑民一万二千五百家立一军帅，二千五百家立一师帅，五百家立一旅帅，百家立一百长，二十五家立一两司马，仿《周官》制也。①民不服而勉应之。建德上、中、下三乡，每乡议立一军帅，兼催征、和讼、供应、兵差等事。八月，有统兵道员徐荣自徽州来，伪监军遁。县官谕劝城乡举办团练御贼。贼自东流进攻，已御数次获胜矣。时余自袁家山归家，见徐道出示有"调兵他往、另派某守建德"等语，心疑其诳，遂急回袁家山，见我父，力陈迁家避难之策。父许之，谓乡团力薄，纵十战十胜，一败则鸡犬不留矣。因速归奉吾祖父以次，奔往后河老屋棚许家。住数日，贼破

---

① "两司马"，官名，语出《周礼·夏官·司马上》："二十五人为两，两司马皆中士。"即指管理二十五个兵的军士。《太平天国·太平军目》（中国近代史料丛刊）："两司马管五个伍长，共管二十五人。"

城,恨邑民办团练御贼,焚杀三日,烟焰蔽天,兵民死者数千。自东门至尧渡街,市廛尽毁,知县王开诒、委员严国佐等死之。余闻贼退,即回视本村,老病未能远避者,幸俱无恙。时贼未至我村,故未受害。余进东门,出南门,过尧渡桥至街头而回,沿街火尚熊熊,墙壁欲倒未倒,尸横遍地,有尸被焚不辨面目者。逾月,贼复派伪监军至县安民,仅免焚杀劫夺而已。

咸丰五年乙卯(1855年) 十九岁

在本族训蒙。

咸丰六年丙辰(1856年) 二十岁

在本族训蒙。

咸丰七年丁巳(1857年) 二十一岁

在本族训蒙。秋,以贼兵过境日多,民间无力供应,余家亦败莫能支,遂奉祖父母以次,避乱彭泽九都之宁家湾、北冲、报科滩等处。

咸丰八年戊午(1858年) 二十二岁

在彭泽九都洪家训蒙。

咸丰九年己未(1859年) 二十三岁

在本邑袁家山训蒙。时贼氛四逼,一夕数惊,祖父母以次,皆寓九都宁家湾山中。彭泽贼自北至,而建德贼又自南至,全家崎岖山顶,竟日不得食。余曾褓负大儿学海上梅岭,跋陟数十里,目睹贼山下杀人掳物,幸未被追及。

曾祖周馥

咸丰十年庚申(1860年)　二十四岁

以彭泽九都乡勇屡与贼战,恐一旦败衄,民无噍类,①预筹出山避难之计。②时彭泽、东流两县城已为湘军水师克复。先是,贼掳民船数万艘,至是皆朽窳弃去,及官军水师至,贼无一船抵御,望风而溃。余出山,间关至彭泽一游,无所遇,又至东流县,邂逅湘军周姓某,为我荐至祝姓营

---

①　"噍类",本意指活着的人,语见《汉书·高帝纪》:"项羽为人慓悍祸贼,尝攻襄城,襄城无噍类,所过无不残灭。"颜师古注引如淳曰:"无复有活而噍食者也。青州俗呼无子遗为无噍类。"后引申为一切活物。

②　此番出山,可谓改变了周馥及整个建德周氏家族的命运。对于此番出山经过,周馥在《亡室吴夫人传》中有详细说明,文云:"夫人吴氏,安徽建德县尧渡街人,年十九归余。适值咸丰三年(1853年),粤贼洪秀全陷大江南北,全家逃避山谷。时我祖父母、父母在堂,饔飧不继,夫人负薪汲水,艰苦备尝,卒得老人欢心。逾数年,贼氛益逼,远徙江西彭泽县九都山中。一日数惊,仍往复奔窜,甚至白昼匿草树蔽身,夜归炊煮一食,天未明复陟高岭,望贼烽未至处,辗转绕避。有时由山北奔南,而山南贼复至,乃徘徊山巅,竟日不得食。如是颠困复四年。时流寇、土匪蜂起,大山外数十里皆贼,土人练乡兵扼隘自卫,岁数十战。吾父日筹所以远避之策,奈何无路可出。我祖父母、父母每涕泣相告曰:'与其走山外纷散而死,不如全家聚此而死也。'余闻之,心痛如捣。一日,密谋夫人曰:'乡兵即百战百胜,尽能自守,一败无噍类矣。此垓心(案指重围之中)可以久处耶?不逃必死,全家逃亦必死。我年壮能耐劳,拟乘身间道出山,倘能觅地避乱,当设法陆续挈家往。但此计如白老人,必不忍我去。将奈何?'夫人沉思累日,乃言:'事至此,无可如何,然不可不告。君可留一书,力陈此意,俟出门后,我当上呈禀慰之。'余彷徨中夜,叩天卜之,三卦皆乾,心异之,遂决计行。出门时,夫人携长子学海、负次子学铭,送余山外半里,诀曰:'生当再见,死则相逢地下矣。'挥泪而别。咸丰十年正月也。"

190

官处帮办文案,并授其子读。五月,湘军克复枞阳,遂驻枞阳石堡中。十月,我父过枞阳,看我并拜祝营官托之,因留住数日。十一月,粤贼大酋四眼狗即陈玉成,率党十馀万来攻枞阳,欲解安庆之围。时围安庆者为湘军道员曾国荃,水师则杨载福、彭玉麐、李成谋诸将也。守枞阳统领为韦志俊,广西人,乃伪北王胞弟在池州投诚者,仅带五营二千五百人扼水而阵。余凭垒观,四眼狗驻高山上,用铜角号令诸贼兵,进退分合,颇有调度。我军出战,死伤数百人,遂不敢复出,水师乃拖船入湖遥击之。余与诸军日夜凭垒守御,目不交睫者十馀夜,有人劝余曰:"尔教读师也,可辞归。"余以营员待我厚,不忍临难舍去。至十二月底,贼知难攻,亦不挑战,遥相守望而已。十二月,我父来信,言我祖父母望我归甚切,遂请假归。归路沂江,由香口登岸,沿途贼踪未净,昼伏夜行,十馀日始至九都。时安庆省城为贼酋张潮爵据守,不肯降,大江中贼无水军,城上贼兵惜子药久不放炮,官兵亦不便越江攻城。惟盐粮百货,须得商贾贩运,以济军民之食,因令每月逢五、逢十等日,上游水师舢板自黄石矶护商船而下,下游枞阳亦派舢板护商船而上,皖城贼凭堞观望而已。自咸丰九年至十一年克城之日,月以为常。四眼狗于次年正月,在枞阳河上游搜索民间木板,扎筏偷渡援皖城,经湘军力战阻之。先是,湘军虑冬令河湖浅涸,雇民夫于枞阳江口筑一大坝拦之,使上游水涨河宽,将舢板、炮船拖过此坝,故枞阳上游易于守御。枞阳乃桐城、潜山两县之水口也,贼经此次击退之后,遂遁。

咸丰十一年辛酉(1861年) 二十五岁

正月,在彭泽九都,面禀祖父母、父母,以九都危险,必求避地之策,久困此,同归于尽。涕泣道之。余父以为然,祖父母无言,意谓倘得外迁固善,不得外迁,与其骈死于此,不如使少壮外逃,冀留后裔也。二月,复至枞阳,旧友多离散,余不欲留。四月,复回至建德,买茶至芜湖卖之,取其息作川资。沿途多阻,有旧友留余于三山峡,以事不合,旋去。八月,道员曾国荃率官军克复安庆。先是,贼粮尽援绝,饥困已数月,官军暗约守城贼兵开城门迎降。官军进城时,贼与民多饿踣于地,急煮粥散之。冬,大雪,钦差大臣、两江总督曾国藩派员煮饭,担送各贫家,沿户赈济。十月,余至安庆,十一月入李相国营。相国初不识余,因见余文字,招往办文案。时李相国以延建邵遗缺道,总理淮阳水师,其统领则提督黄翼升也。先时,江督曾国藩由祁门移节安庆,李相国先在曾公幕中,时苏、浙两省失守,曾公遵朝旨,密保左文襄抚浙、李相国抚苏,故相国收罗人才,将欲统兵由江北陆路东下,驻守镇江,一面会同冯子材提督,防御金陵下窜之贼,一面规复苏州。

是年十一月,接家书惊知祖母余在彭泽九都寿终,痛哭累日。不能归,但设奠遥祭而已。

是年建德复陷于贼。自咸丰三年以后,贼来往江西,必过建德,盖屡复屡失矣。

同治元年壬戌(1862 年) 二十六岁

正月,李相国驻营安庆北门外,余入营办文牍。时人多以江北巢县,下抵浦口数百里,皆粤贼重重守御,南京尚未收复,虑事不济,先许从戎者临时多辞退。二月,苏绅钱鼎铭等至皖,言上海可守可进攻,且易筹饷,迎李相国乘所雇英商轮船至沪。于是江北陆行之议遂罢。当轮舟过金陵时,南岸下关、北岸九洑洲各贼,凭垒观望,余与军士六百人同匿舱中,不敢露面。相国抵沪,驻营东门外建汀会馆。时相国接江苏巡抚印,所统新招淮军只铭、鼎、庆、树四营。江督曾公先与“开”字四营,即程学启所部,又拨湘军六营。初到沪时,贼氛逼上海城十馀里,城北租界洋员练洋枪队名"常胜军"三千,保卫租界,饷由华商捐助。洋员气颇骄,一日有洋官请相国出兵助战,相国以兵未至齐请缓之,洋员怒形于色,军士皆忿。相国曰:"彼轻视我者,料我力不能战也。必我自能整军、进攻、却敌、复地,不邀彼助,彼自然敬服,听我调度。徒争闲气何为?"后卒以此取胜,英将戈登带常备军颇用命立功。

是年十一月,接家书,惊知我父八月二十一日在彭泽九都弃养,遂请假归赴九都,扶我祖母、我父灵柩回纸坑山安葬,复迎我祖父、我母回纸坑山故里。妻吴氏携长子学海、次子学铭随至。先是,近县城五里,民屋皆被贼撤作营垒,祖坟林木尽伐,我旧庐亦毁,旋茸草屋数椽,嗣又被毁。至是,安庆省城收复,皖江两岸无贼,居民稍稍归来。我祖父费钱五千文,买瓦房五小间于数里外,运至纸坑山起造。价钱如此,因民避乱初归,无以糊口故也。

同治二年癸亥(1863年) 二十七岁

二月,葬事毕,劝我祖父、我母安居故里,复往上海。道过安庆,候附洋商轮船东下,旋闻南京贼大队十数万人由江南岸西上,已麕聚池州一带。急遣人星夜回建德,请我祖父以次,速逃过江,至安庆避难。我祖父得信,即行迁道,走梅山至詹村,过湖附江船抵安庆,已逾半月矣。未过湖之先,连日大雨,我家老幼夜息湖民茅檐外,饥困已极,忽传贼至,计无所之,幸舟子勉遵其母命,渡我家老幼。而北抵北岸时,望见南岸贼队搜杀掳劫,哭声振地矣。此我家十馀年来逃难之末次也。我祖父未抵安庆时,我已离皖赴上海销假,先托洪姓亲戚于西门外为租地,茸草屋数间,暂资栖止。我时由上海寄银接济家用。至是,始免奔窜之苦。

是年,贼大队十馀万人,自金陵上窜江西,闻欲遁回广西老巢,因沿途官兵截阻,遂逗留建德、彭泽一路,自二月至七月始退。居民避栖山谷,粮食被掳净尽,田地失耕,死于刀兵、饥寒者数万人,向来避居彭泽九都、宁家湾等村,皆为墟矣,鸡犬无存。后乡人谓我云:"尔祖母、尔父殁于九都,不及外迁,固属憾事,然尔因此扶柩回乡,弃九都不居,得免于难,岂非大幸?否则,全家尚能存耶?又尔移家回建,若非尔预谋避地安庆之策,则全家亦不能出建而尽死矣,此殆冥冥者有以默佑之也?尔迁地避难之愿偿矣!尔祖母、尔父之灵亦慰于地下矣!"余闻此言,益增悲痛,细思十馀年屡经大险皆得逃脱,殆祖宗忠厚积德之报,有以上邀天眷。第一次,咸丰三年,先期逃往后河老屋棚;第二次,咸丰八年,在九都,先二时登山,贼追不及;第三次,由九都回建,夜行遇贼盘查旋释;第四次,即由九都移家回建,并预筹由建逃往安庆也。托庇先人,厚邀天眷,愧小子禄不及养,无德显扬,有以酬报万一也。

略记戚友避难情形:

袁家山王介和先生先数年卒,先生一妻二妾及家人等皆死于山上,莫知骸骨所在。二子逃出,幸存。

余族中贫富数十家,皆死于战、死于饥寒,其归来者,仅孤寡十三家。

余少时同学十馀人,仅存一人为王德暹,后来金陵,见余云:伊被贼掳,拷逼索银。伊答家实无银,贼用香火夹两肋烧之,血流于地,痛晕欲死,诡云:"我有兄在某山有银,我引尔往取。"贼信之,两手反缚,以绳牵其发行,过小溪,渴甚,遂跌仆溪旁饮,饮毕,张目曰:"我言我兄有银,乃诳尔也,可杀我。"贼怒,以矛向颈后刺之,血自喉流如注,彼亦瞑目待死。少顷,贼去,彼开目视水流瀮瀮有声,心疑死耶非耶。如是又逾一日,其寡嫂乃跛者过岸上,伊见之哭,嫂谛视良久曰:"尔我弟耶?"为解其缚,大哭,扶上山。时山坞中农民逃尽,麦将熟,摘麦穗熬之充饥,伤竟

194

愈。盖矛刺颈时,贼在岸上向下刺之,矛尖由颈顺皮内转出喉前,未损食气嗓也。

德暹又言:同学名永配者,父被掳,母哭之,痛投塘死。二弟幼稚,亦随母赴塘死。永配在山上数月,食草根,仅存一息,贼退,回家染疫死,全家绝,无后。大凡兵后,归家染软脚瘟死者十之三四,遭恶兽攫噬者又百之一二云。时流民初归,盖草棚栖身,无门钥,即县城亦多日无门扉。

余幼同学在乡、在城者约共四五十人,在本村及九都训蒙约十馀童,皆遭兵死。

王玉京之寡妻周氏,回母家遇贼不屈,贼割其乳死。余为其立后、请旌。

余曾见彭泽瀼溪港人某,泣诉伊出门三日,家十馀口闻贼来,皆投水死。贼见之大呼曰:"勿投水,我不杀尔。"人不信也。十馀年来遭粤贼难者,苦难尽述,聊志一二事,可概其馀。

是年九月,李相国以淮军屡捷,奉旨保奏各营将士,余以文童列保,以从九品留江苏补用。时余已捐监生,相国未知,误书文童字样,后请咨部更正。

是年秋,淮军克复苏州,李相国驻节吴园(即拙政园,今改八旗奉直会馆)。冬季,余由上海大营至苏州,时天寒无炭火,日夜理公牍不懈,遂得咳嗽病,久乃愈。

先是,苏州城外贼营全被淮军攻毁,贼遂投降,后戮其渠魁,解散胁从,资遣难民回籍十馀万人,并发牛、种,招集流亡垦荒田。时常州一带人相食,溧阳陈作梅先生鼐时往相国幕,赞襄其事甚力。

同治三年甲子(1864年) 二十八岁

曾祖周馥

三月,随李相国往攻常州。时苏州虽复,而常州贼坚守不降,或谓因苏州降酋被杀之故。相国调铭、树各军围攻数月不克,相国遂自督师,以巡抚印交余,余棹小舟后随。相国有时追贼数十里,数日不知驻营何处。一日剿贼青旸镇,阵掳贼千馀,谓余曰:"是皆阵前败降者,闻各军所俘多杀之,尔为我戮其半。"余领命退,徐思此贼究是降虏,安可尽戮,遂夜索薙发匠十馀人带锅温水以俟,届时一一提讯,惟将广西老酋及曾充官兵降贼不逃者戮三十馀人,馀皆薙发、各给米一斗遣之。别有降贼数百聚一处,亦应归余讯办,拟讯此处毕再讯彼贼,孰知被某营官尽杀无遗,幼童亦被戮,余痛恨之,后某营官遭恶报死。

当攻常州时,余随相国驻军城外高原。我军用开花炮攻城,城已塌,天晚,炮弹将尽,遂止攻。而贼连夜以草土叠砌,高厚如城,逾旬再攻,城塌,各军拥入,尽诛之,惟妇孺未杀。四月初六日也。六月,湘军克复金陵。九月,李相国至金陵监临乡试,余随赴金陵乡试,未售,复随相国返苏州。时曾公督两江,以金陵初复,人民凋敝,奏补行乡试,欲借两江士子聚集,俾广招徕,并裕小民生计。时流民归者十之五六,较太平时才十之二三耳。旗营兵房全毁,城市民房存不及半,明紫禁城内片瓦无存,城北一望荒芜。余游半山寺,见一旗妇,约十八九岁,言咸丰三年粤贼破城时,旗兵男女万馀人尽戮,伊年才数岁未被杀,今剩彼一人而已。余见明紫禁城墙犹带紫色,高宽如故,殿陛长石有紫色数点,俗传明永乐时成祖割方正学舌血迹也。[①]

又见伪天王府,四面黄墙,高二丈馀,盖取旧总督署而扩充之。墙用城砖,闻皆掳妇女挑运。大门前二吹鼓楼犹存,大堂如故,两檐柱硃漆彩画,各雕二木龙缠之,中楹上悬直匾,嵌金字曰:"真神荣光殿"。大堂后

---

① "方正学",即方孝孺,"靖难之役"后被成祖所杀,死后被灭十族。

穿廊如故,又前立直匾嵌金字曰:"真神某某殿"。二堂以后,屋全焚,验其残墙,似分左右二区,每区大楼五层,高约八九丈,深数丈。余问人云:"最下一层安从受日光?"曰:"终日燃烛。"伪天王府中执役皆妇人,无一男子。厨房在大门外,每日厨役挑菜饭至大堂后,由妇女接挑上楼云。楼前各有石船二,长约八九丈,石船上有木房,已毁。后园有小石山,山有洞,军人告余云:"洪秀全尸用红绸裹藏洞中,湘将李臣典取尸焚灰,和以火药,入炮轰散矣。"山极小,旁有小树十数行。闻官军在太平门南,俗称龙脖子,穿地道用火药轰城,坍三十馀丈,众兵一拥而入。贼望见犹在伪天王府,后聚数千人欲前拒敌,见官兵上城,分西南两路行,不下城,贼惧抄后,遂散,挟伪小天王洪福瑱,由通聚门出奔,后逃至江西,为统领席宝田擒获正法。

南京流民归来,及乡试士子初至金陵,皆莫辨行径。曾公因饬善后局于各街口竖一木坊,书曰"某某巷",且属人制船,游秦淮不禁燕乐,然游者甚希。金陵城内设十馀局,分段巡缉盗贼、清查房产,兼理词讼等事。

冬寒,曾公为粥以食穷民。其大绅、妇女,则准其派人数日一领米而归,免其赴厂。

同治四年乙丑(1865 年)　二十九岁

李相国署两江总督,余随至金陵。时捻匪未平,曾公奉旨赴淮上督师,李相国以淮军连捷功,奏保将士,余亦滥邀列保,奉旨以知县仍留原省补用并赏花翎。先一年,曾保县丞,经部驳,复奏照准,至是以县丞保升知县。旋又以克复苏州、省垣功保奏,奉旨以直隶州知州留于江苏补用。

是年九月,接家书惊悉我祖父于八月初十日弃养,请假回建,守制安葬。自伤重闹连年见背,禄不逮养,伤痛罔极,拟终身布衣蔬食,不复远游。百日后,我母促之出山,曰:"尔祖父今年八十一岁,耳聪目明,病卧时望墙上报喜帖欣然曰:'我愿见我孙作一任好知县足矣!'言犹在耳,尔勿懈志。尔祖有灵为神,有某处人扶乩,曾降坛云当冥冥中助尔,且日夕望尔显扬也。"

同治五年丙寅(1866年) 三十岁

复至金陵销假。桂芗亭观察嵩庆请余襄办金陵善后工程事。溧阳陈作梅先生鼐最善余,向相国言:"金陵善后工重,宜委周某助之。"相国委余综核工费,友人裴浩亭大令大中曰:"局有督办,复派综核,非便也,不如专办一工,与委员分劳。"余从之。

同治六年丁卯(1867年) 三十一岁

襄办金陵工程局。时朝旨调曾公回两江任,授李相国钦差大臣,督办剿捻事务。余以经手事未完,不得随行。

同治七年戊辰(1868年) 三十二岁

曾公以余办善后工微劳,谘请李相国汇保,以知府留江苏尽先补用。

同治八年己巳(1869年) 三十三岁

仍随办工程局。

同治九年庚午(1870年) 三十四岁

正月,两江总督马端敏新贻,派余总办江安粮道河运事宜。先是,咸丰五年,河南铜瓦厢决口,黄河行山东大清河,即济水故道也,清江浦黄河故道已涸,漕运久停,至是部议以江安漕粮试运。余见主事者无条理,遂力辞不往。是年,漕粮竟未抵通州坝。三月,上句容宝华山养病。五月,游常州、苏州,至上海,为沪道涂朗轩观察宗瀛所留,密禀江督马端敏、苏抚丁雨生中丞日昌,派办筹防捐局,力辞不获命。

同治十年辛未(1871年) 三十五岁

李相国由湖广总督调督直隶,函招赴津面商公事。三月,航海北行。抵天津,李相国遂援曾公督直时奏调十贤员之例,奏保余留直补用。时派筹划西沽筑城事。六月直隶大水,八月会同永定河道李藻舟朝仪、道员祝爽亭垲、知府徐季贤本衡,筹办堵筑事宜。是年迎我母至天津侍养。

同治十一年壬申(1872年) 三十六岁

堵塞卢沟桥石堤五号决口事毕,奉旨以道员留直隶尽先补用。是年九月,筹办堵筑永定河北下汛十七号决口大工。十月,送我母回建德,至临清州,我母促我回津。

同治十二年癸酉(1873年) 三十七岁

秋,会办永定河南四汛九号堵口大工。九月,奉旨加按察使衔。是年春,朝旨以山东巡抚丁宝桢请挽河复淮徐故道,东河总督乔松年以故道久淤难复,相持论奏,不决,遂请廷推大臣履勘。上意谓廷臣无谙河务者,询李相国昔年在黄河南北岸剿捻,往复多次,当熟悉情形,饬据实奏闻。相国以剿捻时军务倥偬,何尝留心河务,密询于余。余曰:"此非细勘地形水势不能决也。"相国乃派余往。二月由天津大沽海口乘帆船入山东利津口,沂河而上,查勘铜瓦厢决口,及下游淮徐故道情形。抵汴省,复由卫辉府沿流而下,南过朝城县张秋镇、济宁州汶上县,查勘运河一带情形。回津谒李相国,力陈黄河不能南行之理,因代拟奏。奉旨照准,且谓所奏事理详尽。文载《中兴奏议》及相国集中。惟原拟请特派大臣办理山东黄河事宜,相国未据入奏,仅请饬东抚酌办堤工而已。知工巨任重,当时难其人也。

同治十三年甲戌(1874年) 三十八岁

春、夏,办天津入海减河(俗名金钟河),奉旨加二品衔。又办北运河筐儿港减河。十月,办通州潮白河堵筑事宜,并设文武汛防守。金钟河本小沟,上下不通大河,时天津道丁乐山寿昌创议:"上自天津贾家桥,下至北塘,开大渠以泄溢涨。"余曰:"水至天津始泄,则四面已成泽国矣。不如就南运河之南、北运河之北,于两河上游减之。"相国已先允丁议,不便改,许俟后办。逾数年,提军周武壮公薪如盛传开兴济减河,下灌小站垦田数千顷,至今大利,即余创议劝其行屯田之策也。武壮任事之勇,纳善之诚,世罕伦比。

筐儿港减河乃泄北运盛涨者,自道光中叶以后,水由中道旁溢,官不之堵,时连年大水,武清东乡村庄数十里积潦不消,民尤苦之。相国属余筹办。余细勘旧减河槽淤高,必别辟一路入塌河淀,而来水势大,若循例挑一沟,而以挑河之土分筑两堤,其中容水无几,势必复溃。适有居民聚议此事,有一少年曰:"必挑河两道,中留平地半里,而以挑南河之土筑南堤,以挑北河之土筑北堤,水小则走两河槽内,水大则中半里河滩足以容矣,水退我尚可种滩地。此上策也。"众嗤其多言。余乃采其议行之,并丈量旧减河身淤高之地,酌收地价、给照,准民永种为业,工遂成,且为订定善后章程。

光绪元年乙亥(1875 年) 三十九岁

正月,赴吏部引见。时上冲龄践阼,凡引见人员,皆派大臣验放。先一年,李相国给余引见费五百两,周薪如提军盛传又赠五百两,而部吏驳阻,索费太巨,遂出京未办。至是有友人为之斡旋,乃得了引见案。

是年秋,办永定河南二大工,吏部从优议叙,加一级纪录三次。生平得邀议叙颇多,皆例保也。夏,赴通州防汛。先是,冬令堵筑工毕,而顺天人员有未遂其贪欲而忌之者, 私虑大汛至被其盗决泄忿, 遂自请往防汛。七月水大涨,一夜长一丈三尺,堤尾漫一口,旋即堵合。当盛涨时,兵民请余祈神助,余不信此,而愚民难喻,遂焚香叩祝,然报涨者不已,余惟专恃人力耳。

是年,会同长芦运司如山冠九、津海关道黎召民兆棠、天津道刘崑圃秉琳,办理海防支应局。相国面谕曰:"会办此局虽四人,专责成周一人驻局经理。"时部议建设北洋海军,岁拨各省协饷三百万两,逾一二年后,各省欠解渐多,仅收一百馀万两。

光绪二年丙子(1876 年) 四十岁

办东明长坦、开州黄河南堤工毕,与傅励生别驾诚游曹州、定陶、巨野,过兖州,曲阜谒孔庙,登泰山。

光绪三年丁丑(1877 年) 四十一岁

与清河道叶冠卿观察伯英,查勘滹沱河。由平山、正定、藁城、栾城,赵、深、翼三州,过任邱、文安。至天津,力陈滹沱不能分水南行。事载《畿辅通志》。三月署永定河道,五月卸任,仍回海防支应局。

光绪四年戊寅(1878年) 四十二岁

正月,接我母书,言念我切,望速归,遂请假回建。六月十一日,我母弃养。伤哉痛哉,我母一生艰苦,享寿仅六十二。自伤禄不逮养,从此无意出仕矣。先是,我母久咳体虚,乡曲无良医,我遍觅医书,日夜研究,投以清润之剂,已渐见效,乃庸医误投燥药,谓可去痰,病遂加重。适第三儿学涵,乳名安瑞,患温症,医者误以伤寒治之,病已深,且谓渐愈,余复以治寒药投之,遂不起。安瑞于四月十七日病故,年十六矣。我母哭之痛,自此减餐,体益羸,一日痰厥不起,痛哉!我痛乡无良医,误死者多,屡刊方示人,无济于事,欲为永久医院施诊施药,恨力不继,他日子孙为我偿此愿,胜于诵经念忏超度先人万万矣!

安瑞儿故后,我哭送其柩葬于本山段家岭,我祖父母、我父之旧茔下小坡。初以为地高略少水患,逾年起迁,乃知圹中水满,因钻柩底前后角二眼出水,送邓家山虎形祔葬我叔光禄公棺之右。世人不知择地,误以凸处无水,误矣。

光绪五年乙卯(1879年) 四十三岁

时相地年馀,略知其术,始悉纸坑山内先葬祖父母地、葬父地皆有水患,乃先谋地迁之。购地时与人开诚交易,不设机心,且剔除六十里外之地不买,大族旁近之地不买,阖族公共之地不买,价过昂者不买。尹耐圃地师谓余太拘滞,恐事难成。余曰:"凭心地,尽人事,听天缘。"闰三月,迁葬祖父母于城南四十里之马鞍岭(秧田坂西二里,大土名周家山),寅申山艮坤向,正穴土与旁土同赤色,但较坚润。又迁葬我父于城北二十里之沈家山(查册桥东五里,沈姓上首),甲山庚向,穴土有白量

202

外裹以黑土。迁葬我叔父光徽公于城东十里邓家山虎形山，子学涵袝葬，亥山己向，穴有细土深一尺，宽仅三尺，其馀软石色黄，形家言高山无土穴，外证有凭，内土虽薄，不敢弃此地不葬。

四月，走贵池，谒亲家刘芗林含芳祖墓，游九华山，至大通。抵上海，向亲家沪道刘芝田观察瑞芬借贷五百两。归舟过苏，访南陵何子永先生慎修，问地理之术。至金陵，卖复成仓屋（此屋后赎回），访孙海岑太守云锦。时海岑署江宁府，旧友也，后联姻。海岑文章、经济为一时冠，历任江督倚重，且精星命之学，曾推余命，终身不爽。过瓜洲栈，徐仁山亲家文达借我银三百两（后并刘芝田款还讫）。是年修复秧田阪之唐山寺。寺为六世祖中丞为宪公舍宅，历代屡遭火燹，旋即修复，香火极盛，咸丰初粤贼复焚之。至是与钞溪山许敬和先生，邀约众村修复。余以唐时祖墓迷失，遂于寺旁建宗祠三楹，每清明约族人往祭，祠中有碑。寺前后山尚归寺管业，馀皆被僧盗卖，但数里之内众山，土人仍称为周家山云。

光绪六年庚辰（1880年）　四十四岁

十二月，葬我母于城北二十里之历山南面枫林岰，子午山癸丁向。先一年，购得张溪镇温姓地，当葬时，掘圹闻有空声，疑下有古冢，遂停不葬，扶柩回建。先一夜，余与尹耐圃梦二村妇诉求勿葬，归途各言所梦相同，共惊异之。余因于原买地作一大冢，勒石永禁再葬。时奉我母柩，权厝于沈家山我父墓下。适有历山武生邓有为者来，言历山地佳，伊家有股份可卖，听择穴焉。余不之信，邓再三力恳，乃与钱十千购一股。此山共有十八股，每股冬令持一刀上山砍柴，因谓"十八张刀"。凡有一股者，即听相地葬坟，但于已葬之坟，三丈以内前后，向不可直对，俗所谓"后不斩龙，前不塞墓"也。余挖土验之，嫌粗燥，置之。逾年，竟未购得一地。余日夜讨论不得其解，耐圃曰："斯地本佳，宜安葬，不可再迟。他日如别得较佳之地，再迁可也。"馀不得已，从之。葬时，余自持锄，挖得吉土，坚细而润，中有白色太极晕，径三尺，外裹蓝色土一层，约厚三四寸，又外裹黄色土一层，人皆言是吉穴，且谓为不葬温姓地之报。余不敢谓，然以为先人安骨于此，永免水、蚁、风、煞之患，于愿足矣，他何敢计也！

光绪七年辛巳（1881年） 四十五岁

二月，两淮都转洪琴西汝奎函招赴扬州，劝余改官江苏。时江督沈文肃公幼丹葆桢有收小金陵城垣之议，洪琴西言他人无能办此工者，余曰："官兴已阑，愿就幕职。且城工太巨，非三百万金能了。况李相国待我厚，我既出山，安可无端弃北而南也？丈夫出处，惟义是视，何计利害！"琴西不能强，遂辞去。适接天津如冠九都转，吴香畹毓兰、邓玉轩藻如两观察公函，奉相国谕，招回天津。四月至津，复奉委会办海防支应局。五月，委赴永定河勘筹事宜。六月，委署津海关道。十二月，相国赴保定，余与美国提督薛斐尔（Rober W·Shufeldt）商订《朝鲜通商条约》。初撰稿首句云"朝鲜乃中国属邦"七字，薛云："如此，应与中国议，有事中国当任其责。"而枢部以朝鲜向来自主，所奉中国者，仅朝贡虚名而已，何必多事，遂改稿为《美朝商约》，令薛自往朝鲜互换；但于《商约》之外，另由中国用公文声明向例、朝贡等事，美国不得过问。嗣英、法等国，相继踵行。此朝鲜与各国通商之始，亦即后来日本占朝鲜之由。

光绪八年壬午（1882年） 四十六岁

奉李相国奏保，钦奉谕旨，补授津海关道。三月，李相国丁内艰，回合肥，粤督张靖达公振轩制军树声来署直督兼权北洋大臣。适天津道吴香畹观察病故，张制军以香畹经手事未了，派余兼署天津道，四月二十九日接印,六月十七日交卸。五月,张靖达委会办天津营务处。先是,天津专设三口通商大臣,因崇地山摧使任内土民信谣,酿成殴杀法国领事馆、焚毁教堂之案,旨派直督曾使相、苏抚丁日昌莅津办结,①遂奏裁三口通商大臣,而以直督兼任,别设津海关道一缺,办理交涉事件。此同治九年事也。创设津海关道缺时,奏明由北洋大臣保奏,请旨简授,兼北洋行营翼长。前任视翼长若兼衔,无所事事,余以从淮军久,与诸将士浃洽,凡营务、海防,皆时为商助,使上意下宣,下情上达。至是朝鲜乱起,靖达遂加委天津营务处云。

六月,朝鲜王父大院君李昰应,字同夏,欲杀王妃闵氏,王与妃俱避匿,军民愤怒。余以机不可误,禀商制军,调登州吴小轩军门,带六营东渡,执李昰应,拘于保定。事平,部议从优叙,给军功加一级。此事起于仓猝,了办亦速,皆余赞助。私谓朝鲜本我属邦,归我保护,凡与外国议约通商、设防、平乱大事,应由上国主持。乃邸枢部诸臣无一敢任事者,尽推北洋,亦不敢辞,几视朝鲜为直隶附庸。故余任津关时,比他员更加烦劳,而朝鲜君臣亦如中国泄沓,②事渐颓败,不可为矣。

是年,法国领事狄隆,援前三口通商大臣崇地山许租紫竹林滩地之约,且言前道邓玉轩已经划界,至是欲并河岸租去,不许我漕船停泊。辩争累月,几至决裂,经总理各国事务衙门取案卷、至京接办,仍不能决,仍退交外办。余权宜设法了之。余生平虑事周密,遇外交事尤慎,鲜为人所持,独是,了前人未结之案,殊费心力,未尝归过前人也。时议收捐,修由天津城东接至租界官路,自捐一万两倡之。

八月,与朝鲜使臣赵宁夏等,议《中国朝鲜商民陆路互市章程》。十

---

① "曾使相",指曾国藩。清代官场,称呼兼大学士的总督为"使相"。

② "泄沓",弛缓,懈怠。语出《孟子·离娄上》。

月,通缉海盗,南至闽,北至奉天,获巨盗数人,沿海商船稍安。

光绪九年癸未(1883年) 四十七岁

二月,越南使臣范慎遹、阮述等来津,以法人见侵,请援兵。数月返国,余款接之。时朝廷无意援越南,但使北洋羁縻之而已。三月,禀立天津工程局,专办修路、浚沟、掩骴诸事。① 是年,捐银一万两,助本邑研经书院膏火。是年冬,长男学海考取乙酉科拔贡。案捐书院一万两,后并入学堂,继捐四千两,皆凑作公益典本,既以典利助学堂费,复使贫寒得使典质救急。

光绪十年甲申(1884年) 四十八岁

四月,法人与越南构衅。法官福禄诺来津议和,德人德璀琳、丹徒马建忠为译员,四月十七日换约,余未与议。五月初六日,因病请开缺,相国未准,批饬在津养病。五月十一日卸事,盛杏荪宣怀观察署。闰五月,法人败盟,攻我广西镇南关外大营。先是,和议成,福禄诺请我撤关外戍兵,以便法兵巡边,相国力拒未允。至是,法兵擅先巡边,见我兵先开炮。朝旨遂令开战,嗣滇、粤、台湾沿边,各军相持数月。福建内河,法船于未开战之先,进口击败我水师,台湾巡抚刘铭传省三尚与力战,余筹兵筹饷助之。当沿海戒严时,余自请销假,奉委赴各海口编查民船、立团,以防有事时济敌也,并画大沽、北塘、山海关、旅顺口各炮台图式奏进。九月,奉旨饬回津海关道任。

---

① "骴",指肉还没有烂完的骨殖。《礼记·月令》:"(孟春之月)掩骼埋骴。"盖指路有冻骨,须掩埋也。郑玄注:"骨枯曰骼,肉腐曰骴。"陆德明《释文》引蔡邕曰:"露骨曰骼,有肉曰骴。"

是年,会办电报官局,创议建北塘至山海关电线。先一年,北洋筹设北京至江南镇江电线,顺运河而南,以事属初创,恐人民惊疑,藉沿堤河兵防护。刘芗林含芳观察督办,工毕,芗林以事属商务,遂辞退,改委盛杏荪宣怀接办。

是年,助建复圣庙工费一万两。

光绪十一年乙酉(1885年) 四十九岁

正月,李相国委办天津武备学堂。此中国创办武备学堂之始。其议发自周武壮薪如盛传提军,其购地建堂,延外国武将为师,派各营弁卒来堂肄业。一切考课、奖赏章程,皆余手订。初,各老将视之不重,后成就将才不少,如冯国璋、段祺瑞等皆是也。三月,日本使臣伊藤博文来津,议约撤我驻守朝鲜"庆"字营兵,且订约以后朝鲜有乱,两国派兵。余未与议。此为甲午中日战祸之伏脉也。四月二十七日,法人复换约,罢战约稿由总署议定。八月,朝鲜大院君李罡应归国。余先使人劝朝鲜王恳奏傅相,亦为乞恩,故有是旨。十月,会议中法商民在越南边界通商章程,纂集历年通商条约成。

光绪十二年丙戌(1886年) 五十岁

正月,会禀立集贤书院,使四方游士有所肄业,先捐二千六百两,购三叉河地一段。四月,禀建博文书院于东圩门外,招学生习洋文,自捐三千两。后,此书院归德国买受。

四月,醇贤亲王巡阅北洋,余随至大沽、旅顺、大连湾、威海卫、胶州澳,助理阅操、议防诸事。[①]

---

① 随醇亲王奕譞巡阅海防,周馥著有《醇亲王巡阅北洋海防日记》,详后,可参。

五月,禀建胥各庄至阎庄运煤铁路。时议诟铁路者上下一词,余惩唐山运煤迟滞,不能以时接济兵船,因就唐山原开运煤小渠岸上废土,铺设钢轨六十里。相国未奏,亦未谘部,人皆为我危,我持理正,无敢斥驳者。此中国商办铁路之始。后醇贤亲王奏建卢沟桥至汉口铁路,派余与潘梅园观察为提调,余未任事。后奏设天津至山海关铁路,余创议详奏,奉旨准行,然恐费重利微,余只办天津至林西而止,其由林西至山海关之路,则由北洋委李少卿观察专办矣。

八月,户部以洋药税厘、箱数不符,奏请严议革职,旋经李相国查明、奏请更正,奉旨撤销参案。

九月二十二日,法商德威尼包办旅顺船坞合同签押。是日,袁子久观察保龄病痹,遂自请督工。十月,往旅顺,撤退袁手所用洋人善威等。十月二十四日,署长芦盐运使。十二月,直隶两司详相国,保荐卓异。

是年,部议以捐买东三省枪炮银二万两,照海防例给奖:长子学海,候补内阁中书;次子学铭,候补刑部员外郎,分江西司;第四子学熙,候补工部郎中,分都水司。①

光绪十三年丁亥(1887年) 五十一岁

正月,到保定,禀商大连湾、威海卫调兵、设防各事。正月十五日,上亲政,恩赏加一级。

三月二十六日,卸署长芦盐运使事,李相国奏明暂缓回津海关道

---

① "都水司",官署名,即都水清吏司,明清工部四司之一,掌理川泽、陂池水利之事,修筑道路、津梁,备造舟车、织造布帛、制作卷契,画一量衡之器。清承明制,所属有河防科、桥道科、织造科、算房等办事机构,并兼掌藏冰、颁冰及坛庙殿廷用之事。光绪三十三年(1906年)裁。

任,派令总理北洋沿海前敌水陆营务处,兼督办旅顺船坞工程。四月初二,奉旨:"着照所请。"四月初六日,往旅顺。闰四月,往山东,之威海卫会商戴孝侯观察宗骞设防各事,又往大连湾会商刘子徵提军盛休设防各事。五月初,回大沽,往北塘、芦台、唐山等处,料理铁路工程。六月,复往旅顺等处。八月,复勘北塘、芦台、塘沽、唐山、军粮城铁路工。

十月初一赴都。初四,吏部考功司验到,堂官验到。初六日,又赴文选司验到。以俸满卓异,由两司办理,常例也。二十四日,吏部以卓异俸满并案,带领引见,奉旨着回任,仍加一级注册候升。二十六日,谢恩,上召见,问籍贯、年岁、在李鸿章营多少年、服官年月甚悉。二十八日,赴鸿胪寺谢恩。十二月初四日出京,赴潮白河平家疃,会同桂礼堂太守本諴诚勘河工。初六,偕潘梅园观察骏德,看昆明湖小轮船。初十抵保定,十九日回天津。

光绪十四年戊子(1888年)　五十二岁

正月赴旅顺、大连湾勘炮台工,二月回津。三月十三日回津海关本任,复随相国勘旅顺、大连湾、威海卫各处工程,并同阅水师操。三月二十九日,奉旨补授直隶按察使。四月,会同海军统领丁汝昌、记名总兵林泰曾、候补道罗丰禄等,议订《北洋海军章程》。五月二十七日,交卸津海关道任。六月,遵旨晋京,十二日召见一次,旋奉海军衙门奏留襄订《北洋海军章程》。承醇贤亲王屡次接见,商定妥协。八月二十七日请训,复蒙召见一次,奉旨准假一个月回籍省墓。长男学海,中江南乡试第二十九名举人;次子学铭,中顺天乡试副榜第七名。十月,航海回籍,过烟台遇飓风,过沪访上海知县裴浩亭明府大中,过江宁拜曾忠襄沅圃制军国荃,访乡先生陈虎臣艾。携长子学海过皖至建德省墓,周恤亲友三千馀金。十一月初四日,过张溪镇,至安庆省城,与学海坐轮船到镇江。过扬州,至清江访淮扬海道徐仁山亲家文达,换车陆行。十二月初四抵津,十三日抵保定接臬司印。

余任津海关道八年,凡直隶一省商务、教案,皆力任不辞。时无电报邮局,恐文报稽迟,每饬州县遇案专人赍送。余一闻民教有争执事,州县力不能了者,遂派员持平办结。中外讼案虽多,第一次卸津海关道任,只剩一二起债案未结;第二次赴臬司任,计津关未结小案只三四起。后十数年,义和团祸作,有友曰:"若使李文忠仍任直督,尔仍任津关或臬司,朝廷不为掣肘,两宫安有西狩之祸?各国又何至索赔款数万万之巨哉?"又有友曰:"尔与文忠有幸福者也。"余诘之,曰:"假使文忠督直,尔为藩臬,必不纵义和团起事,彼时端郡王或将尔与文忠褫戮,尔细思,徐用仪、许景澄、立山、袁昶、联魁之杀,何罪耶?"时人皆谓二说有见。国家事苟至上无主见,用人颠倒,祸岂可胜言耶!

光绪十五年己丑(1889年) 五十三岁

二月,赴天津,往旅顺、大连湾勘工。四月,奉李相国委,会办清赋局事。八月初十日,接署藩篆。九月初赴津,十一月十八日回臬司本任。当署藩篆时,库吏沿例送银五百两,余却之,吏曰:"实任藩司向受一千两,署任则受五百两,此例规也。"余复却之。逾数年,有某署任受之,属员挟别嫌,贿御史参劾及此,库吏将账呈大府查核,大府以此例规,不便揭参,乃以他事劾退署任者。后有人问及此事,余曰:"当时我不窘于用,故不受,非矫廉也。"衰世颓风,相率如此,只得婉言答之。

是年,会同松峻峰椿方伯妥订《清赋章程》,设局督饬州县谕民,报出黑地三千馀顷。十二月,奉旨撤局,遂详请销会办差。先是,户部以直隶旗地迷失甚多,既不交租,又不完粮,不如清查归公,以补缺赋。吴桥令劳玉初乃宣条议办法,相国以藩司松峻峰方伯椿一人难胜,派余助

210

之。后枢邸有与劳不协者,乃嗾旗御史奏撤此局。相国恨之,户部堂、司各官亦恨之。余曰:"此事中阻,不过使小民偷种黑地耳,于国体无伤。若认真办去,未必如原议能增三十万钱粮。"相国曰:"彼辈或迁怒于尔。"余曰:"我之进退,何系轻重,彼但能抑我不升迁耳,不能无端加罪。《孟子》云:'不遇鲁侯,天也',何憾?"相国笑颔之。逾数年,余告病归,复起用,荣文忠询知前此忌抑之故,乃悟某枢与劳玉初宿憾所波及,权枢势焰亦大矣。

是年,计平反案最少,惟开州、定州、祁州等处命、盗案五起。清理十余年积案,有丰润、藁城、景州等处命案四起。审出实情加重者,有定兴、东光奸妇谋死本夫案二起。

余在臬司任内,每年平反案,或由重减轻,或有罪改无罪,约三五十起。间有原谳从轻、谳实加重者,惟积惯强盗与杀人、逆伦等案有之,他案则从宽居多,不翻案加重也。时筦谳局者,首府朱敏斋靖旬太守,及各谳员与司局幕友之力居多,案多不能悉记,略志是年平反案,只得此数。

是年,订隔境缉匪章程,申明命盗迟报罚银章程,改订保甲分段章程。凡直境命案,获犯约十之九;盗案,十之七。顺天府属,则获犯稍少。以事权不一,而顺天吏治又不及直隶也。

凡旗人任州、县官者,在直隶尤多,其政绩多不及汉人。揭参诚不易,且参不胜参,大府亦无如之何。实属疚心,有愧职守也。

光绪十六年庚寅(1890 年) 五十四岁

正月由保定赴天津,四月又由保定赴天津,往阅旅顺船坞炮台,大连湾、威海炮台。六月,赴永定河督办北二上汛漫口大工。时水入南苑,奉旨催堵。七月十五日开工,九月初十日合龙,奉旨赏头品顶戴。九月,赴旅顺验收船坞工程,十月十二日回省。

是年,建议创设永定北岸头工、二工石堤事宜,举道员张毓藻莲芬会办。自此以后,北岸上游不决入南苑矣。

光绪十七年辛卯(1891年) 五十五岁

正月赴天津,四月李相国奏调随同巡阅海军。捐本邑修文庙银一万两。第二男学铭中顺天乡试一百五十三名举人。先是,余订《海军章程》,赏罚各有条例,而将官多不遵行,相国阅操,亦示宽大,谓此武夫难拘绳墨。陆军将士,多昔日偏裨,水师多新进少年,其肯励志图功者不多。又部臣惜费,局外造谣,余益知时事难为矣。一日,余密告相国曰:"北洋用海军费已千馀万,只购此数舰,军实不能再添,照外国海军例,不成一队也,倘一旦有事,安能与之敌? 朝官皆书生出身,少见多怪,若请扩充海军,必谓劳费无功,迨至势穷力绌,必归过北洋。彼时有口难诉,不如趁此闲时,痛陈海军宜扩充、经费不可省、时事不可料、各国交谊不可恃,请饬部枢通筹速办。言之而行,此乃国家大计,幸事也。万一不行,我亦可站地步,否则人反谓我误国事矣。"相国曰:"此大政,须朝廷决行,我力止于此。今奏上,必交部议,仍不能行。奈何! "余复力言之,相国嗟叹而已。后中日事起,我军屡败,兵舰尽燬,人皆谓北洋所误。逾数年,余起病召见,太后问及前败军之故,余将户部撎费、言者掣肘各事和盘托出,并将前密告李相国之言亦奏及,且谓:"李鸿章明知北洋一隅之力不敌日本一国之力,且一切皆未预备,何能出师? 第彼时非北洋所能主持,李鸿章若言力不能战,则众唾交集矣。任事之难如此。"太后、皇上长叹曰:"不料某在户部竟如此,某亦如此。"

光绪十八年壬辰(1892年) 五十六岁

四月,长男学海中一百八十八名贡士,次男学铭中五十三名贡士。

212

殿试,学海三甲第三十九名,以内阁中书用,遂因俸满,截取同知,分发南河,遵我命也。学铭二甲第四名,改庶吉士。时余念家事艰难,生齿日繁,属学海回扬州经理生业,不愿其远仕,亦不愿其宦京曹,告之曰:"官小易增历练,命若显达,不在此时暂屈也。"①

光绪十九年癸巳(1893年) 五十七岁

正月,自保定赴天津。六月,又赴天津。七月,赴永定河,会同张毓蕖观察莲芬,抢堵南上决口。九月,学熙中顺天乡试第十八名举人。时累年

---

① 《建德纸坑山周氏宗谱》卷十六,72—73页,周学铭《赋得柳拂旌旗露未干》诗后,附周学渊志文云:"先大兄澂之光禄,与二兄味西观察同案入泮,祁文恪公世长所取也。大兄善文,初乡试时人谓其必中,乃至第六科光绪戊子(1888年)始中江南乡闱举人。是年二兄亦中北闱副榜。辛卯(1891年),二兄中正榜,次年壬辰(1892年),大、二兄同榜成进士。中间大兄举优贡备取,又举乙酉(1883年)拔贡,二兄亦乡试六次。科名之难如此。大兄先补内阁中书。奉父亲谕,兄弟同客京师,旅费难继,既已通籍,先就小官,恪尽职事,后跻显秩,则学问俱进,建树益宏。是以大兄以中书截取同知,分发南河,旋补扬州府河捕同知,游升知府、江苏候补道。回避,改浙江候补道而卒。生平耽精医术,阐发古籍靡遗,其卓荦之志,经济之才,惜未施展,是可嘅也。二兄能文而善书,当庶吉士朝考时,人皆谓必留馆。适阅卷大臣有与父亲有隙者,黜置二等,然犹在编修、部属之间,乃竟归知县班,籤掣四川蓬溪县。二兄以京师不可久居,遂毅然赴任。旋因政绩卓著,蒙川督奎俊奏,奉谕旨嘉奖。迨父亲擢川藩,回避,改以道员,分发江西,一署按察使,又因父亲署两江总督,改指湖南。宦途之难若此。予兄弟幸皆淡于荣利,视科名、富贵皆身外物,惟互相砥砺,讲求儒者之学。自维累世寒微,今托祖宗馀荫,连翩登第,愧悚已深,责以显扬之义,固未逮万一也。今修族谱,特仿江北某族例,将座师名氏并捡乡、会文登于谱中,俾后世子孙有所稽考。弟学渊记。"

213

曾祖周馥

儿辈得科第,同时入"官"字号者妒之,遂因粤人有请替者,言官参奏,连及熙儿,旋奉旨特派大臣复试,惟熙儿列一等,其馀五人或革或罚停会试,人始知熙儿被波及焉。②

---

② 《建德纸坑山周氏宗谱》卷十六,第83—84页,周学熙自己曾就此次科场案略作说明:"学熙年十六游泮水,十七食廪饩,皆出济宁孙文恪公毓汶之门。厥后乡试,屡次堂备而不第。至癸巳(1893年),年二十九,仍受知于文恪,可谓奇缘矣。闻闱中得卷,击节叹赏。定例:三品以上大员子弟弥封、编官号,向不列房魁,以第十九名为官元。是科同考官十八房,有一病者先出闱,中仅十七房,乃得提置第十八名,时人荣之。榜发,忌者竟以枪冒诬劾,比覆试,奉旨查办,磨勘试卷,按验(验)字迹皆符,乃钦派王大臣在保和殿覆试,派高阳李文正公鸿藻、志伯玙都护锐为阅卷大臣,卷上,钦取一等第一名,于是都下文名鹊起,士论翕然。是科会试卷仍落李文正手,已中,数日,又以经艺有训诂体被抑,自后两科皆荐而未售。总计生平,乡试六次,会试三次,困于场屋者逾二十年,中间幸遇知音如孙文恪者,乃得一领乡荐。殆有数存焉!以视今之入学堂者,三年或五年毕业,即全给出身,其难易大相悬绝矣。爰识之以见科举之累人如此云。自记。"

周学熙自记后,周学渊亦附志文云:"四兄文清新俊拔,人皆谓乡、会易中,乃乡试屡荐,至六次始中,会试已中,因总裁有偏恶训诂者,兄《书经》题文有二句引用《说文》,遂被黜。是时大兄、二兄连年乡、会登第,凡列官卷之子弟,无不妒忌。癸巳(1893年),乡试榜发,御史风闻有他省数人,先于国子监录科时身未亲到,系请人代笔,因具疏揭参,遂并兄名入之。奉旨查对笔迹,不符者三人,革黜。馀三人另覆试,内又有二人以诗文小疵,罚停会试一科,四兄乃独列一等。乃忌者心又未已,又奏:'向例补复试者虽取,只附名三等末,今乃取周某一等,难保阅卷大臣无徇私之弊。'云云。时复试卷已呈军机处,孙文恪谓:'周某录科卷、乡试卷、复试卷俱呈御览,无丝毫弊也。'上遂不问,时人遂不敢复议。四兄会试既得复失,遂无意举子业,由工部郎中改道员,分发山东候补。旋因父亲授山东巡抚,回避,到直隶办理工艺诸事。旋

214

十一月,赴永定河,勘估芦沟桥南大减水坝石工。先是,永定十年八九决,每塞决费多或二三十万,少亦十馀万两,豁粮办赈又数万,历任直督苦之。余曾上治永定改道、抛石诸法,相国以费重招忌难行。至是,廷臣以明年太后六十万寿,近畿不宜见灾,余告永定河道万莲初培因曰:"河高堤薄,水大难容,徒欲挑砂何益?不得已,惟于芦沟桥上南岸建减水大石坝一座,俾盛涨分入大清河,则河患必轻。虽不敢言岁岁安澜,然十年必获八九矣。"或曰:"大清受害,奈何?"余曰:"大清未必同时并涨,即有之,永定易涨易落,减水不过一二日事,且大清河有清水刷沙,不虑淤淀也。"时枢臣请派东河总督许仙屏河帅振祎来永定勘工,为来年力保安澜起见。

光绪二十年甲午(1894年)　五十八岁

正月,赴天津,随许仙屏河帅赴永定河勘工,会同道员窦子桂延馨办芦沟桥减水坝石工。二月,随许河帅勘怀来县合河口建坝事。时中外无识者条陈上游拦河筑坝,因请许河帅奏罢其议。三月,回省办秋审清积案。四月,许河帅奉旨回东河本任,返汴,奏派余管理永定防汛事宜。五月末,石减坝工成,回省清理案件。六月,永定大涨,竟因减水,得免溃决。

先一年,有人条奏开永定河两堤,放水灌田。相国饬各道议,皆畏避

补授通永道,署天津道,升授长芦盐运使,署直隶按察使。光绪丁未(1907年)丁内艰(即生母吴太夫人去世,整理者案),开缺。旋经农工商部奏保贤才,又奏派在丞参上行走。四兄经济之才,坚忍之操,为弟等所不及,将来当大有建树,以裨国家。回溯昔年席帽京尘,劳困场屋,不禁怃然,又不禁辗然而自笑也。因琐记卷末,俾侄辈有所考焉。弟学渊记。"

不敢详驳。余以久延非便,乃独具稿详陈利害,各道欣然同画诺,相国亦深赞之。奏上,奉旨毋庸议,而原上条陈之人探知驳奏系出余手,因诬砌多语劾余,有云"办工不实,溃决不报,及用私人、通贿赂"四款,盖不知余从未独办一工、未用一私人,且不知贿赂为何事也。奉旨交许河帅查覆,乃许河帅据实奏雪净尽,反加褒奖,遂复奉旨派余办石坝及防汛事。

六月二十日,接津海关道盛杏荪宣怀电,传李相国谕,属赴天津,商议日本朝鲜军务。二十八晚抵津,谒相国,始知日本在牙山已击沉我运船,朝旨不待筹议遽宣战,饬北洋派兵往剿。时太后撤帘,某枢劝上独断主战。不问北洋战事如开,需兵几何,需饷几何,急饬北洋派兵往剿,中外大骇。余言:"日人以全力拒我,此次军务,必大且久,宜速撒手备办。"力陈三事:一,请派督师,应奏派刘省三铭传为帅;一,速备兵三万人赴前敌,另备一万人屯后路接应,非一年后不能招练成军,其叶志超原带两千数百人深入牙山绝地,兵力太弱,宜速饬其退军;一,水陆路皆设转运,此时军需全未预备,切勿与战,姑隐忍之,我不与战,敌不越鸭绿江而西也。相国不谓然。二十九日复激切言之,不纳。时某枢请由中旨,迳调度各军,不问北洋。相国无权,亦不便有所言。知事必败无疑矣!

七月二十三日,相国传见,出示电旨,云:"周馥于淮军情事较为熟悉,着即派令驰赴前敌作为,总理营务处,联络诸将,体察军情,将进剿事宜电商该督,不可延误。钦此。"余恭阅毕,不敢辞,即请速回省交卸臬司篆务,以便启程。李相国属俟中秋后启行。先是,有京大僚议举淮军出身、现任三品大员,派赴前敌,帮办军务,意欲相国奏余前往,余力辞,相国曰:"我不欲以此事困尔,仍当营务处可也。"遂奏,奉总理前敌营务处之旨。时有友告余曰:"此役必败无疑,尔往前敌何为?"余曰:"明知必败,而义不可辞也。余从相国久,不忍不顾,死生听之。"八月初一日交卸臬司印务,初六日抵津,初九日与正任浙江温处台道袁慰庭观察世凯赴山海关。时奏派慰庭办理朝鲜抚辑事宜。出关复电，请傅相速派刘子徵盛休总戎，带铭军赴朝鲜安州，以固平壤后路。逾日，虑盛休军不能得力，复电请傅相派宋祝三军门庆速往。十八日患腹痛未行。二十三日抵沈阳，谒裕寿山将军禄、定静村将军安、依尧山将军依克唐阿，并盛京五部侍郎等，知平壤各军已败退义州。二十五日，由沈阳启行，九月初三日在途接李相国电，奉旨派余筹办后路粮台事宜。是后遂专办转运饷械，其营务处名目，虚悬而已。初四日抵凤凰城，与袁慰庭等商议购粮、买车骡各事，电商李相国，旋接复电："不用粮台名目，仍分设转运局，派直隶候补知府王守堃办凤凰城运局，派直隶候补知府梁丹铭办辽阳州运局，应由玉山就近督饬，无须另派大员，等因。"初八日，抵下马塘，晤叶树卿军门，询悉牙山在朝鲜西南海角，三面距（拒）敌，一面距（拒）海，我海军船少，不能往援，遂退，由朝鲜京城之东，绕赴平壤，狼狈万状。时兵队尚未损失。旋抵九连城，晤刘子徵总戎，询知由旅顺乘轮船赴大东沟，登岸被日本兵船来袭，因大战，彼此均有损失。初九日往安东县，晤聂士成、马玉崑、卫汝贵、吕本元诸总戎等，时聂士成将回直隶募勇，志气尚壮，痛言他军不振。卫汝贵、吕本元先由天津赴平壤，马玉崑先由旅顺赴平壤，皆随叶树卿自平壤退抵鸭绿江也。初十日回凤凰城，谒宋祝三军门，时彼已奉旨帮办北洋军务，十二日送宋祝帅赴九连城。此后住凤凰城，与袁慰庭商办转运各事。时鸭绿江西岸上游百里，为伊将军旗兵防守，而旗兵又有别树一帜者。西岸下游，则淮军、奉天军、山东军、山西军，后又添湘军及各省军，仓猝调集，且不归宋祝帅统辖，自来军务之散乱无纪，莫过于此矣。九连城即在鸭绿江西岸，为朝鲜入中国大道。刘子徵总戎扎营数座，若防城然，而不虞上游数十里旗营见敌即退也。子徵军虑敌抄后路，遂全军弃辎重宵遁。宋祝帅营亦不能守，因退百里，驻凤凰城，孰知凤凰城又有他军惊溃，抢掠民财，致焚市廛，可恨也！

九月二十八日，在辽阳州接凤凰城章丞樾电，九连城兵溃，过凤凰城运局，骡马被兵掠尽。余思凤凰城属地皆平冈，无险可守，因于二十九日由辽阳州前赴摩天岭，为扼守东御之计。宋祝帅已退至岭西甜水站，因力陈守岭之议，祝帅谓然。余因在岭收集溃勇，催运粮械。初七日，祝帅催余由岭回辽阳州料理饷械。初八日抵州，又商请宋祝帅南援金州，余任办南路粮台各事。至摩天岭防务，则委聂功亭士成军门任之。十一日，接津电，金州、大连湾失守。十三日，由辽阳州赴营口，是日宿海城县，宋祝帅带兵六千亦至。十六日抵营口，与运局李守毓森筹办购粮、储械、雇买车马各事。二十二日，赴田庄台审度移设转运局栈屋。二十三日回营口，二十四日探报岫岩州失守。二十六日接宋祝帅电，云："二十四日率马玉崑、宋得胜、刘世俊、刘盛休等军直攻金州，城下毙贼数百，我军亦伤亡一百数十人。二十五日正出队时，适有旅顺溃兵逃出，言旅顺口二十四日寅刻失守，各军暂停战。"二十九日接聂功亭军门电，夺回连山关，此关乃摩天岭东小支山也。时余在后，路见由旅顺逃出一受伤将校，曰："旅顺有七将，无统领，意见不一，且海路无兵舰，后路南关岭要隘无炮台，万不能守。"云云。

十一月初五日赴盖平县，谒宋祝帅，商酌陆路移运局添电线等事。初八日回营口，初十日由营口赴田庄台料理设局、接运等事，闻敌已由金州窜入复州。又接聂功亭等电，夺回分水岭。十六日接依尧帅电："十四日攻凤凰城，已抵城下，败回。"十七日海城县失陷，二十一日至双台子料理设局、存粮及添马拨事。二十三日，宋祝帅在钢瓦寨获小胜，撤退刘盛休统领。二十八日拿办土匪。三十日到石山站，与袁慰庭商酌粮运事。石山站亦名"十三站"。时各军无主，亦乏粮械，节节败退，办转运者若将粮送前，恐军败资敌；存后，又难依时接济，煞费经营。且天津军械稽滞不至，迨津海关道盛杏荪卸事，胡云楣燏棻廉访办粮台，始稍应手,而水路已阻,陆运太远,辽河将冻,尤难时渡。各军需马,既代买马,而又无鞍,如山东军之马价,东抚且不肯发。又天津东局所制枪弹不合用,各军不愿具领,其已领者又欲退换,往返车辆多被各军扣留。天津运饷船至营口,见冰块忽至,惊避,拔碇返津,改由陆运,两旬始到。军械、粮饷、转运、采买萃于一身,艰困百折,掣肘万分,然自始至终,余未尝缺乏军需一事,故战事虽败,而将官无可推诿卸过于余也。

光绪二十一年乙未(1895 年)　五十九岁

正月初一日,在石山站,王谷卿观察等文武二十馀人来贺岁。初五日,聂功亭等败贼于陡岭、长岭、楸木庄等处,日晚仍退扎孔家屯,皆小战也。接烟台道刘芗林亲家电,威海之龙庙嘴、鹿角嘴、赵北嘴,戴军所守陆路各炮台全失,日人先由成山抄袭后路故也。初四日,忽得头眩腿软病,咳嗽日重。初十日,西行十馀里,迎吴清卿中丞,留晚饭。十二日,送吴清帅至篱笆房,小坐回石山站。吴清帅时任湘抚,喜练枪队,能命中,自奏愿往督师,人服其忠勇,惜其不谙前敌情势。十四日,烟台来电,威海鱼雷艇冲出者俱被敌毁。先是,朝旨饬保护海军,丁汝昌遂不敢战,且因部饬三年内不准添一船、械,大东沟一役之后,药弹已不足用,至是困守威海卫澳内,日本兵船环守堵之,不得出。后有旨饬其赴南洋,而已不及矣。鱼雷艇知必同烬,遂先逃,故遭毁。聂功亭自摩天岭电,告拔队回直。二十一日,接李相国电,调余回津,商办一切,至前敌运务,派慰庭即来替代云。接烟台电,威海海军提督丁汝昌、总兵刘步蟾等,又岸上统领戴孝侯宗骞、刘公岛统将张文宣,均自尽殉节,兵船全被日兵掳去。闻日兵先占岸上炮台,而以炮攻我兵船,所调援兵不至,故不守云。二十六日,聂功亭过石山站,功亭先因我举其赴台湾、后举其当统领,有感于我,执礼甚恭,至是留宿邱店,拜盟为义兄弟。二十八日,宋祝帅电告,夺回盖平东北之太平山,此营口北行大路也。二十九日,姜翰卿总戎桂题电,夺回小平山。三十日,徐见农总戎邦道电,告自二十二日起,叠与依、长两帅攻海城,二十七日复大战,因敌援兵猝至,功败垂成。二月初一,姜翰卿电,马玉崑守太平山,三十日被寇来袭,马几危,各军出队,毙敌千馀,我军伤亡数百,仍退扎原处云云。是太平山又失守矣。初四日,慰庭观察来接办转运事。初六日,余由石山站启行入关,慰庭送我十里,怆然而别。初十日,抵山海关,谒刘岘庄制军,时岘帅奉旨督防山海关也。初,相国奏调余回直,意恐解冻后敌兵犯津沽,新授直藩陈宝箴奉旨办粮台,应驻天津,未必赴本任,欲余赴保定署直藩,以固后路。嗣陈宝箴愿赴新任,另请委员代办粮台,而相国已卸任直督,事遂中变。余进山海关时,各统领环请余勿赴任,余曰:"军务一日未平,我一日不离营,决不舍诸公他去。战事皆公等任之,饷、械各事我独任之。"诸统领欢然。十二日到津,谒李相国、署直督王夔石制军文韶,面禀愿办前敌营务处,且诸统将愿我住唐山,以便往来南北各营。夔帅允,即电奏。十三日接夔帅札,派总理北洋沿海各军营务处,即禀辞。回唐山,闻宋祝帅在田庄台败绩,与吴清帅俱退扎石山站。十七日,与聂功亭往视大沽、北塘各营。十八日,送李相国出沽口赴日本马关议和。

三月初一日谒刘岘帅,商议一切。初四日往乐亭县,初五日查验闪殿魁营被参扰民、缺饷各款。初八日回唐山,十四日功亭自芦台来会,十五日刘岘帅自山海关来会。二十六日,在唐沽(塘沽)迎谒李相国,知在日本马关议和已成,赔兵费二万万两,割台湾、澎湖,并于苏州、杭州、湖北之沙市、四川之重庆添通商口岸四处,及准内地制造通行小轮船等事,消除从前《中日商约》。时和局已成,归志已决,当军务初起时,余对李相国言"事平必请开缺遂初",至是,咳病加剧,遂申前请,而相国不便批准,王夔帅欲姑待之,亦未批准。初三、初四、初五大东风,海啸,淹太沽、北塘内地,各营粮械,颇有遗失,兵勇死数百人,百馀年来未有之水灾也。初十日,复请速奏开缺。二十八日,京电,传上谕,准开缺。五月初一日,往唐山谒刘岘帅禀辞。初二日抵塘沽,聂功亭、章鼎丞、罗耀庭、张燕谋,及天津保定属员裴敏中、傅世榕等饯行。初三日,坐轮船出沽口南归,时因病不能至津禀辞,因具禀牍呈李相国、王夔帅告辞。知有议予疏脱者,不能顾矣。

光绪二十二年丙申(1896年) 六十岁

时寓扬州,后移寓淮安府城。正月,携学渊、学煇、达孙等回建德祭扫,便过池州应试,访芜湖道袁爽秋昶。过金陵,吊陈虎臣艾先生。五月十九日,移寓泰州。十一月,儿辈聚泰寓祝寿。

光绪二十三年丁酉(1897年) 六十一岁

二月,赴扬州料理丁家湾大树巷造屋事。四月,由泰寓移至扬州南河下暂住。八月,移寓丁家湾新屋。

光绪二十四年戊戌(1898年) 六十二岁

三月,游茅山、黄山,长子学海赴扬军厅任。八月,学煇赴福建邵武府入赘。九月,游九华山,视刘芛林亲家葬地。九月初三日,奉皖抚邓筱赤华熙中丞电,开:"初一日奉旨,直隶臬司周馥前经告病回籍,现在是否病痊?着即查明覆奏。钦此。"当复电云:"奉旨查询病状,钦领悚息,馥自乙未夏告归,多方医治,痰咳虽愈,惟头苦眩晕,夜不安眠,步履维艰,两耳重听,衰惫已极,不堪再供驱策,莫由图报,愧悚无地,请转奏等"语。十月十八日,奉李相国电,招赴山东襄勘黄河工程,当即电辞。旋电促再三,商允作为游客勘筹办法,不办工,不奏调。十一月初三日,抵清江浦,晤漕帅松峻峰椿、淮扬镇潘艺亭万才,蒙借车马、亲兵护送,因前途水阻,绕道徐州,访桂艿亭观察嵩庆。十二日抵济宁州,运河道罗锦文等出迎。接李相国自济南来电:"现闻有寄谕至皖,①催我弟出山,应奏明调查河工。十一月初四日接皖抚邓电,奉廷寄上谕:'周馥现在是否病痊? 传知该臬司来京陛见,将此谕令知之。钦此。'"②十七[日]抵济南,李相国出示奏稿,有云:"周馥在直境督办河工多年,于修守事宜最为谙练,应机敏决,识力过人,前因耳疾呈请开缺,回籍调理。臣以东省河工关系重要,专函敦劝前来襄筹一切。兹据复,称病体渐愈,尚未复元,念臣老惫,强为勉力一行。俟到东后,当与详细商筹一切,可资得力。理合附片具陈。"云云。旋奉批旨:"周馥俟查河事竣,即行来京,预备召见。钦此。"时山东巡抚为张汉仙汝梅,东河总督为任筱园道镕,同勘议河工事。十一月二十一日,出济南,赴下游南北两岸勘工,并勘利津海口。同行者为吴赞臣廷斌、尚惠臣其亨两观察。嗣复会勘上游两岸,至曹州府贾庄,回至张秋镇度岁,拟定治河办法十二条,呈李相国会奏。时相国欲保余在山东治河,力辞。

光绪二十五年己亥(1899 年) 六十三岁

正月,复往海口细勘一周。请相国奏余假归养病,未允,言上意有在,未便奏。二月二十二日抵京,二十四日诣宫门请安,蒙召见一次,次日复蒙召见一次,逾日又蒙召见一次。时太后复垂帘,励精图治,垂询事

---

① "寄谕",自上传递的皇帝谕旨。此处指上面提到的由安徽巡抚转来的上谕电旨。

② "廷寄",清时皇帝的谕旨,分明发和廷寄两种:明发交内阁发布,廷寄由军机大臣专寄给下面省分的将军、都统,或督、抚、钦差大员,开首有"军机大臣奉面谕旨"笔字样。

极多,懿旨慰勉,谓:"两耳稍沉,精神尚好,现在时事艰难,应做官报效国家,着在京等候。"荣仲华相国面奏请授河督,旋有阻之者。阻者为旧相知,为挟小嫌之故,而荣相国则素无往来。人之遇合,有不可思议者。八月初八日,奉旨简放四川布政使。余有诗曰:"交情深浅黄河险,世路崎岖蜀道奇",盖指此也。初十日谢恩。二十四日请训,蒙召见一次。三十日出都航海,过扬州携眷,过无为州看钿女,沂江西上。

十一月初十日抵成都,十二[日]接印。总督为奎乐峰俊,为荣相族叔,接待颇优。前藩司为王爵棠之春,时升安徽巡抚,旧友也。时川省吏治疏懈,钱荒米贵,因设课吏馆,并清厘宝川局积弊,筹划铸造银元、购粮备荒诸事。复因历年教案不靖,为撰《安辑民教告示》六条,颁示各属,各国教士致书称谢。次子学铭,先授四川蓬溪县,逾二年调署江津,因回避,捐升道员,改分江西候补。

光绪二十六年庚子(1900年) 六十四岁

五月,闻天津义和拳匪滋乱,电局报有"旨各省招集义民成团"等语,遂密商制府,以此旨未辨真伪,不可宣出,且乱不可长,强寇不可挑衅,况川省僻远,洋兵决无进川之理,疆吏惟有戢匪、安民、筹饷、整军,以待朝命。且川省本有团练,何用再招? 彼不招而自成团者,皆乱民也,必慎防之。奎乐帅甚以为然。嗣成都府属之温、郫、崇、灌等县,及邛州之大邑、蒲江等县,雅州府之名山等县,土匪闻风蜂起,禀商制府派兵弹压,并向将军绰胜亭哈布、提督夏毓琇琅溪拨兵梭巡,派成都知府刘幼丹心源出省三次弹压,又派委员朱守大铺、李令镜清等四出,率兵巡缉。自撰说帖,交各员持以解劝,晓以利害。李令擒匪首韩小霸王,置之法。七月以后,匪风渐熄。是役也,惟制府与余同心,刘幼丹太守颇资臂助。当时官绅,颇有不谓然者,迨后闻北方糜烂、两宫西幸,始恍然,改谤为誉。吁,任事之难如此!

六月下旬,得学熙、学渊自津逃难至沪之电。八月,以乱萌已灭,禀请开缺,未奏。九月二十一日,奉旨调补直隶布政使。先接李相国奏调之信,电禀力辞,未允。至是,见明谕已降,以国事艰危,不便再辞。闻前直藩廷雍等为联军元帅华德西所杀,故有是调。十月十六日交卸,过宜昌,接电旨:"前有旨令周馥速赴直隶藩司调任,现该藩司行抵何处?着盛宣怀迅即电催,到沪后暂缓赴任,即令乘坐海轮,取道秦王岛,迅赴京师,随同奕劻、李鸿章办理和议条款事宜,详细磋磨,务期妥协。并着盛宣怀将此电旨电知奕劻、李鸿章遵照。钦此。"据朝野所闻,先一年,主事康有为屡上救时之策,大臣多保奏,上信任之。时太后退居颐和园,不与政,但属上"勿专信新进,急切改图"而已。康党恶太后作梗,一日,谭嗣同探知袁慰庭侍郎在京,将陛辞回津,即造访袁,面告云:"有旨,饬公备精旅三千,调至颐和园,并将北洋大臣荣禄正法。明日旨下即遵行,先将旨稿送阅。"云云。次日,慰庭侍郎陛辞,此旨竟未下,不敢谓有斯事也。且闻当道云:"调兵至颐和园,是欲拘禁太后。将荣禄正法,是免其带兵入京力阻。此语诚属不经。"嗣荣文忠闻知,入京奏太后。太后大恚,遂有废立之意。经荣文忠、李文忠谏阻,不果行,遂立端郡王载漪之子溥儁为皇子,即世称"大阿哥"者也。端郡王遂欲摄政,意中国官民无敢抗者,恐洋员或有阻败,适清苑县民教争斗,民有投入义和团,欲报怨教士者。义和团者,起自山东,不过唪咒、舞拳,妖术也,人多不信之。至是,端王与相国徐桐、刚毅等谓:"义和团乃民元气,不可抑,洋人势焰不可长,宜驱洋人而复旧制。"盖各有所为,同床异梦也。于是调兵攻京使馆,在京各署设义和团神坛,并饬各省设团,尚书徐用仪、侍郎许景澄、太常寺卿袁昶等力谏,均被诛。聂士成派兵击团,刚毅大怒,撤其兵官,以致乱民思逞,教民多被戮,十一国联军进京,两宫西狩。当时若洞悉大局,惩禁拳匪,降旨交聂士成往剿,不过一二战歼灭殆尽,安有如是滔天之祸哉!闻康有为等本欲改图新政,绝非谋叛;徐桐等欲尊主攘外,失于迂愚,乃不明事机,以致国危身戮,亦可哀矣!所闻如此,故记之,他日当有公论传于史策也。

附　中外和约十二款全文

大德国钦差驻札中华便宜行事大臣穆默、大奥国钦差驻札中华便宜行事全权大臣齐干、大比国钦差驻札中华便宜行事全权大臣姚士登、大日斯巴尼亚钦差驻札中华全权大臣葛络干、大美国钦差特办议和事宜全权大臣柔克义、大法国钦差全权大臣驻札中国京都总理本国事务便宜行事鲍渥、大英国钦差便宜行事全权大臣萨道义、大义国钦差驻札中华大臣世袭侯爵萨尔瓦葛、大日本国钦差全权大臣小村寿太郎、大和国钦差驻札中华便宜行事全权大臣克罗伯、大俄国钦命全权大臣内廷大夫格尔思、大清国钦命全权大臣便宜行事总理外务部事务和硕庆亲王、大清国钦差全权大臣便宜行事太子太傅文华殿大学士北洋大臣直隶总督部堂一等肃毅伯李鸿章,今日会同声明:核定大清国按西历一千九百年十二月二十二日,即中历光绪二十六年十一月初一日文内各款,当经大清国大皇帝于西历一千九百年十二月二十七日,即中历光绪二十六年十一月初六日,降旨全行照允,足适诸国之意妥办。

第一款　[一]大德国钦差男爵克大臣被戕害一事,前于西历本年六月初九日,即中历四月二十三日,奉谕旨,钦派醇

225

亲王载沣为头等专使大臣,赴大德国大皇帝前,代表大清国大皇帝暨国家悯惜之意。醇亲王已遵旨于西历本年七月十二日,即中历五月二十七日自北京起程。

[二]大清国国家业已声明,在遇害处所竖立铭志之碑,与克大臣品位相配,列叙大清国大皇帝悯惜凶事之旨,书以拉丁、德、汉各文。前于西历本年七月二十二日,即中历六月初七日,经大清国钦差全权大臣,文致大德国钦差全权大臣,现于遇害处所,建立牌坊一座,足满街衢,已于西历本年六月二十五日,即中历五月初十日兴工。

第二款 (一)惩办伤害诸国国家及人民之首祸诸臣,将西历本年二月十三、二十一等日,即中历上年十二月二十五、本年正月初三等日,先后降旨,所定罪名,开列于后:端郡王载漪、辅国公载澜,均定斩监候罪名。又约定,如皇上以为应加恩贷其一死,即发往新疆永远监禁,永不减免。庄亲王载勋、都察院左都御史英年、刑部尚书赵舒翘,均定为赐令自尽。山西巡抚毓贤、礼部尚书启秀、刑部左侍郎徐承煜,均定为即行正法。协办大学士吏部尚书刚毅、大学士徐桐、前四川总督李秉衡,均已身故,追夺原官,即行革职。又兵部尚书徐用仪、户部尚书立山、吏部左侍郎许景澄、内阁学士兼礼部侍郎衔联元、太常寺卿袁昶,因上年力驳殊悖诸国义法、极恶之罪被害,于西历本年二月十三日,即中历上年十二月二十五日,奉上谕开复原官,以示昭雪。庄亲王载勋,已于西历本年二月二十一日,即中历正月初三日;英年、赵舒翘已于二十四日,即初六日,均自尽。毓贤,已于二十二日,即初四日;启秀、徐承煜,已于二十六日,即初八日,均正法。又西历本年二月十三日,即中历上年十

226

二月二十五日,上谕将甘肃提督董福祥革职,俟应得罪名定谳惩办。西历本年四月二十九、六月初三、八月十九等日,即中历三月十一、四月十七、七月初六等日,先后降旨,将上年夏间凶惨案内,所有承认获咎之各外省官员,分别惩办。

(二)[西历本年八月十九日,即中历二十七年七月初六日]上谕将诸国人民遇害被虐之城镇,停止文武各等考试五年。

第三款　因大日本国使馆书记生杉山彬被害,大清国大皇帝从优荣之典,已于西历本年六月十八日,即中历五月初三日,降旨简派户部侍郎那桐为专使大臣,赴大日本国大皇帝前,代表大清国大皇帝及国家惋惜之意。

第四款　大清国国家允定,在于诸国被污渎及挖掘各坟茔,建立涤垢雪侮之碑,已与诸国全权大臣会同商定,其碑由各该国使馆督建,并由中国国家付给估算各费银两。京师一带每处一万两,外省每处五千两,此项银两业已付清。兹将建碑之坟茔,开列清单附后。

第五款　大清国国家允定,不准将军火暨专为制造军火各种器料运入中国境内,已于西历本年八月二十五日,即中历二十七年七月十二日,降旨禁止进口二年,嗣后如诸国以为有仍应续禁之处,亦可降旨将二年之限续展。

第六款　[按照西历本年五月二十九日,即中历四月十二日上谕]大清国大皇帝允定,付诸国偿款海关银四百五十兆两。此款系西历一千九百年十二月二十二日,即中历光绪二十六年十一月初一日条款内第二款所载之各国、各会、各人及中国人民之赔偿总数。

曾祖周馥

（甲）此四百五十兆系照海关银两市价易为金款,此市价按诸国各金钱之价易金如左:海关银一两,即德国三马克零五五,奥国三克勒尼五九五,美国一元零七四二,法国三佛郎克七五,英国三先零,日本国一元四零七,和国一弗乐林七九六,俄国一鲁布四一二（俄国鲁布按金平算,即十七多理亚四二四）。此四百五十兆按年息四厘,正本由中国分三十九年按后附之表各章清还。本息用金付给,或按应还日期之市价易金付给。还本于一千九百零二年正月初一日起,一千九百四十年终止。还本各款应按每届一年付还,初次定于一千九百零三年正月初一日付还,利息由一千九百零一年七月初一日起算。准（惟）中国国家亦可将所欠首六个月至一千九百零一年十二月三十一日之息,展自一千九百零二年正月初一日起,于三年内付还。但所展息款之利,亦应按年四厘付清。又利息每届六个月付给,初次定于一千九百零二年七月初一日付给。

（乙）此欠款一切事宜,均在上海办理如后:诸国各派银行董事一名,会同将所有由该管之中国官付给之本利总数收存,分给有干涉者,该银行出付回执。

（丙）由中国国家将全数保票一纸,交驻京诸国钦差领衔大臣手内。此保票以后分作零票,每票上各由中国特派之官员画押。此节以及发票一切事宜,应由以上所述之银行董事,各遵本国饬令而行。

（丁）付还保票财源各进款,应每月给银行董事收存。

（戊）所定承担保票之财源,开列于后:

一、新关各进款,俟前已作为担保之借款各本利付给之后余剩者,又进口货税增至切实值百抽五,将所增之数加之,所有向例进口免税各货,除外国运来之米及各杂色粮面,并金银以及金银各钱外,均应列入切实值百抽五货内。

二、所有常关各进款,在各通商口岸之常关,均归新关管理。

三、所有盐政各进项,除归还前泰西借款一宗外,余剩一并归入。

至进口货税增至切实值百抽五,诸国现允可行,惟须二端:一,将现在照估价抽收进口各税,凡能改者,皆当急速改为按件抽税几何。定办改税一层如后,作为估算货价之基,应以一千八百九十七、八、九三年卸货时各货牵算价值,乃开除进口税及杂费总数之市价。其未改以前,各该税仍照估价征收。二,北河、黄浦两水路,均应改善,中国国家即应拨款相助。

增税一层,俟此条款画押日两个月后,即行开办。除在此画押日期后至迟十日已在途间之货外,概不得免抽。

第七款 大清国国家允定,各使馆境界,以为专与住用之处,并独由使馆管理,中国民人,概不准在界内居住,亦可自行防守。使馆界线,于附件之图上标明如后:东面之线系崇文门大街,图上十、十一、十二等字;北面图上系五、六、七、八、九、十等字之线;西面图上系一、二、三、四、五等字之线;南面图上系十二、一等字之线,此线循城墙南址随城垛而画。按照西历一千九百零一年正月十六日,即中历上年十一月二十六日文内后附之条款,中国国家应允,诸国分应自主,常留兵队,分保使馆。

第八款 大清国国家应允将大沽炮台及有碍京师至海通道之各炮台,一律削平,现已设法照办。

第九款　按照西历一千九百零一年正月十六日，即中历上年十一月二十六日文内后附之条款，中国国家应允，由诸国分应主办，会同酌定数处，留兵驻守，以保京师至海通道无断绝之虞。今诸国驻守之处，系黄村、郎（廊）坊、杨村、天津、军粮城、塘沽、芦台、唐山、滦州、昌黎、秦王岛、山海关。

第十款　大清国国家允定两年之久，在各府、厅州、县，将以后所述之上谕颁行布告：

一，西历本年二月初一日，即中历上年十二月十三日上谕，以永禁或设或入与诸国仇敌之会，违者皆斩。

二，西历本年二月十三、二十一、四月二十九、八月十九等日，即中历上年十二月二十五、本年正月初三、三月十一、七月初六等日，上谕一道，犯罪之人如何惩办之处，均一一载明。

三，西历本年八月十九日，即中历七月初六日上谕，以诸国人民遇害被虐各城镇，停止文、武各等考试。

四，西历本年二月初一日，即中历上年十二月十三日上谕，以各省督抚、文武大吏暨有司各官，于所属境内，均有保平安之责。如复滋伤害诸国人民之事，或再有违约之行，必须立时弹压惩办，否则该管之员，即行革职，永不叙用，亦不得开脱、别给奖叙。

以上谕旨，现于中国全境，渐次张贴。

第十一款　大清国国家允定，将通商行船各条约内，诸国视为应行商改之处，及有开通商其他事宜，均行议商，以期妥善简易。现按照第六款赔偿事宜，约定中国国家应允，襄办改善北河、黄浦两水路，其襄办各节如左：

（一）北河改善河道，在一千八百九十八年，会同中国国家所

230

兴各工,近由诸国派员重修,一俟治理天津事务交还之后,即可由中国国家派员与诸国所派之员会办。中国国家应付海关银每年六万两,以养其工。

(二)现设立黄浦河道局,经管整理改善水道各工。所派该局各员,均代中国暨诸国保守在沪所有通商之利益。预估后二十年,该局各工及经管各费,应每年支用海关银四十六万两。此数平分,半由中国国家付给,半由外国各干涉者出资。该局员差并权责及进款之详细各节,皆于后附文件内列明。

第十二款　西历本年七月二十四日,即中历六月初九日,降旨将总理各国事务衙门,按照诸国酌定,改为外务部,班列六部之前。此上谕内已简派外务部各王大臣矣。且变通诸国钦差大臣觐见礼节,均已商定,由中国全权大臣屡次照会在案,此照会在后附之节略内述明。

兹特为议明,以上所述各语,及后附诸国全权大臣所发之文牍,均系以法文为凭。

大清国国家既如此,按以上所述,西历一千九百年十二月二十二日,即中历光绪二十六年十一月初一日文内各款,足适诸国之意妥办,则中国愿将一千九百年夏间变乱所生之局势完结,诸国亦照允随行。是以诸国全权大臣,现奉各本国政府之命,代为声明,除第七款所述之防守使馆兵队外,诸国兵队即于西历一千九百零一年九月十七日,即中历光绪二十七年八月初五日,全由京城撤退;并除第九款所述各处外,亦于西历一千九百零一年九月二十二日,即中历光绪二十七年八月初十日,由直隶省撤退。

今将以上条款缮定同文十二分(份),均由中国与诸国全权大臣画押,诸国全权大臣各存一分(份),中国全权大臣收存一分(份)。

西历一千九百零一年九月初七日,中历光绪二十七年七月二十五日,在北京订立。(此文照《万国公报》钞)

十一月二十七日,过扬州,留眷属住扬州丁家湾宅。到江宁,谒南洋大臣刘岘庄坤一制军,商筹拨饷事。过烟台,候徐进斋寿朋太仆自朝鲜来,同船赴秦王岛。十二月二十四日至京,住贤良寺。先是,相国以京榆铁路为各国联军所占,恐难径行,派德武员巴司,又津税司德璀琳派洋员博理文到岛迎护。相国又托德元帅华德西派专车来迎。自山海关至京师,沿途民人稀少,洋兵处处设卡,京中各街闭户,瓦砾荆棘,触目伤心。间有骡车过路,皆插外国旗,以为保护。时各国只认全权住处为中国境,余地皆为外国辖境。谒庆亲王、李相国,欢慰殊甚。

年谱　卷下

秋浦　周馥玉山甫　著

男　学熙、学渊、学辉　　　孙　明焯　校字

光绪二十七年辛丑(1901年)　六十五岁

　　前一年冬,各国以议和久未成,祸首延未惩办,将于是年正月初一
日各国进兵,西过晋省犯长安,以清君侧。全权大臣于十二月二十九日
电奏,正月初三奉电旨,遣戍端郡王等,又处决祸首庄亲王等,各国始将
西行之兵撤退。惟各国兵有,于十二月二十七、八、九、三十等日,已逼晋
边。直隶正定府以西,如获鹿、井陉等县,被逼索供应,县官有逃者,有自
尽者,居民受害,更不知几何矣。议和诸款,惟停考试、惩祸员,并觐见仪
节、商议赔费,余曾出力磋商,得将停考减去,十馀县统共一百二十员,
重者正法,轻者遣戍、革职。余先期探知人数,将在川者十馀员减去,惟
准令革职一人。和约条款中最要者,以惩办京师祸首、议赔兵费为大端,
而最急迫繁杂者,莫如京内教案,及顺、直通省教案。当拳匪乱时,教民
房屋无不被焚,田禾无不被割,傢具无不被抢,即为教堂服役者,为教民
佃田、结婚者,皆莫保性命。燬房殆数万间,戕害教民,及平民牵连受害,
殆数万人。即教士茔地,为国初以来奉旨赐祭葬者,皆被掘毁。康熙年间
掳来俄罗斯人数十家,久入旗籍者,亦被焚杀。先是,京中教案无人赔
偿,各使请将教堂赔款归于兵费汇算,其抚恤教民一事,由中国派员查

办。于是庆邸、李相国奏派余与张燕谋京卿翼,会办京中及顺、直教案。张系姻亲,因事赴津,余遂独任。余复奉旨,派议《民教永远相安章程》,屡商各国教士及洋官,皆言各国无此章程,教民皆在法律之内,洋官不问,各教士皆不相辖,难出意见,迄无端绪。自二月至四月,勘视各处教堂茔地,屡与法国主教樊国樑等,及英、美、俄各教士商订办法,计剔归国家大赔款四百馀万两。又京、直两处,各请部款二百万两,民间实摊捐三百余万两。其民间私偿者,约数十万两,教士亦减让二三十万两。其杀戮教民凶手,概取悔过甘结,不诛。于是京中、顺天、直隶教案全了结矣。余心力亦为之大耗。时各县教民借洋兵势力,报怨寻仇,无不鸱张横行,而黠民之先当拳匪者,遂不敢归家,亦结党劫掠,洋兵搜剿,玉石不分。各防营先经各国划居边界,迨余履直藩,任调使剿匪。而此拿彼窜,或藏山谷,或匿村庄,官军难于遍索,因约绅士多人,分投劝谕,赦罪归农,给以执照。一面约教士诚饬教民,勿与争斗。其有义和巨匪,扰害族戚,及为强盗杀人者,惧不敢归,因派曹牧、景郦等招抚之,练成新营,以仆捕盗,但给衣粮,不给快枪,先以木杆作枪操演,计一千三百人。自四月迄七月,始得渐就敉平。至冬季,始将此千三百人资遣回籍。

六月二十二日到保定,接藩司印。时法国兵仍在省城未退,衙署颓败,无门窗板壁,仅存数柱撑挂椽瓦而已。曾笑占一联云:"山有盗,野有匪,城有洋兵,何时是化日光天气象;库无银,档无册,房无书吏,全凭我空拳赤手指挥。"可想见其景况矣。

设善后局,办理剿抚土匪、安辑民教,并修理城垣、坛庙、衙署各工程。八月十三日进京,谒李相国,禀商公事。十九日回省。

九月十五日,往京谒李相国,商议两宫回銮差事。时圣驾已由陕启跸驻汴,直隶自磁州至保定一路桥道、行宫工程,赖王谷卿观察仁宝、张少山太守广生等经理,惟款无所出,先请相国电商各省,凑借七十万两,至是核计,所缺甚多,不得已,详借赈捐局拨款救急。先是,余至京,建议向例年荒捐赈有奖,今兵荒更甚,宜开捐请优奖,否则直隶危不支矣。详奏,奉旨准。又官吏多远避,或有缺无官,正印少五六十人,余详请不论何班次,一概量才叙补。详奏,奉旨准。

十月,奉旨赏巡抚衔。襄议和约之人,有欲邀奖叙者,余甚薄之。庆邸云:"可先请旨。"同人遂列优保。余亦滥邀此旷典云。

九月二十六日,得京电,相国病危,属速进京。比至,相国已着殓衣,呼之犹应,不能语,延至次日午刻,目犹瞠视不瞑,我抚之哭曰:"老夫子有何心思放不下,不忍去耶?公所经手未了事,我辈可以办了,请放心去罢。"忽目张口动,欲语泪流,余以手抹其目,且抹且呼"遂瞑",须臾气绝。余哭之,久不能具疏稿,适于晦若侍御代拟遗疏、折稿,一面电奏,一面缮发遗折。二十八日接汴电:"奉旨着周馥护理直隶总督兼北洋大臣。"三十日接印。袁慰庭制军自山东来电:"护印无多日,不必卸藩篆。"十月十七日,袁慰庭制军抵河间府,先期派员送印去,余即于是日交卸督篆。时庆邸赴汴途中,寄电属余在京照料巡防事务。

十一月初二日,偕首府陈立斋乘火车至正定,查看各处行宫、桥道。十一日到磁州,十二日在丰乐镇漳河南跪接圣驾,是日驻跸磁州,蒙召见。贡牲果,赏收。十三日驻跸邯郸县,十四日驻跸临洺关。十五日驻跸顺德府,城以供应不给,请内侍奏恳,驻跸一日,即奉旨准。十七日驻跸内邱县,十八日驻跸柏乡县,十九日驻跸栾城县,二十日驻跸正定府,二十一、二、三三日俱驻跸正定。二十四日乘火车,驻跸保定。二十五、六、七三日俱驻跸保定。二十八日与袁制军护驾进京,时"大阿哥"名位已奉旨撤销,沿途仅备太后、皇上、皇后、妃行宫四处,行宫供奉,包与御厨,尚无挑剔。王公枢部大臣,亦无需索,惟小官及差役人等,肆扰不休。午饭备一千二百桌,实食九百桌,馀私拆钱去。晚饭实备一千一百桌,天寒搭棚设灶,厨役用至千人,又宫内听差、沿途车马、扛抬夫一千数百人,幸无贻误。过邯郸时,有人请太后赴祈雨山敬香,余闻之惶惧,如此则迟行半日,所备尖跕尽变,宿跕供应大缺,急见李总管莲英陈之,李曰:"今何时,乃游山耶?派员往敬香可也。"即进内面奏,奉旨照准。

十二月初一日请训,蒙召见,慰劳有加,奉懿旨赏"福"、"寿"二字、蟒袍一袭,当即叩谢。聆圣训毕,并跪安请辞。次日复往谢恩。在朝房晤荣相,云:"大内非召不进,不比行在,由奏事处口奏即传进也。昨已面叩谢恩,不必再谢。"初三日返保定。

光绪二十八年壬寅(1902年) 六十六岁

正月,奉旨谒东陵。不摊民间差徭,一切用款,准作正开销。时库款支绌,钱粮多半蠲缓,禀商袁慰庭制军,进京商请户部拨款,并商各衙门裁减驮马、车辆、浮费等事。十六日进京,十七日递折请安,蒙召见。二十三日返保定,请袁制军另设陵差局,并请委臬司周瀚如浩、杨莲府观察士骧、王谷卿观察仁宝,会办局务。保定府陈立斋本为提调,庶几司局款项,各管出入,公事较速,且杜浮言。

二月十五日,闻有御史误信嫌言劾余,旨饬制军查明。因请假,属家人等勿出。自问无大过,深愿以微罪去官。逾日,奉袁制军札,询乙未年告病是否在中东未和之前?何时起病?何时简授四川藩司?因何不即赴任,在京帮同全权大臣议和?当将历次所奉特旨日期禀复。因原参有两耳重听语,遂请开缺回籍,未准。二十一日,臬司周瀚如浩署清河道,袁行南大化来见,传袁帅谕,参案已查明,全系诬捏,已经据实覆奏;现在陵差事繁且急,属速赴差。余固辞,且以未奉旨为言。袁帅再促之,遂于二十二日销假,二十三日赴通州查桥道,二十八日抵东陵。三月初二回至南苑墙外,宿马驹桥。初三日宿通州,初五日宿定福庄,初六日在庄前道旁迎两宫驾,是日驻跸燕郊。初七日两宫谒陵,仍驻跸隆福寺。是晚蒙召见,太后、皇上慰勉交至,且谓:"你办事向来认真,我俱知道。以后仍要任劳任怨,切勿懈志,旁人说闲话无关紧要,有我做主。上年时事危急,无人办事,今太平了,说话人出来了,殊属无理。"云云。余叩谢,晚蒙赏菜、六色点心两盘。初十早,两宫复谒陵,余与袁帅在西峰口道旁叩谢,赏食物。十一日,由隆福寺驻跸桃花寺,晚赏神肉两盘。余进活鲤二十尾、野鸡六只。十二日,两宫至蓟州独乐寺午膳,余跪寺门内谢赏神肉。是晚驻跸白涧,赏菜八色、点心两盘。十三日驻跸燕郊。十四日驻跸南苑团河行宫,余进鲜花十二盆,赏菜四色、豆汁粥、粳米粥二罐。十五、六、七三日,俱驻跸团河。十八日驾诣新行宫,十九日驾诣旧行宫。二十日赏菜三色、点心一盘。二十一日请训,蒙召见,慰劳有加。二十二日在大红门外跪送圣驾。二十三日回保定。四月二十一日,奉旨升授山东巡抚,具折谢恩,奉旨:"着来见。钦此。"因赶办回銮报销、东陵差报销,并将全省教案赔款尾数发清。五月十二日交卸直隶藩篆,十六日赴都。十七日诣阙请安,蒙召见一次。二十日蒙召见一次,面奉懿旨:"在京与各国使臣速议交还天津及津榆铁路事宜。"六月初十日,谢加兵部尚书衔恩,向例巡抚兼右副都御史及兵部侍郎衔,此次吏部具奏,奉旨加兵部尚书衔,或曰"有头品顶戴者多加尚书衔",然亦无定例。旋因与各国使臣议交天津事就绪,前所要索多端,皆作罢论。至交津榆铁路事,亦议有眉目,请归胡云楣侍郎一手专办,未便在京久候。时余所欲议者,拟将京津沿铁路官兵由我自撤,照知各使,他日应设与否,亦由我与商,不入条约,较为活动。密电袁慰帅,复电云:"如此则彼小藉口诮我媚外矣。"遂罢不议。十四日请训,蒙召见,勉励备至,赏燕菜、火腿、藕粉等八色,又蒙赏暑药七种。十六日至保定,十八日长孙达以三品荫生引见,奉旨:"着内用,钦此。"七月初六日接山东巡抚印。八月出省,往勘惠民县北岸

237

刘旺庄漫口、利津县南岸冯家庄漫口各工。九月二十三日,赴黄河上游曹、濮一带勘工。又赴济宁州、兖州府、东平州勘运河。过曲阜县谒孔庙,晤衍圣公孔令贻、编修孔祥霖。十月二十九日,勘小清河。出海过烟台,访关道李希杰,察看商务。过威海,访英驻港大臣骆壁理(Sir James Haldane Stewart Lockhart)。[①]过青岛,访德驻港大臣都沛禄(Truppel Oskar),留驻三日。十一月十三日,自青岛乘轮车至潍县,梅如云军门、东益铁路公司总办锡乐巴(Baurath Hildebrand)偕行。次日至昌乐县。十六日抵青州府,阅府学堂、旗生学堂,阅旗营操,晤青州副都统噶噜岱、青州府冯汝骙,会勘路矿事宜。

十二月初四日,赴黄河下游勘工。时冯家庄漫口已合,刘旺庄口门夺溜九分,合龙未成,与臬司尚其亨、道员宝延馨、知府张恺康勘徒骇河下口,复勘铁门关、韩家垣、丝网口各海口。

光绪二十九年癸卯(1903年) 六十七岁

二月十八日,堵合刘旺庄漫口,督工为道员丁达意。三月,因夜阅公牍久,眼忽生翳,视物如雾,医治稍愈。五月,奉太后赏袍褂、折扇、普洱茶。六月,赴河工防汛,七月十六回省。是年六月,利津宁海庄漫口。八月,奉太后赏袍褂料、普洱茶。九月,赴利津县勘工。十一月,复往勘工。是年第二子学铭,署江西按察使;第五子学渊,应经济特科,廷试取二等

---

① "骆壁理",后译作"骆任廷",是英租威海卫时期任职时间最长的行政长官,任职时间达19年。骆氏与庄士敦(Sir Reginald Fleming Johnston,1874-1938年,末代皇帝溥仪的英文老师,著有《紫禁城的黄昏》)是密友,也是汉学家,译有明邱濬的《成语考》等。

第四十名;②第六子学煇,中顺天乡试第四十四名举人。时顺天借河南闱乡试,先因议和条约不准京师考试,故也十二月十四日,宁海庄合龙,督办此工为臬司尚其亨,用银七十三万两。年终,奉上赏"福"字、袍褂料、普洱茶,又奉加赏"福"、"寿"字。凡奉赏食物、衣料,每传旨毋庸谢恩,赏字画必具折谢恩,亦有时传旨毋庸谢恩。余惩庚子拳匪之祸,因撰《教务纪略》一部刊印,寄所属及各省,冀开民智而杜衅隙。

---

② 《建德纸坑山周氏宗谱》卷十六,第87—88页,周学铭《跋七弟立之文后》云:"予兄弟习举子业,皆能为文,而大兄与予及四弟缉之,皆七乡试而始中,九弟则三试而中,七弟立之,文笔沈博典赡,胜于诸昆季,乃七次乡试未中,无次不荐或堂备,或房官必欲中而主考以额满,不复更易,致生龃龉。科场得失,安有定评哉!光绪二十九年(1903年),孝贞显皇后、德宗景皇帝西狩长安,嘅然念科名之不足以尽天下才也,特诏仿国初鸿博经学例,举经济特科,谕六部九卿、各省督抚、学政荐举异才。七弟固夙负文名,蒙粤督岑春煊、侍郎李昭炜先后奏荐,及殿试,七弟竟取二等第四十名。是时同试者约三百馀人,大都翰院、进士、举人,当时取一等者十名,二等数十名,三等数十人,共一百馀人。人皆以为七弟必跻翰院、京堂矣。无何,有言者谓第一名系逆党梁启超之族(指梁士诒,广东三水人,与梁启超并非同族。又康有为原名祖诒,梁士诒中举,当时人又有"梁头康尾"之谓——整理者案),又有言者谓中有革命党。上大疑,于是将试卷折封,择其已仕者二十人,薄予奖叙,馀遂不复问。天下惜之。七弟未应试之先,父亲以经济之名难副大臣子弟已有官职,不必应试。适同时督抚子弟有应试者,七弟随附其后,不意徒博虚名。七弟先随摄政王游德国,襄事出力,得保,分发捕用道,指分广东。复因父亲督粤,回避至山东,奏派办理调查局。七弟干济有才略,前程正远,固不以科名为重轻。而科名累人若此,古人轻视之,以为人之贤否,不系乎此,诚有以哉!兹将七弟著作略选数篇附谱,此皆人所传颂者也。人苟力学有素,焉有久湮而不彰者哉!子孙勉之!学铭记。"

光绪三十年甲辰（1904年）　六十八岁

正月初四日，凌汛暴涨，利津北岸王庄漫口。又相近扈家滩三处亦漫决，水落扈家滩等三处，挂淤王庄。二月十六日合龙，督办此工为道员丁达意、朱式泉，用银十八万两。

二月，学海、学熙、达孙来济南，为室人七旬祝寿。僚友寿仪概不收，惟屏联已落款者不便却，亦未燕客。达孙旋晋京，以三品荫生应试，掣签分太常寺候补博士。①接准部文，太后七旬万寿，奉恩诏加一级、荫一子，并赐帽缨、袍料等件。

四月十九日，出省，奉旨赴泰安登岱致祭。旋往沂州、兖州、济宁各府州，看峄县煤矿、沂州盐务，查运河工程。赴曹州府，察看学堂、教民、屯民，布置保甲、工艺等事，并整顿缉捕事宜。初九日，自贾庄乘船，沿黄河查验堤埽工程。五月，奉太后赏纱二疋、普洱茶一团。

六月，利津薄庄漫口。先是，山东抚臣皆不谙治河之法，随湾就曲立堤，水流不畅，尾闾更甚。余视薄庄一村正当其冲，先为择地迁居，并给移家建屋之费，用银三十馀万两；又筹购运石料银十馀万两，俾护两岸堤埽。时户部惜费，余奏请拨银三百万两，暂图补救，乃部枢某欲余认定以后永无漫溢始肯发银，盖吝银不发，故巧其辞以难我也。黄河自古难办，而欲以三百万责余永保安澜，千古无人敢道此语。余知户部无可商办，日夜筹思，只有自筹经费购石料，权宜防护，以免频遭溃决。一面勘

---

① 《建德纸坑山周氏宗谱》卷十六，第105—106页，所录周达诗后，附郑曾传赞语云："周观察美泉性聪颖，博览群书，尤精算学，无师承而一见辄解，盖凤慧也。尝游日本，彼国邃于此学者，咸钦服之，且邀入会，期时往来共切磋云。近日学堂林立，算学尤为百学之宗，我国精此诣者尚不多觏，将来羽仪王国甄、陶多士，岂有出观察之右者哉！"

筹下口,徐图改直,以期尾闾通畅。然下口河形如"之"字,小民安土重迁,不能遽责迁避,惟有先将当水冲之民预为购地建屋,并给迁家费。待之是年六月,河大涨,直冲薄庄,数千家片瓦无存,幸预为筹,民皆迁居,未伤一人。余躬棹小舟,沿流察看,水东北入徒骇河,奔流湍激。遂奏明不堵河身,从此刷深两岸。曲堤逼溜处,皆因河直行险,工尽闭。又加买石料将上游险工节节抛护,复于下游运石,路远之处烧砖代石,由此山东黄河十馀年来未决一次。亦由后任吴赞臣中丞廷斌深知河务,遵行不懈,第不知后来任事者肯如此用心力否?

中秋节,奉太后赏绸缎两疋、普洱茶一团。九月,学辉以道员指分湖北,引见,过济赴鄂。九月二十四日,奉电:"传旨署两江总督,迅速赴任。钦此。"时江南吏治窳败,曾文正遗风扫地尽矣。自维资浅德薄,难以挽救,且籍隶安徽,例应回避,因请收回成命。旋电传旨"毋庸固辞"。十月初十日交卸山东抚篆,十一日出济南赴青岛,沿途绅民送者数千人。十三四等日青岛华德官商公饯,十六日航海赴沪。二十日,沿江看炮台。二十九日,至金陵接印。十一月初四日,偕铁宝臣侍郎良,往芜湖勘湾沚制造厂基,河浅地狭,不能建厂,不得已而陪勘也。十月初十日,恭逢太后七旬万寿,谨贡方物,蒙恩赏蟒袍一件、如意一柄、"福"字一方、"寿"字一方,又蒙恩赏江绸两卷、珊瑚朝珠一挂、茶叶一团、松竹字一幅。十二月,蒙太后赏江绸四疋,"介寿"字一幅,"福"字一方、"寿"字一方,又蒙赏"福"字一方。时部议收屯田价改民田,派员四出晓谕,屯民薄收其租,并准以所收之价半给本地,兴办学堂。民初许之,后有梗者,遂罢。

光绪三十一年乙巳(1905年) 六十九岁

三月,奏裁江淮巡抚一缺。时朝廷据暂署江督端方条陈,请划江北、淮、徐海三府州,及河南之归德、山东之沂州,为江淮一省议。久不决,嗣某枢乃请割江北、淮扬、徐海,设巡抚,画(划)江为界。旨下,苏绅哗然。余初以事由内廷独断,不敢议驳,嗣反复思之,流弊甚大,拟以去就争之,乃一面电奏,一面疏陈,竟邀俞允。旋因江淮巡抚电奏漕标兵弁哗操噪,①盖有唆使之者,奉旨往清江,布置一切,因奏裁淮扬镇、设江北提督。事毕,赴通州如皋,查勘盐场。五月,奉太后赏御画折扇一柄、纱四疋。

六月,学熙署理直隶天津道事。八月,奉太后赏绸缎四疋。十月,进太后万寿贡,赏绸缎四疋。是月,因病请假一个月。十一月二十三日,奉旨赴上海,查办会审公堂案件。先是,会审公堂因英副领事误以官眷某孀妇多携婢女,视为拐带,判押西牢,廨员不允,遂唆西捕夺去,殴差受伤。上海道袁树勋恐民怨滋事,暂停会审。旋有匪徒传单罢市,勒逼铺户闭门,流氓因而抢夺,伤印捕三名、英人三名,华人被枪毙十二名,内有良民。余奉旨往沪查办,即饬开公堂审案,缉拿匪徒,查抚中外受害之家,民心大定。将应撤副领事、应惩西捕两事,归外务部商办,英使索赔款未允。于十二月回宁,电奏。奉旨:"外务部知道。钦此。"

年节,蒙上赏"福"、"寿"二字,又奉太后赏赐绸缎四疋、"眉寿"二字、"福""寿"字各一方。十二月自沪回,以病重,奏请开山东巡抚缺并开两江总督署缺,奉旨:"赏假一个月,安心调理,毋庸开缺。"是年裁湘军疲老者约一万人,添练新军一万数千人,练巡警一千数百人,添武备、法政、师范、女子学校数处。

捐建德县学堂经费四千两,连前捐研经书院费一万两,并入学堂,共一万四千两。邑绅复捐款凑之,开公益质典,兼利贫民。

---

① "漕标",指清代漕运总督所属的绿营兵,担负漕粮的催督、保护等。

光绪三十二年丙午(1906年) 七十岁

正月,闻上意坚留不允开缺,而属员闻余告病,皆有懈心,不得已销病假。闰四月,奉太后赏纱四端、画扇一柄。是年五月初一日,大儿学海在两江督署病故,年五十有一。先是,余因属员中有赃私显著、办事荒谬者,内有我欲提植之人,久不忍奏,且知劾后必遭反噬,思之至再不能顾私害公,遂汇甄别案劾之。后果有人诬劾我在山东时迁就德人要求、在两江时允许某国人买仪凤门内操场,并诬子学海在署招摇等事。旨派鄂督张之洞查明覆奏,均无其事,奉旨毋庸议,但饬学海赴浙而已。惟旨内有以招摇之语,加之举发赃私之人,闻出某枢笔也,是非颠倒如此,可叹。学海先在江苏,由实缺扬州同知,以河工涝升候补知府,旋升候补道,加二品衔。因余到两江督任,奏请回避,而吏部复文数月未到,适学海病重在署医治,余闻有人诬劾案,遂径电询吏部,部覆电"签分浙江",至是案已昭雪矣。学海稍愈,余属其赴浙,禀到后请假归养病,不料抵浙后两足微肿归,后渐患鼓胀,中西医束手,遂致不起。①

七月十四日,奉上谕:"闽浙总督着周馥补授。钦此。"意欲奏辞。有人言:"闽督,著名瘠缺,一岁须赔万金。尔已销病假,忽又辞此缺,得无有人议尔嫌缺苦耶?"遂不敢辞。

七月二十四日,奉上谕:"周馥着调补两广总督。钦此。"二十四日,

---

① 《建德纸坑山周氏宗谱》卷十六,第66—67页,张士珩《诰封荣禄大夫周学海观察公墓表》后,附有周学铭案语云:"父亲任两江时,曾劾去文武属员尤不法者十数人,内有湘中大族之裔,故湘人衔之,诬构以江宁仪凤门内操场给予德国人,及子弟揽权等事。旨谕鄂督详查旋奏,复毫无其事。上谕'无庸置议',惟谕先兄回避到浙。时先兄已请回避,吏部改掣浙江之文久未到宁,又因病在宁就医,故也。后见部文,遂赴浙,皆释然矣。"

奉军机处电,开奉旨:"端方到任后,着周馥即赴两广新任。"八月,蒙太后赏绸缎四大卷。九月十二日,交卸两江督篆,江宁文武官绅、全军将校、各校生徒,由辕门列送于仪凤门江干,感愧交集。九月二十六日,抵广州省城,岑云阶制军春煊送印,当即拜收。十月初十日,太后万寿,蒙赏绸缎四大卷。十一月二十一日,出省,看东门外各学堂、各军队及驻新军营基,复往黄埔看船坞、鱼雷局、陆军小学堂,随即履阅中路各炮台。二十三日,阅虎门、沙角各炮台。二十四日,过新会县、顺德县,由西江上泝肇庆府阅学堂、工艺厂。二十七日,乘火车回省。

十二月初四日,天津熙儿专差随折差到粤,以本年十一月二十三日为馥七十生辰。蒙太后于十一月十八日赏御书"风清南服"匾一方、御书"粤海波澂资上略,蓬山春霭眷长年"对联一副、御书"福"字各一方、御书"长寿"字一轴、无量寿佛一尊、三镶玉如意一柄、尺头八疋。又蒙皇上赏御书"福"、"寿"字各一方、无量寿佛一尊、三镶玉如意一柄、蟒袍料一件、尺头十六件。十九日,折差在京,复蒙太后加赏御笔"富贵长春"画一轴、绛绸平金蟒袍一件,并奉内廷"传旨加赏,毋庸谢恩"。以上各物,于十二月初四日赍到,当即率孙男等在仪门外跪迎,在大堂谢恩,供奉赐物。于内宅,复率家属向无量寿佛前行礼。臣非分荣幸为平生梦想所不及,感激天恩,愧无报称。当经拜发二折,进呈两宫谢恩。十二月初七日京电,传上谕:"周学熙着补授长芦盐运使。钦此。"当具折谢恩。二十后,折差回,蒙上赏"福"、"寿"字各一方,又赏"曼寿"二字、绸缎四疋,又特赏"岁岁平安"画一轴、"延禧、受祜"春条一纸,内传毋庸疏谢"。

是年,捐银四千两,为池州府学堂经费。

光绪三十三年丁未(1907年) 七十一岁

四月十七日,电传上谕:"两广总督周馥开缺,另候简用。钦此。"先是,潮州府饶平县属之黄冈镇有三点会匪被拿,匪遂夺犯戕官,聚众据镇城,欲谋乱。派署镇黄金福带兵二百名先往,连战灭之。自四月十一夜起事,十六夜贼即败窜,因派署惠潮道沈传义,会同闽界文武搜捕馀匪,筹办善后。又钦州土匪刘思裕借抗学堂捐为名,聚众数千谋乱。①先饬廉钦道将糖捐谕免,毋使匪类藉口,并将他捐之不便于民者,或减或免。而该道延不遵办,署北海镇某只顾招抚,不知示威,屡被刘思裕扑营,不敢进攻,遂致刘思裕鸱张,诱胁数十里莠民入伙,抗拒官兵。因派道员郭人漳率新军营官赵声,带一千五百兵旬日灭之。此二事,皆前任所酿成,而在两广系常见之事,且已迅速扑灭,因朝臣党争,互相水火,枢臣、疆吏有因之去位者,遂波及于余。传闻某枢奏广东匪多,周某年衰,恐筋力不及,可以某某代之,实挤某某出京也。其中情事复杂,不便叙述。余以屡次乞退之身,得以蒙恩开缺,感激无地。时岑春煊寓沪,请假养病,不即来粤,因电奏请派员署护。五月十九日,奉电旨:"两广总督着胡湘林暂行护理。"二十日,交卸、起程,并于交卸折内奏明回籍就医。奉批旨:"知道了。钦此。"

是月,蒙太后赏蓝绛麻纱、天青蜜色实纱四疋。

六月初二日,上庐山养病。学辉自武昌请假来山省视。孙明保亦到山。七月,游山南各刹。旋回扬州视妻吴氏病,延医治愈。八月十六日。自扬赴建德扫墓。九月中旬至芜湖,相东门外大砻房地筑别墅。十一月初二晚抵扬,妻吴氏是日辰刻病故,寿七十三岁。学铭由上海招商局、学熙由直隶臬司署任、学渊由山东、学辉由湖北各差次,均奔丧来扬。十一

① 1907年旧历二月(公历4月),廉钦道道员王秉恩决定开办钦州法政大学堂,所需经费通过增加新税——糖捐来解决。钦州一带盛产甘蔗,地方百姓以土法制糖出售。新政策规定,土法制糖的民户如不缴纳糖捐,就不许卖糖,遂引发民变。

曾祖周馥

月下皖,回芜湖。

光绪三十四年戊申(1908年) 七十二岁

六月往庐山避暑。九月芜湖别墅成,是月往建德祭扫,复往视已买桃源之横山阪地、秧田阪之打鼓滩地、鲍家陇地、唐山寺山内之高岭坞地、青田冈之马坑坞地、又往后河看板桥柯姓所卖之山、汪家街先买之山。过沈二姑家、赵法乾亲家家,看查册桥南新买王姓曹家陇山、陈村北山,皆作生圹,预备各房选择茔地之用。

纂集《历代治水述要》成稿,又集《黄河源流》、《文武汛地》、《历代河督姓氏》、《历代敕封河神考略》成稿。族人及本邑绅士,以妻吴氏历年捐助乐济会之赈济族戚孤贫银一万四千两,置芜湖万春圩水田二千馀亩,请旨建"乐善好施"坊。经皖抚沈奏,奉旨准。附录原奏、奉旨、日期。

护理安徽巡抚沈曾植奏请建坊片

再据署建德县知县徐景镛详:据前署太平府教授欧阳大观等禀称:本邑已故一品命妇周吴氏,为前两广总督臣周馥之妻,姆教素娴,乐善不倦。当咸丰、同治年间,遭粤匪之乱,流离转徙,目击戚族凋零,随时周济,历年节省衣饰,积银一万两,存典生息,专赡本族及亲戚中孤寡极贫者。嗣因典闭,存本半亏,复助四千金,置买芜湖县水田一千亩,以为永远施济之用。计众人受其惠者,垂三十年。现已身故,未忍听其湮没不彰,按例应请奖,禀由县府造册加结,转详到司。臣在署藩司任内,具详前护抚臣继昌,未及核办出缺,留交前来。臣伏查,已故命妇周吴氏寿逾七旬,封崇一品,持家俭约,宅性仁慈,五子同登科甲,传佳话于千秋,万金克赡宗亲,播贤声于一邑,堪资矜式,宜荷褒扬。按定例:士民于善举,捐银一千两以上者,均准奏奖。今周吴氏所捐之数已及十倍,合无仰恳天恩俯准,照例建坊,给予"乐善好施"字样,以昭激劝出自鸿慈。除册结谘部外,谨会同两江总督臣端方附片具陈,伏乞圣鉴训示。谨奏。

光绪三十四年九月十七日,奉硃批:"着照所请,礼部知道。钦此。"

是年秋,恭沐皇上特恩,诰封高祖讳文元公光禄大夫,高祖妣王氏、庶高祖妣杨氏,俱一品夫人。按例:一品官只封三代,至曾祖而止,从未有及四代者。今族人以我历年捐助善举颇多,公请邑尊转详皖抚,奏请皇上破例施恩,貤封高祖,并及高祖妣、庶高祖妣。本朝未有之旷典也,荣幸何可胜言!且我庶高祖妣杨氏,只生曾祖讳礼俗公一人,以次而传至今,已七世矣。溯一脉之流传,愧无补报;冀九原之灵爽,共享殊荣。谨将诰文恭录于后,至曾祖以下,重叠渥荷恩封原诰文不具录:

奉天承运,皇帝制曰:作述遥承,累代之箕裘弗替;显荣备至,中朝之黼黻弥光。爰沛殊恩,藉扬茂典。尔周文元,乃花翎头品顶戴、尚书衔、前任两广总督周馥之高祖父,圭璋砥行,诗礼传家。后昆有垂裕之模,永留规矩;潜德无不彰之媺,特贲丝纶。兹以尔元孙克襄王事,貤赠尔为光禄大夫,锡之诰命。於戏!辉煌家乘,金貂衍七叶之祥;灿烂天书,丹凤衔十行之诏。益恢茂绩,勿替芳声。

制曰:簪缨振采,扬先世之清芬;翟茀翔华,表中闺之懿

247

矩。将劝忠而教孝,遂逾格以推恩。尔王氏,乃花翎头品顶戴、尚书衔、前任两广总督周馥之高祖母,闻范柔嘉,女箴娴雅。禀蕙洁兰清之性,蚕职虔修;笃瓜縣椒衍之祥,燕诒递启。兹以尔元孙克襄王事,貤赠尔为一品夫人,锡之诏命。於戏!声谐鸣凤,允占五世其昌;诰捧回鸾,会见一门有喜。用酬淑德,式迓洪庥。

光绪三十四年六月十四日

　　奉天承运,皇帝制曰:簪缨振采,扬先世之清芬;翟茀翔华,表中闺之懿矩。将劝忠而教孝,遂逾格以推恩。尔杨氏,乃花翎头品顶戴、尚书衔、前任两广总督周馥之庶高祖母,闻范柔嘉,女箴娴雅。禀蕙洁兰清之性,蚕职虔修;笃瓜縣椒衍之祥,燕诒递启。兹以尔元孙克襄王事,貤赠尔为一品夫人,锡之诏命。於戏!声谐鸣凤,允占五世其昌;诰捧回鸾,会见一门有喜。用酬淑德,式迓天庥。

光绪三十四年六月十四日

宣统元年己酉(1909年) 七十三岁

闰二月,偕杨焕之赴南陵看山,访宣城周瀚如浩中丞。至太平府,访长江水师提督程从周文炳军门,旋回芜湖。

宣统二年庚戌(1910年) 七十四岁

三月,纂修《建德县志》成稿,《宗谱》亦修竣排印毕。郑贯之曾傅、徐守尧傅书、王宝兴庆堂三明经助力居多,诸儿亦时钞书寄芜以资编纂。

三月二十八日,偕杨明经焕之赴汉口,焕之大郎世特随行。四月朔,学辉迎过江,至武昌寓中午饭。初二日,附轮车北行,宿确山驻马店。初三日午到郾城,雇民船东行。俗名螺湾河,又呼螺河,乃汝水也。初四日过周家口,初五日抵水寨,初六日往相袁沟袁氏祖墓,访袁平甫封翁。初七日到红土窑相袁太夫人墓,回水寨沂汝水。十一日,复到郾城,学辉自鄂来。十二日,附车到郑州,袁慰庭亲家闻知,派人来迎。傅申甫世榕封翁自津来会,十三日同到洛阳。十四日,游吕祖阁、晋宣帝陵、魏世宗陵、汉光武之废郭后陵。十五日,谒周公庙,谒二程子祠、邵子祠、朱子祠。十六日,过洛河,见天津桥尚有一碪未塌,土人言北魏初造桥,时有七十二碪。过河而南,谒邵子"安乐窝",即邵氏宗祠也。祠旁有邵氏子孙十数家,业农。十七日,游洛东白马寺,唐译梵经处也,拜狄梁公墓。十八日,游洛西三十馀里周灵王陵,悼王、定王、敬王三陵,陵皆高二十馀丈,顶皆四方式,每方一面约宽十丈,顶平。杨焕之言:"陕西文、武、成、康陵皆方平式。"土人言:"在洛周陵亦然,惟汉、魏、晋陵皆圆凸形。"十九日,谒洛南十五里关帝陵,庙宇宏壮;又十五里抵伊阙、龙门,两山高约二百丈,中为伊水东流,水面宽六七十丈,可棹小舟,山上凿洞大小数百,中镌佛像,极精致。北魏时君民所凿,祈福也。西山有小瀑布,东山即香山,白居易墓在焉。二十日,到郑州,附北车至新乡,学熙自京来。二十一日,抵清化镇,见丹水,小不可航,灌田极多。镇东四十里,有英商福公司所开煤矿。二十二日,游宝光寺、毛文达昶熙尚书别墅。二十四日,自清化镇至卫辉府袁宅,袁慰庭亲家自彰德属其二郎豹岑克文来迎。二十五日,坐篮舆往辉县,路过明潞简王墓,规制颇壮,不亚皇陵,其享殿已改为神庙矣。考潞简王名翊镠,乃明穆宗第四子,万历十七年之藩卫辉,帝以母弟,赐田多至四万顷。王好文,持躬谨饬,恒以岁入助边饷,诚贤王也。明社已屋,后裔不敢祭扫,反不如编户穷丁得以岁时拜墓也。二十六日,游苏门山,乃太行支麓,百泉出焉,汇潆数百亩,清莹可鉴。亭阁祠宇，皆甲各郡。山上有孙登啸台。袁亲家有园林在百泉之南三里，约百馀亩，水竹清幽。二十七日，由辉县过新乡，至彰德府袁亲家宅。宅在府西洹水之北，园林较辉尤胜，因留住十日。亲家优待，其三兄清泉世廉亲家亦旧交，廉干有为之士也，时病痹，尚能跛行，惟舌强涩不能言。二十九日，属熙儿、辉儿随傅申甫、杨焕之等回京。五月初七日，辉儿自京抵彰德，随辞袁府，同回汉口。辉儿返武昌。十一日早，抵芜湖。

是年六月，登庐山避暑。

宣统三年辛亥（1911年） 七十五岁

三月二十日，第二儿学铭在芜湖寓病故，时年五十有三。先是，学铭由翰林散馆，选授四川蓬溪县，旋调署江津县，后因我抵川藩任回避，改道员赴江西候补，旋署江西按察使。又因我赴两江回避，改指湖南，经柯逊庵侍郎逢时在湖北委，办江西、湖南两省土税局。余至广东，寓书学铭，以鸦片本应议禁，收捐亦非善政，属其辞差，旋赴粤侍我数月。我罢官后，寓居芜湖，学铭随经皖人举，办芜湖至徽铁路，工巨款绌，奔走数年，路未成而竟以劳病故。惜哉，家运替矣！

学铭幼过嗣本服族弟宗传为后，遵我母命也。论例本可不继，惟念母命已许，且我服内景祥公支下太平时有十馀家，今仅存三家，宗传又无后，是只二家矣。我体祖宗之心不分彼此，使彼数房祖墓，皆有祭祀。我视学铭房内，析产一切如未过继等，亦不分彼此，聊尽余心，庶于敬先、慈幼之道两不失云。

先于宣统二年，在庐山撰训诸孙语一册，回芜复搜古人佳言续之，名曰《负暄闲语》。学渊乃以活字板印刷百部，示诸孙及族戚人等。余历年编集《理学粹语》四册、《古诗简钞》五册、《楚辞简钞》二册、《历代诗话》六册、《全唐诗选》二十册、《历代赋选》六册、《国朝赋选》四册、《程明道、邵康节、韩魏公、朱子诗选》一册、《欧阳文忠、梅圣俞诗选》二册、《范石湖、杨诚斋、陈后山诗选》一册、《宋诗选》三册、《苏东坡诗选》四册、《黄山谷诗选》一册、《陆放翁诗选》二册、《金诗选》二册、《元诗选》《明诗选》各一册,皆雇人抄写,取其字大醒目,又皆我心赏者,足以娱怀遣日也。惟《古文选编》以无人抄而止,工未及半。自著《玉山诗稿》四卷,于晦若侍郎、张楚宝京卿为之校定、作序。又《文集》一部,乃学熙所集公私文字编成者,皆存学熙处,属其不必刊以示人。又自撰《历代治水述要》一部,计十册;《河防杂著》计一册,成稿后均经于晦若侍郎复加校正成编,以今时国家不讲水利,不欲刊版传世,留存家塾可也。

是年五、六月大水,芜寓惟上房无水,街市行船。七月水退,土人云:"道光末年水更大三尺,光绪二十八年水略大,并此为三。"余维水为阴象、兵象,又痛朝政日非,深略时局有变,日夕彷徨不安,遂游上海。制造局张楚宝士珩京卿留住数日,游苏州虎邱、木渎、范坟、石湖等处。又游西湖数日,旧友章介眉、浙抚增子固蕴、巡道杨味莼皆来会。又至绍兴,谒大禹陵,游鉴湖。湖无水,极望平田,惟等某绅快阁一眺而已。旧友傅申甫世榕观察自天津来,偕赴海宁州观潮。旋回舟,过苏州闻湖北兵变失守,或言革命军起,不得其详。过镇江,询舟子,言学辉挈眷自武昌逃出,已至扬。因至扬州,视辉儿及孙明诒等。八月底回芜湖。

九月,移居上海。十一月,移居胶澳,即青岛。先是,南方革命党邀(要)求改民主立宪国体,复有曾任督抚大员亦奏请宣统帝逊位,又有人嗾使各武将具奏先后同辞,于是总理大臣袁世凯派代表唐绍仪与南[方]革命党伍廷芳等在沪议和,改中国为民主立宪国体。旧革命党首领孙文,旋自外洋至沪,各党人请其至南京暂代理大总统,设部办事。嗣北京议员举袁世凯为大总统,孙文遂卸事,革命党旋改国民党,孙文意也。袁世凯遂照民国立宪誓辞,受大总统任。此宣统三年冬,至次年春各事,

曾祖周馥

摘要录于后。

宣统三年冬有旨：从宣统四年壬子正月初一日起，改用阳历，是日已为阳历民国元年二月十八号矣。自是以后，官用阳历，听民间仍用阴历不禁。

附录　宣统帝逊位诏二道

辛亥（1911年）十二月奉旨：

朕钦奉隆裕皇太后懿旨：前因民军起事，各省响应，九夏沸腾，生灵涂炭，特命袁世凯遣员与民军代表讨论大局，议开国会，公决政体。两月以来，尚无确当办法，南北暌隔，彼此相持，商辍于途，士露于野，徒以国体一日不决，故民心一日不安。今全国人民心理，多倾向共和，南中各省既创议于前，北方诸将亦主张于后，人心所向，天命可知，余亦何忍因一姓之尊荣，拂兆民之好恶？用是外观大势，内审舆情，特率皇帝，将统治权公诸全国，定为共和立宪国体，近慰海内厌乱望治之心，远协古圣天下为公之义。袁世凯前经资政院选举为总理大臣，当兹新旧代谢之际，宜有南北统一之方，即由袁世凯以全权组织临时共和政府，与民军协商统一办法，以期人民安堵，海宇乂安，仍合满、汉、蒙、回、藏五族完全领土，为一大中华民国。予与皇帝得以退处宽闲，优游岁月，长受国民之优礼，亲见郅治之告成，岂不懿欤！

又奉旨：

252

朕钦奉隆裕皇太后懿旨：前以大局阽危，兆民困苦，特饬内阁与民军商酌优待皇室各条件，以期和平解决。兹据覆奏，民军所开优待条件，于宗庙、陵寝永远奉祀，先皇陵制如旧妥修各节，均已一律担承。皇帝但卸政权，不废尊号。并议定优待皇室八条，待遇皇族四条，待遇满、蒙、回、藏七条。览奏尚为周至。特行宣示，皇族暨满、蒙、回、藏人等，此后务当化除畛域，共保治安。重睹世界之升平，胥享共和之幸福，予有厚望焉。

甲　关于大清皇帝辞位之后优待之条件

今因大清皇帝赞成共和国体，中华民国于大清皇帝辞退之后，优待条件如下：

第一款　大清皇帝辞位之后，尊号仍存不废。中华民国以待外国君主之礼相待。

第二款　大清皇帝辞位之后，岁用四百万两，俟改铸新币后，改为四百万圆，此款由中华民国拨用。

第三款　大清皇帝辞位之后，暂居宫禁，日后移居颐和园。侍卫人等照常留用。

第四款　大清皇帝辞位之后，其宗庙、陵寝永远奉祀，由中华民国酌设卫兵妥慎保护。

第五款　德宗崇陵未完工程，如制妥修。其奉安典礼仍如旧制，所有实用经费，均由中华民国支出。

第六款　以前宫内所用各项执事人员，可照常留用，惟以后不得再招阉人。

第七款　大清皇帝辞位之后，其原有之私产，由中华民国特别保护。

第八款　原有之禁卫军,归中华民国陆军部编制,额数、俸饷,仍如旧。

乙　关于清皇族待遇之条件

一、清王公世爵,概仍其旧。

二、清皇族对于中华民国国家之公权及私权,与国民同等。

三、清皇族免当兵之义务。

丙　关于满、蒙、回、藏各族待遇之条件

今因满、蒙、回、藏各民族赞成共和,中华民国所以待遇者如下:

一、与汉人平等。

二、保护其原有之私产。

三、王公世爵,概仍其旧。

四、王公中有生计过艰者,设法代筹生计。

五、先筹八旗生计,于未筹定之前,八旗兵弁俸饷仍旧支放。

六、从前营业、居住等限制,一律蠲除,各州县听其自由入籍。

七、满、蒙、回、藏原有之宗教,听其自由信仰。

以上条件列于正式公文,由两方代表照会各国驻北京公使,转达各该政府。

是年十一月，各省代表在南京成立临时参议院，举孙文为中华民国临时大总统，黎元洪为临时副总统。

民国元年（1912年）一月一日，临时大总统孙文在南京莅任，有宣言书，略谓：

> 中华民国缔造之始，而文以不德，膺临时大总统之任，夙夜戒惧，虑无以不副国民之望。但既以组织临时政府之责相属，自推功让能以言，文所不敢任；自服务尽责以言，则文不敢辞也。然欲确定共和，以达革命之宗旨，其要则在民族之统一、领土之统一、军政之统一、财政之统一四者。持此进行，庶无大过。云云。

燕、辽、齐、豫、湘、鄂、秦、晋、苏、浙、皖、赣、闽、粤、蜀、滇、桂公民代表等，并有祝莅任词。

二月十二日，南北共和统一，孙文辞职，袁世凯被举为临时大总统。

三月十一日，公布南京临时参议院议定之《临时约法》（南京临时参议院为十七省所派代表组织而成）。

四月三十日，临时大总统袁世凯莅北京临时参议院之宣言，有"世凯忝承五大族推举，夙夜祇惧，恐不能胜。谨掬诚悃，敬告我国民。在志气高远者，必以世凯莅任伊始，必有宏大之议，以一新闻听。然古今立国之道，惟在整饬纲纪，修明法度，使内外相系，强弱相安，乃可巩固国基，争存宇内。现值改革之后，亟当维持秩序，利用厚生，建设从稳健入手，措置以实事为归，根本庶可稳固"等语。

二年四月八日,第一次正式国会成立,袁大总统演说词有"正式国会本于四万万人民心理所结合,国家主权,当然归之国民全体。今日国会诸议员,系由国民直接选举,即系国民直接委任,从此共和国之实体藉以表现,统治权之运用亦赖以圆满进行"等语,并致颂曰:"中华民国万岁,民国国会万岁。"

二年七月,江西湖口、江苏徐州等处民党李烈钧、黄兴等倡变。以袁总统行为似君主立宪,不合民国立宪体制,欲易之。

二年十月八日,国会举袁世凯为正式大总统。九日,举黎元洪为正式副总统。

二年十月十日,袁大总统莅任,誓词曰:"予誓以至诚,遵守宪法,执行大总统之职务,谨誓。"并有宣言书,略谓:"立宪重法律,共和重道德。顾道德为体,而法律为用。今将使吾民一跃而进为共和国民,不得不借法律以辅道德之用。而'道德'二字范围广大,约言之,则忠、信、笃、敬而已。余今矢与国民共勉之。余并以最诚挚亲爱之意,申告于国民曰:余一日在职,必一日负责!顾中华民国者,四万万人之中华民国也,兄弟睦则家之肥;全国之人同心同德,则国必兴。余以此祝我中华民国焉!"云云。

二年十一月四日,袁大总统布告解散国民党,并取消民党议员,参、众两院以人数不足,遂停会。

二年十二月十五日,袁大总统召集政治会议,以李经羲为议长,训词有:"民国建设二年于兹,政治进行诸多牵掣、隔阂之处,是以召集政治会议,以期内外联洽,共商办法,以辅助政治之进行。"并谓:"改革以后,纪纲法度荡然无存,甚至礼义廉耻亦皆放弃,人伦道德废而不讲。现象如此,何以立国?诸君多从各省来,亦有由政府及各部举派者,均系有名望、有能力之人,为救国救民起见,总须担负责任,不宜争执己见,墨守成见。苟他人所主张者确有理由,即当降心以从,协力和衷,乃有办法"等语。

二年十二月二十四日,公布政治会议规则。

三年一月十日,政治会议呈请大总统宣布停止参、众两院现有议员职务,国会乃完全取销。

三年一月二十四日,政治会议呈请特设造法机关,以改造民国国家之根本法(案即增修《约法》)。此项机关定名为"约法会议",议员仍由选举,但以学识、经验为准。选举区划取"都会集中主义",选举资格取"人才标准主义"。

三年一月二十六日,公布约法会议组织条例。并于二十九日公布议员选举施行规则,令依规则选举。约法会议成立后,政治会议即行停止。

三年二月二十七日,政治会议呈请,将各省省议会一律取销。

三年六月□□日,设立参政院,并令代行立法院职权。

民国元年壬子(1912年) 七十六岁

寓青岛。七月,袁总统授四儿学熙为财政总长,力辞。总统云:"内阁各官已三易,各省责言大局将危,即暂不到任,亦不可辞。现时以安大局为要。"敦促进京,旋又催赴任。时部库如洗,各省无一解款,尚求京接济。且旧日外债、赔款,各国迫索不已,势将破产危国。因与各国磋商数月,得将借款成立,勉强撑拄。学熙忧劳成病,至次年四月乞假开缺,至青岛养疴。

是年,辉儿被乡人举为众议院议员。此民国正式国会举行第一次之选举也。

民国二年癸丑(1913年) 七十七岁

二月,回建德扫墓。西自桃源、将军岭、马鞍岭、唐山寺、打鼓滩、马家坞,东至历山、邓家山、沈家山、板桥,各坟俱到。至纸坑山老祖茔,如老林山、段家岭、楮树林、涂公庙等处祭扫时,仿道光年间聚族丁在茔地餕饮办法。惟祭祖不敷应用,因许每岁由我家出银三十元助之。

先是,咸丰乱后,族人逃散,久不祭扫。及乱定归来,长老偶一上冢,幼稚多不知祖墓所在,故余复此餕饮之举。又,清明日为添丁及嫁娶、亡故者登谱之期,亦议照旧举行。连日看农林公会种桐、桵、乌桕各山,会长鲁叔善宝书别驾经理四年,计桐成树已三十四万株,另种桵、柏万株。复议添立公司推广种植。邑人亦有仿行者。此由熙儿体其母行善之意,岁捐三千两倡此义举,欲开邑人种山风气。归途过马田赵法乾亲家宅,住二日,至东流上船,三月过芜湖,住数日,晤芜湖关监督杨蔚霞士晟,旧友章干臣刺史锡藩、吴怡生观察政修等。至沪看达孙等,复回浦口,乘火车回青岛。先拟过扬州视诒孙等,以扬州有不愿见之官,遂未往。

四月,学熙等自京来青岛,孙明泰等先于二月至。遑孙先赘于萧府,至是别构屋住。

六月,第二次革命党复起,南京、江西、安徽、广东响应,袁总统派兵剿办,数月始平,而江西溃逃之革[命]党路过建德,骚扰不堪言状。

是年十月,孙明耆生(辉儿第五子)。

民国三年甲寅(1914年) 七十八岁

五月初四日,熙儿奉大总统授为参政院参政,未就。

五月十五日,赴天津,视渊、辉两儿及藩、稣众孙等。袁大总统派其子豹岑克文来接,不便固辞,至京寓总统府七日。相待极优,盖判襟已六年矣。所陈治国弭乱之道,尚蒙嘉纳,不以为谬。二十四日出东城看自来水台,越日看印刷局,皆熙儿所经办也。又至孙相国文正家萧家看孙壻多焕,至徐府看孙明保、孙媳徐氏。月底出京,过天津,往看唐山启新洋灰厂、滦州马家沟煤厂。假天津酒馆,宴雷朝彦震春、陈尧斋际唐诸君。过济南回青岛,沿途旧友闻知皆来晤,亦有求差乞荐者,皆辞之。

六月,闻奥斯马加国太子夫妇被塞尔维亚国人刺杀,奥国欲兴师问罪,乃俄与英、法二国联军,德与奥联军,互相攻击。闻战线延长千里,战卒共有千万人,此古今仅有之大战也。青岛戒严,遂挈熙儿等至天津,寓杨桥旧庐。学渊、学辉、暹孙等,寓英、德租界。

十一月二十三日,滦矿公司、启新洋灰公司、京自来水公司伙友等为我祝寿,在杨桥寓中演戏一日。余先不知,临期势不能却,殊为愧歉。天津戚友,届期有来贺者,孙明捷自济南来,明保、明庆自京来。大总统亦先期送礼物来,不敢拒却,伏处草野之人,受此宠赐,汗颜多矣。二十六日,熙儿五十初度。熙儿于二十四日东游唐山,遂至奉天各处游历,半月始归,为避戚友称祝也。而大总统已赐联匾各礼物矣。熙儿旋晋京叩谢,并谢派高等财政顾问之委。

民国四年乙卯(1915 年)　七十九岁

是年仍寓天津。正月,学熙奉袁总统令,署理财政总长兼盐务署督办,辞不获已,乃就任。

五月,筹安会成立,有变更国体之议。学熙不肯附和,屡辞未允,自七月邀准病假,避居西山静宜园,至五年(1916 年)三月始得开缺回津。

是年九月,辉儿奉袁大总统令,派督办华新纺织有限公司事宜。

是年十一月初五日,即阳历十二月十一日,奉袁大总统申令:

据全国国民代表大会总代表代行立法院奏称:

窃总代表,前以众论金同,合词劝进,吁请早登大宝,奉谕推戴一举,无任惶骇,等因。仰见圣德渊衷,巍巍无与之至意,钦仰莫名。惟当此国情万急之秋,人民归向之诚,既已纷涌沸腾,不可抑遏。我皇帝傥仍固执谦退,辞而不居,全国生民,实有若坠深渊之惧。盖大位久悬,则万几丛脞。岂宜拘牵小节,致国本于阽危?(中略)……等情。据此,天下兴亡,匹夫有责,予之爱国,讵在人后?但亿兆推戴,责任重大,应如何振兴国势?应如何刷新政治,跻进文明?种种措置,岂予薄德鲜能,所克负荷?前次掬诚陈述,本非故为谦让,实因惴惕交萦,有不能自已者也。乃国民责备愈严,期望愈切,竟使予无以自解,并无可诿避。第创造弘基,事体繁重,洵不可急遽举行,致涉疏率。应饬各部院就本管事务,会同详细筹备,一俟筹备完竣,再行呈请施行。凡我国民,各宜安心营业,共谋利福,切勿再存严虑,妨阻职务。各文武官吏,尤当靖共尔位,力保治安,用副本大总统轸念民生之至意。除将国民代表大会总代表推戴书,及各省区国民代表推戴书发交政事堂,并咨复全国国民代表大会总代表代行立法院外,合行宣示,俾众周知。此令。

是年,各省军、商、学界,官民人等,均电请袁大总统即皇帝位。十一月二十五日,即阳历十二月三十一日,政事堂奉袁大总统申令:"据大典筹备处奏请改元一折,明年改为洪宪元年。此令。"

民国五年丙辰(1916年) 八十岁

是年仍寓天津。十月,回建德祀祖墓。学熙买官港塘坞里山,在官港东南二里许,迁葬学铭,孙明启衬,酉卯兼庚甲向,土色红腻,形家言:"此为中上地。"又买官港东乌泥塘犬形,葬族弟宗权、弟妇朱氏,卯酉兼乙辛向,即学铭之嗣父母也。形家言:"地平稳。"又买官港东二里许瓦窑坞山,葬明锦、明庆两孙,西卯兼乙辛向,土色黄中红,左边土色尤佳,拟留为锦妇方氏他年祔葬之地。形家言:"地极平安。"又买尧渡河西坂牛车桥之西胡姓坟前平田一亩馀,为本族义地,已立小碑数十,载明某人生圹。又买官港东十五里姚家甸山巴作生圹。又买官港东南云雾坑山为我寿圹,乙辛向,西对梅岭,形家言:"是上地。"余次年冬验其龙穴似真。又买北坑口内三里檀家坂山,此地形家言:"非真,不合用。"又买潘村坂西南之高家山,距陈家衖十里,此地据形家言:"未得的穴",不便扦葬。又买姚家陇一山,距陈家衖六里,在长冲西边,乾巽兼亥己向,形家言:"上中之地。"又买后房青靛窪山一号,在官港东北二里许,形家言:"不可用。"又买花桥头山,在官港北,即滩头岭下边大路旁,此地尚待覆验。又买谢溪岭山,在秧田坂之东,大坞里之北,己亥向,形家言:"可用。"后三年,又买土塘金家菜园平地一片,与打鼓滩山共祖,此地尚待复验。此皆预备学熙、学渊、学煇等他日择用。十一月,族人为余祝寿。族尊万受叔祖与阖族昆仲子侄在祠堂筵宴,并为余悬匾额于祠中,字曰:"范德吕年"。余问之,"范"指范文正设义庄事,"吕"则指师尚父也。拟不于伦,可愧。

十一月,至镇江,寓电灯公司,达孙等自沪来会。旋至苏州,函嘱曾孙震良等自沪来见。复回过镇江,达孙、遂孙等为我祝寿,演剧一日。上海交涉员杨小川、苏州关监督杨蔚霞、芜湖寓客吴怡生、金陵造币厂长夏辅宜、江苏财政厅长胡海帆等俱至。十二月,回天津。

是年阳历三月二十二日,即阴历二月十九日,政事堂奉袁大总统申令:

民国肇建,变故纷乘,薄德如予,躬膺艰巨。忧国之士,怵于祸至之无日,多主恢复帝制,以绝争端,而策久安。癸丑以来,言不绝耳。予屡加呵斥,至为严峻。自上年时异势殊,几不可遏,佥谓:中国国体,非实行君主立宪,决不足以图存,傥有墨、葡之争,必为越、缅之续,遂有多数人主张恢复帝制,言之成理,将吏士庶,同此恫忱,文电纷陈,迫切呼吁。予以原有之地位,应有维持国体之责,一再宣言,人不之谅。嗣经代行立法院议定,由国民代表大会解决国体,各省区国民代表一致赞成君主立宪,并合词推戴。中国主权本于国民全体,既经国民代表大会全体表决,予更无讨论之馀地。然终以骤跻大位,背弃誓词,道德信义,无以自解,掬诚辞让,以表素怀。乃该院坚谓元首誓词,根于地位,当随民意为从违,责备弥严,已至无可诿避。始以筹备为词,藉塞众望,并未实行。及滇、黔变故,明令决计从缓,凡劝进之文,均不许呈递。旋即提前召集立法院,以期早日开会,征求意见,以俟转圜。予忧患馀生,无心问世,遯迹洹上,理乱不知,辛亥事起,谬为众论所推,勉出维持,力支危局,但知救国,不知其他。中国数千年史册所载,帝王子孙之祸,历历可徵,予独何心,贪恋高位?乃国民代表既不谅其辞让之诚,而一部分之人心,又疑为权利思想,性情隔阂,酿为厉阶。诚不足以感人,明不足以烛物,予实不德,于人何尤?苦我生灵,劳我将士,以致群情惶惑,商业凋零,抚衷内省,良用矍然,屈己从人,予何惜焉。代行立法院转陈推戴事件,予仍认为不合事宜,着将上年十二月十一日承认帝位之案,即行撤销,由政事堂将各省区推戴书,一律发还参政院、代行立法院,转发销燬。所有筹备事宜,立即停止。庶希古人罪己之诚,以洽上天好生之德,洗心涤虑,息事宁人。盖在主张帝制者,本图巩固国基,然爱国非其道,转足以害国;其反对帝制者,亦为发抒政见,然断不至矫枉过正,危及国家,务各激发天良,捐除意见,同心协力,共济时艰,使我神州华裔,免同室操戈之祸,化乖戾为祥和。总之,万方有罪,在予一人!今承认之案,业已撤销。如有扰乱地方,自贻口实,则祸福皆由自召。本大总统本有统治全国之责,亦不能坐视沦胥而不顾也。方今间阎困苦,纲纪凌夷,吏治不修,真才未进,言念及此,中夜以兴。长此因循,将何以国?嗣后文武百官,务当痛除积习,黾勉图功,凡应兴应革诸大端,各尽职守,实力进行,毋托空言,毋存私见。予惟以综覈名实,信赏必罚,为制治之大纲,我将吏军民尚(当)共体兹意!此令。

是年五月初六日,袁大总统以病薨于位,副总统黎元洪接任。先是,云南长官蔡锷倡义反抗帝制,各省响应,袁总统派兵数万,赴湘、鄂御之。

是年帝制虽撤销,而各省仍藉辞抗命,扰乱地方,数年不已。外国人皆言:"先请称帝制谓出于民意,后撤销帝制亦出民意,足见中国此时民意,可由数要人假造而成,实非真正民意也。"

是年六月,黎大总统令正式国会继续开会。

民国六年丁巳(1917年) 八十一岁

是年仍寓天津。

是年阳历六月,黎大总统令解散议院,令文录后。时谣传安武军统领倪嗣冲之兵已至静海县,逼令解散议院。张勋、李经羲等作调人,因劝黎总统解散议院。倪有撤兵回皖通告,不录。

时黎总统令曰:

上年六月,本大总统申令,以宪法之成,专待国会。开国五年,宪法未定,大本不立,亟应召集国会,速定宪法。是本届国会之召集,专以制宪为要义。前据吉林督军孟恩远等呈称:"日前宪法会议及审议会通过之宪法数条,内有'众议院有不信任国务员之决议时,大总统可免国务员之职,或解散众议院。惟解散时,须得参议院之同意。又大总统任免国务总理,不必经国务员之副署;又两院议决案,与法律有同等效力'等语,实属震悚异常。考之各国制宪成例,不应由国会议定,故我国欲得良妥宪法,非从根本改正,实无以善其后。以常事与国会较,固国会重;以国会与国家较,则国家重。今日之国会,既不为国家计,惟有仰恳权宜轻重,毅然独断,将参、众两院即日解散,另行组织,俾议宪之局,得以早日改图,庶几共和政体,永得保障。"等语。近日全国军、政、商、学各界,函电络绎,情词亦复相同。查参、众两院,组织宪法会议,时将一载,迄未告成。现在时局艰难,千钧一发,两院议员纷纷辞职,以致迭次开会,均不足法定人数,宪法审议之案,欲修正而无从,自非另筹办法,无以慰国人宪法期成之喁望。本大总统俯顺舆情,深维国本,应即准如该督军等所请,将参、众两院即日解散,克期另行选举,以维法治。此次改组国会本旨,原以符速定宪法之成议,并非取消民国立法之机关。邦人君子,咸喻此意! 此令。

是年五月,黎大总统自请退位,请副总统冯国璋代行大总统事。继而安徽督军、统领振武军兼长江巡阅使张勋至京,请宣统帝复辟,谓彼在徐州,已与各省督军约定、签字。旋因段祺瑞带兵进京,与张勋战,张勋败绩,复辟事遂销。

是年七月,副总统冯国璋到京,代行大总统事。

附录　黎总统辞位令、冯总统接任令

黎总统令曰:

南京冯副总统、各省督军省长、南宁陆巡阅使、琼州龙督办、各都统、各护军使、各镇守使鉴:

东日两电计达。此次政变猝生,致摇国体。元洪不德,统御无方,负疚国民,饮痛何极。都中情形,日趋险恶,元洪既不能执行职权,民国势将中断。查《约法》第四十二条,大总统因故不能视事时,副总统代行其职权。又查《大总统选举法》第五条,文义略同,并有国务院摄行职务之规定。应(因)请冯副总统依法代行大总统职务。目前交通梗绝,印绶赍送维艰,并已特任段公芝泉为国务总理,印务即交由设法转呈。此后一切救国大计,概由副总统、总理协力进行,尚望共体时艰,勉图匡赞。无任祷盼。

元洪。冬。

冯大总统令:

黎大总统因故不能执行职务,国璋依《大总统选举法》第五条第二项,谨行代理,兹于七月六日就职。特此布告。

倪嗣冲通电:

冯副总统、段总理钧鉴:

武鸣陆巡阅使,各省督军、省长、承德、张家口、归化都统,
上海、宁夏护军使,并转各师、旅长钧鉴:

华密。天祸中国,政争迭起。张勋此次入都,本系调人,且
已表明宗旨,拥护共和。逦自本月一号警电纷传,竟捏列多名,
强迫复辟,独行独断,一手遮天。清室供其牺牲,团体视如儿
戏。事前既未与闻,事后誓不承认。嗣冲迭与副总统、段总理往
返密商,同深义愤,应随我副总统、段总理之后,一致进行。谨
布区区,诸希鉴察。

倪嗣冲。歌。

是年,政府组织临时参议院,修改参、众两院议员选举法,于次年行
新选举,召集新国会。

是年五月,至北戴河海边避暑。八月,游张家口、宣化、大同、丰镇等
处。李子贞太守同行,渊儿及进孙侍。

是年八月,天津大水,孟庄屋皆淹二三尺,遂赁屋避水。

八月,孙明耆殇(辉儿第五子)。

九月,携小孙明藩、明龢,乘京汉车过保定、汉口,附江轮回籍祭扫。
看定云雾坑生圹,卯酉兼乙辛向。十月,沂江东下,取道津浦铁路返津。

自今年起,纂注《易理汇参》。

民国七年戊午(1918年)　八十二岁

是年,仍寓天津。三月,移回孟庄三多里。

是年九月,冯大总统因期满退位,议院改举徐世昌继任。九月初六
日,即阳历十月十号,奉徐大总统令曰:

世昌不敏,从政数十年矣。忧患馀生,备经世变。近年闭户养拙,不复与闻时政。而当国是纠纷,群情隔阂之际,犹将竭其忠告,思所以匡持之。盖平日忧国之抱,不异时贤,惟不愿以衰老之年,再居政柄。耿耿此衷,当能共见。乃值改选总统之期,为国会一致推选,屡贡悃忱,固辞不获,念国人付托之重,责望之殷,已于本日依法就职。惟是事变纷纭,趋于极轨,我国民之所企望者,亦冀能解决时局,促进治平耳。而昌之所虑,不在弭乱之近功,而在经邦之本计,(中略)云云。

是年五月,学煇卸督办华新纺纱厂事。众商仍照原案,归商办理,不归部办,公举学熙为正董事,杨味云为副董,遂集股开办天津纺纱厂,续办青岛纺纱厂、唐山纺纱厂。仍拟再办二厂,以符原案五厂之议。以各省购纱织布者多,供不应求也。

是年九月,为孙明稣授室。

十一月,学熙、学渊、学煇等为我祝寿,演剧三日,为补酬前年亲友称祝之意(前年馥南旋,不在天津)。

民国八年己未(1919年) 八十三岁

是年仍寓天津。

二月,曾孙钊良生(明云长子)。

三月,曾孙恺良生(明夔次子)。

熙儿奉大总统令特派,督办整理全国棉业事宜,设筹备处于天津,成立棉业传习所,筹设模范纱厂于卫辉,并在津劝设棉业公会,各省添设棉业试验场。

熙儿创办华新公司,青岛纱厂成立。

辉儿创办兴华棉业公司。

纂辑《周程张朱诸子语录》。

民国九年庚申（1920年） 八十四岁

二月，女瑞珠适袁克轸（凤镶，项城第八子）。

三月，甘肃地震，陵谷变迁者一二十州县，死伤数十万人。

三月二十八日寅时，曾孙骏良生（明龢长子）。

五月，曾孙嘉良生（明焯长子）。

财政部盐务署呈请特派熙儿兼领督办长芦棉垦事宜。派人测绘长芦废场灶荒，并计划丰润、滦县沿海分区筑堤开河，劝设公司开办棉垦。

九月，达孙自沪来省视。

本年直、鲁、豫三省大旱，灾民麕集天津，命熙儿捐办粥厂，收养四千八百馀人。冬月起至次年二月遣散，共费三万馀元。

冬月，孙女齐庆殇。除夕，孙明保在京病故。

《易理汇参》脱稿，计十二卷。

《诗集》四卷，以仿宋聚珍石印版印行。

日写先贤、诸子性理格言数篇，分给诸孙。

本年冬间，政府明令，仍用旧选举法改选国会议员。

欧美同盟国与协约国议和告成。

民国十年辛酉（1921年） 八十五岁

正月，外孙女袁领弟生（珠女出）。

熙儿接办华新公司卫辉纱厂，并将模范厂纱机归并办理，又接管华新唐山纱厂。

三月,辉儿被举为众议院议员。

四月,《易理汇参臆言》脱稿刊行。

四月,二媳及孙明捷夫妇,率曾孙遂良、介良等,由扬州来津省视。

七月,曾孙骥良生(龢次孙子)。

七月,皖北淮河两岸十数州县大水,皖南池属各县苦旱,旅津同乡设立安徽义赈会,并公举许静仁世英呈请政府,派充赈务督办。

七月二十五日,为侧室吴氏六十生辰,渊、辉等假安徽会馆演戏酬客,亲友到者甚众。

本年,政府与德、奥两国重订通商条约,恢复邦交,互派公使。

美国发起在华盛顿召集太平洋会议,政府派遣施肇基、顾维钧、王宠惠、伍朝枢为代表列席。

八月,刘婿述之自沪来省视。

孙女齐庆柩南归,择定十月初四日葬桃源。

本年自春间时小发寒热,眠食如常。七月底,胸背发现红痱成片,渐达四肢,痒而难寐,中秋节前渐愈。九月初间,眠食日减,医者皆言脉气极旺,然自知天命将尽,因述康节先生临终、横渠先生往视,彼此所谈人事、天命之语,以告熙儿。我生平艰难困苦、安富尊荣,均臻极境,凡所遭遇,皆出意料之外。此天命,非人力也。今天命已尽,复何所恋而不去耶?因属家人速备后事。初六日,赋五律一首:"天命运已尽,徒将医药缠。长饥不思食,醒卧亦安眠。默数平生事,多邀意外缘。皇天偏厚我,世运愧难旋。"

谨案:嗣后或时微泻,或时作呃,然坚不服药,日饮米汁少许,恬然

曾祖周馥

静定,闭目安卧,动止如常度。有时命奏八音琴以娱耳,神明湛然,家人戚友有数岁不见,甫自远方来者,闻声即知为某某,皆略叙一二语以示别。十三日,因所赋诗中"思"字误作"嗜"字,复取笔易之。二十夜戌时,两手脉象不现,急事医治,俄顷稍复。延至二十一日辰时,气息渐微,竟弃不孝等而长逝矣。呜呼,痛哉!

男 学熙泣血敬记

秋浦周尚书年谱书后

公生平先忧后乐，以天下为己任。观公之才德学识，皆足以致太平，而卒为世运所限，不能竟其志。故自旁观者论之，以为布衣起家，事功禄位，子孙科第，备极隆盛，可谓始困而终亨。而孰知公之心，忧时望治，愈老而愈拂郁，其形诸诗者，直至临终，犹有遗憾焉。吁，可慨也已！

同邑郑起枝谨跋

醇亲王巡阅北洋海防日记①

周馥　撰　　　孟繁之　校点

民国戊寅(1938年)七月周氏师古堂刊
二品衔署长芦盐运使津海关道周馥谨录

光绪十一年(1885年)

光绪十一年(1885年)夏,廷议设海军衙门。大学士、直隶总督、一等肃毅伯李,遵旨议奏,七月初五日奉上谕:"李鸿章奏遵议海防事宜一折,言多扼要,惟事关重大,当此创办伊始,必须该督来京,与在事诸臣熟思审计,将一切宏纲、细目规划精详,方能次第施行,渐收实效。等因。钦此。"李爵相随(遂)于八月十八日,自津入都陛见。

---

① 周馥此日记,未收入《周悫慎公全集》,不审何因。此日记原件今藏中国社科院近代史研究所图书馆,系用墨笔抄录在一三十二开的红色竖格毛边纸上,凡九十页。周氏师古堂民国戊寅(1938年)有刊本行世。此次整理,以民国戊寅周氏师古堂刊本为底本,以社科院所藏稿本为校本。(整理者案)

272

九月初五日，奉慈禧端佑康颐昭豫庄诚皇太后懿旨："前因海防善后事宜关系重大，谕令南北洋大臣等筹议具奏。嗣据该大臣等各抒所见，陆续奏陈。复经谕令军机大臣、总理各国事务衙门王大臣，会同李鸿章妥议具奏，并令醇亲王奕䜣一并与议。兹据奏称：'统筹全局，拟请先从北洋精练水师一枝以为之倡，此外分年次第兴办。'等语。所筹深合机宜。着派醇亲王奕䜣总理海军事务，所有沿海水师，悉归节制调遣。并派庆郡王奕劻、大学士直隶总督李鸿章会同办理，正红旗汉军都统善庆、兵部右侍郎曾纪泽帮同办理。现当北洋练军伊始，即责成李鸿章专司其事。其应行创设、筹议各事宜，统由该王大臣等详慎规划，拟立章程奏明，次第兴办。钦此。"

九月十七日，海军衙门奏称："海军事宜，原以精练水师为要务，既自北洋开办，而南洋闽、粤等省，将来次第举行，亦须豫为之筹。臣等公同商酌，拟先谘行各直省督抚、将军等，令将沿海一带水师船只及官弁、兵勇、饷糈各数目，并各营所存器械若干，机器等局均岁造军火各若干，统造清册，详细谘报，以便通盘筹划，量度时势分布。惟事属创始，头绪纷繁，若待另建衙署，恐需时日。查神机营署内尚有空闲房间，稍为修葺，可敷办公，名曰'总理海军事务衙门'。所有谘札文件，拟即借用神机营印信，以昭简易。等因。"同日又奏："派神机营全营翼长、镶红旗汉军副都统、花翎、二等子恩佑，为海军衙门总办文案、翼长；派四品衔兵部郎中堃岫、记名知府户部郎中阿麟、内阁侍读学士云骑尉奎焕、记名御史工部员外郎常明等四员，为帮总办文案；派即选主事宗室载林等二十二员，为海军衙门章京，分掌文卷等事；派营务翼长护军参领祥普等八员，用备差遣。"同日均奉懿旨允准。

十二月，海军衙门谘取北洋沿海水师驻扎处所地图，爵相随备具图说谘送，以备考核。

曾祖周馥

光绪十二年（1886年）

光绪十二年（1886年）四月，总理海军事务和硕醇亲王，奉皇太后懿旨，巡阅北洋水陆各军。是月初九日请训。帮办海军正红旗汉军都统善厚斋庆、海军衙门文案总办副都统恩宝廷佑，均于是日召见。择于四月十一日出都，文武随员三十馀人。帮总办堃紫巖岫、常子清明，营务翼长祥伯泉普、明菊如惠，机器局总办恩厚丞佑、王子仪福祥，枪炮厂总办岳柱臣梁，营务委员希公元林布、景亨博端、佟泽沛，机器委员恩俊斋杰、荫俊生德赫，枪炮厂委员振声甫镛、李璧垣奎光、岱仁山寿，章京载嵩泉林、联星桥魁、耆介寿龄、丰凤石伸、庆啸山宽、金子良如鉴、色达甫楞额、英书舫文、全雨乡顺、荫月岑斌，委管带小队官锡善，内火器营戈什哈章京桂林，外火器营戈什哈章京海禄善，都统随员四人：寿山、延年、于得禄、连元，并海军衙门神机营戈什哈兵弁夫役，王府护卫太监人等，约共二百三十馀人。先是，王虑随从人多，或有骚扰，遂倍发粮饷，凡车价、饭食及马匹喂养，皆属各人自备。爵相闻之，以为历来星使过津，从者莫不犒以一饭，今邸节莅津，顾听各员买薪炊爨，非所以尽礼敬而崇体制也。乃属张燕谋观察翼，到京达意。王乃谕随从各员酌量领受，不准稍有需索，并严禁擅收银物、请托等事。使人各执谕一纸，以自警省。时馥承乏津海关道，兼充北洋行营翼长，凡阅操一应事宜，俱当豫为筹备。因与署天津镇郑一峰总戎国魁、营务处万青甫观察国顺诸公，商定操场诸事，并一路迎送伺应各礼节。

谨录邸节到津迎送仪节：
黄金志、徐邦道、王得胜各队在二十里内外举枪跪迎。
天津镇标兵在十里外跪迎。
统领营官挂刀请安，有黄马褂者应着。

274

司道以次，在红桥马头站班迎请安（海光寺门外同）。

史镇宏祖派马队（四十名前导、六十名后护）到海光寺。

文武到海光寺上本请安（附履历，凡手本、履历与见钦使、督抚同）。

上轮船时，文武在马头送。

由津至大沽，所有天津各营、新城小站各营、大沽各营，俱列队河边跪送，如前仪。回津亦如之。凡统领营官已见者不挂刀，未见者挂刀。

凡陆营、水师迎送升礮，皆照向例三响。

阅操仪节：

王偕爵相、都统轿到演武厅外下轿，文武分两班迎请安。设公案三，王中、爵相东、都统西升座。统领行装挂刀送茶，在任提镇及司道补服参堂三躬，统领送阵图，参堂三叩首，营官随统领三叩首。统领请令开操。阅操毕，统领营官谢操三叩首。文武分两班送，不请安，不揖。凡迎送升礮、奏乐如向例。

馥奉爵相面谕，督饬府县承办供给诸事。津郡向无馆舍，乃择南城外海光寺以为行辕。榱桷黯淡，略加垩饰。院落空旷、不严密处，以板隔别之。凡所陈设器具，皆取朴素简便。一切秾丽及黄赤诸色，概置不用，体王意也。环寺墙外为淮军行营制造局，有屋八十楹，即借为善都统、恩总办诸人寓所。复虑屋不敷用，添建瓦房、灰房五十二间，屋内床几灯盏毕具。寺前搭布帐为文武官厅。环寺置巡更兵棚十六架。并起席棚以停车马。南门外道路经护卫营、亲兵营修治，入夜悬灯相属，以便行旅。皖南镇史念修宏祖，带马队百名驻于寺后，掌守寺内各门，出则前导后护。并派候补知府陈庆滋，候补知州宫昱、裴敏中，知县叶金缓、宝山等，与署天津府萧世本、天津县姚长龄，分司车船、夫马、厨传各事。

曾祖周馥

〔四月初二日〕

四月初二日,爵相命制造局总办潘梅园观察骏德、水师营官郑承斋副戎崇义、总哨黄懋斋总戎春元,带杉板二十三只、长龙座船三只,往通州迎候。馥复派委员霍令复元、顺倅龄、王巡检道昌带座船二十五只,火食船五只,厨役家丁若干人,置备食物偕往。

〔四月初五日〕

初五日,复派督辕武巡捕杨福同、萧万有从陆路赴通州,照料由陆来津车马。沿途所需饮食刍秣之费,皆由杨福同等赍钱开发,不烦州县供应。

〔四月初六日〕

初六日,添派小轮船两号,前往通州伺候。又函属通永道许仲韬观察铃身,添雇座船三十号,并牵夫二百名。又虑北运河剥船壅塞,派杨村通判吴积玺前往晓谕通河驳船,全靠西岸,让开河道,以免轮船碰触之险。

〔四月初十日〕

初十日巳刻,善都统、恩总办及各随员出都,自通州易舟南下,黄春元带杉板护行。又随从二十馀人、马三十馀匹,王府内外随侍戈什等四十馀人、马四十馀匹,由陆路来津。

〔四月十一日〕

十一日卯刻,王启节出都。乘马行四十里,巳刻莅通州,登长龙座

276

船,郑崇义带杉板护行。小轮船拖长龙下驶,行九十里,夜宿马头。郑承斋副戎督杉板水师环泊巡更达旦。通州协、天津镇两标官兵一路迎送如仪。驻巡杨村云字营马队,为记名总兵王恒风所带,亦遣兵赴马头来迎。王遣之去。王自通州舟行至津,凡遇官兵在岸迎接者,无论官阶大小,皆立而望之,夜则秉烛起坐。

〔四月十二日〕

十二日,王舟行二百里,戌刻泊杨村。云字营列队跪迎。夜,神机营马步亲兵、水师亲兵按更轮值,鹄立河干。王惜其劳,命稍休息。是日午刻,善都统、恩总办及随从各员到津。先一日,有弁目数人到海光寺,自买饼饵充饥。供以饭,再辞不受,曰:"我奉王爷谕,不领供给。"爵相闻之,谕来弁云:"此处无从买食,请暂领,明日王爷到,当为若陈明,非若违令也。"来弁始敢受。

〔四月十三日〕

十三日,王舟行九十里,巳刻抵津。各随员先到津者,并赴北郭外红桥迎见。各军统领营官,均行装挂刀,领队在二十里内外沿途跪接,爵相坐小轮船出,迎至浦口,登王舟,跪请圣安,同舟抵红桥登岸。署天津镇郑一峰国魁、直隶按察使陶子方模、长芦运使季士周邦桢、天津道万莲初培因,天津营务处万青圃国顺、檀者山山厓、张小传绍华,支应局胡云梅燏棻、朱伯华福荣,与馥等四十馀人,立岸恭迎,见面请安。王温言慰问数语,遂乘黄绊四人肩舆(本年三月间,王奉懿旨赏坐杏黄轿,两疏力辞。馥于邸节到津,恭备黄绊四人肩舆,以从王意),进北郭门,由郡城北门出南门,至海光寺行辕。先是,王传谕:天津实缺司道各官不必远迎,可在海光寺相候。馥对将命者曰:"凡星使过境,司道府县各官尚郊迎数里,王位居亲藩,奉命巡阅,望重体尊,凡属臣子,礼应郊迎,以昭诚敬。

仅候于海光寺,非礼也。"将命者复辞至再三,遂遵王谕,在北郭外红桥建木马头、搭席棚迎迓。直隶提督李汉春长乐,因事未到红桥,遂与浙江粮道廖穀士寿丰、署苏粮道韩古农庆云,及直隶候补道何骏生崧泰等四十馀人,在海光寺迎候。王乘舆进寺左门,至佛殿左旁降舆,迎者各请安。王入殿拈香,复至御书楼宝座前行礼。入后稍息,传见寔缺提镇司道天津府等。又传见各军统领、提督周盛波、唐仁廉,总兵丁汝昌等,其非统领或府道非实缺者,无故不传见。

谨将由津至旅一路水陆各营官弁兵勇开单呈览(缘奉王谕特向各处查明缮摺恭呈):

天津防营:

记名总兵黄金志,带练军五营(共官五十一员,勇二千八百名)、护卫一营一哨(共官八员,勇六百四十五名)。

补用都司王得胜,带亲兵一营(共官六员,勇五百八十五名)。

记名提督徐邦道,带马队二营(共官二十六员,勇五百六十名)、炮队二哨(共官二员,勇二百十四名)。

大沽防营:

大沽协副将罗荣光,带练兵六营(共官五十九员,勇一千九百八十名)、开花炮队一营(共官六员,勇六百七名)、水雷一营(共官三员,头目、雷兵、水勇等二百二十九名)。

记名总兵刘祺,带直字营二营(共官十八员,勇九百九十二名)。

尽先副将史济源,带保定练军一营(共官十员,勇四百九十名)。

新城防营:

守备张曙德,带练兵一营(共官十员,勇五百名)。

小站防营:

署湖南提督周盛波,统盛军马队五营二哨(共官六十九员,勇一千五百五十七名)、盛军步队十二营二哨(共官七十三员,勇六千九百六十二名)、小队四十名。

旅顺防营:

记名提督黄仕林,统庆军三营(共官十五员,勇一千五百名)、马小队一哨(共官一员,勇八十九名)、杉板船一只(共哨官一员,舵工、桨手等十四名)。

记名提督吴兆有,统庆军三营(共官十五员,勇一千五百名)、杉板船一只(共哨官一员,舵工、桨手等十四名)。

补用都司张文宣,带护军二营(共官十员,勇一千名)。

候补道袁保龄,带水雷一营(共官三员,头目,雷兵、水勇等一百八十七名)。

四川提督宋庆,统毅军五营(共官三十四员,勇二千五百名)。

北洋水师:

天津镇总兵丁汝昌,统定远铁甲舰(官弁、水手人等三百三十一员名)、镇远铁甲舰(官弁、水手人等三百三十一员名)、济远钢快舰(官弁、水手人等二百四员名),又定、镇、济三舰(洋员四十三名)、超勇快船(官兵人等一百四十员名)、扬威快船(官兵人等一百三十九员名)、康济练船(官兵人等一百三十七员名)、威远练船(官兵、水勇人等三百十七员名)、镇北蚊船(官兵人等五十五员名)、镇南蚊船(官兵人等五十四员名)、镇东蚊船(官兵人等五十五员名),镇西蚊船(官兵人等五十四员名)、镇中蚊船(官兵人等五十五员名)、镇边蚊船(官兵人等五十四员名)、水师屯船(官兵人等十四员名)。

记名关道刘含芳,带鱼雷营(训练官、库官、文案六员,雷兵、学生等一百十七名)、左队一号大雷艇(管驾大副二员,舵工等二十六名)、左队二号大雷艇(管驾大副二员,舵工等二十六名)、右队一号大雷艇(管驾大副二员,舵工等二十六名)、右队二号大雷艇(管驾大副二员,舵工等二十六名)、右队三号大雷艇(管驾大副二员,舵工等二十六名)。

南洋水师:

记名总兵吴安康,统南琛(官十四员,队长、水勇等二百三名)、南瑞(官十员,队长、水勇等二百七名)、开济快船(官十员,队长、水勇、炮勇等一百七十三名)。

〔四月十四日〕

十四日,各国领事官请谒王。馥先期告各领事云:"如愿谒见,须着礼服,以一国领事为一班,分次入,不坐,王不送、不答拜。"领事从命。是晨,馥与伍秩庸廷芳、罗稷臣丰禄两观察,先往御书楼下候。少顷,各领事先后至,有戎服挂刀者,有衣缺襟短裤者,盖曾任武职,则以挂刀为盛服也。馥等分班引入,先见法国领事官林椿、副领事安迪,次俄国师史,次美国巴拉密毕得格,次英国璧利南,次德国连梓,次日本国波多野承五郎等。一班见毕退,再舍一班入,皆按其到任先后以分次序,国之大小不与焉。末见津海关税务司德璀琳。税务司者,帮办关道税务,为中国当差之人,故后见之。见时,王中立、爵相、善都统左右立,王府护卫侍立殿上,神机营、海军衙门随员立阶上,司道各官立阶下。领事登阶免冠,入殿门鞠躬,北向立。王问始对。其礼略与彼国觐君相仿。王一一慰问,领事或对近事、或陈颂词,衣冠严肃,仪节斐然。见毕,馥复引至御书楼下小坐,用茶烟毕,诸领事告辞而退。

辰刻,王阅武备学堂。时柳墅地方新建堂屋未竣工,学生借居今海军公所。王至,学生排班执枪,跪迎于学堂门外。王谕学生各回堂执业,偕爵相、善都统登楼眺望毕,赴印书房看机器,并问学生测绘功课,阅学生毛瑟枪步队操法。见规模整肃,心甚嘉之。其时办学堂者,前湖北简用道杨艺芳宗濂,已被劾离堂,至是王传见之,慰劳有加。

午刻,王乘快马、小轮船赴大沽,文武官肃立岸上恭送,百姓扶老携幼,观者如堵。王甚喜,因命德人来歆(兴)克以照相法影之。

未刻,行六十里,至海河下游,王与爵相、善都统登海晏轮船,王府护卫、太监人等从焉。盛杏荪宣怀、黄花农建笁两观察,往海晏照料。海军衙门、神机营各员,并戈什哈等登保大轮船,馥往照料。舟过新城,盛军列队南岸跪迎,旌旗迤逦二十馀里。北塘仁军及楚军马队,俱在北岸跪迎。

是日由津至沽,舟行二百八十里,夜泊大沽口炮台。记名提督大沽协罗耀廷荣光等来见。

〔四月十五日〕

十五日丑刻,乘潮出大沽口,海晏前行,保大后行,定远、镇远、济远、超勇、扬威五舰,并南洋派来合操之南琛、南瑞、开济三舰,分左右各四护行。镇东、镇西、镇南、镇北、镇中、镇边六炮船尾随之。是日,行五百六十里。

酉刻,抵旅顺口,统领毅军四川提督宋祝三庆,统领庆军记名提督黄松亭仕林、吴孝亭兆有,统领护卫营都司张德三文宣等,列队于口门内外,声炮跪迎。王移驻袁子久观察保龄公所,善都统寓其东偏。以屋狭不能容多人,爵相仍住海晏,恩总办及各随员仍住保大。

〔四月十六日〕

十六日辰刻,王赴毅军教场阅操,谕宋祝三军门旁坐,止勿参堂。盖以老将功高,故示优异也。先是,宋军门拨毅军三营驻金州,留五营守旅顺,皆淮北久战之士,不屑学西洋操法,宋军门善诱导之,所习德国步队操法整齐,他军竟莫之能胜。其于西洋炮法讲求亦极精熟。操毕,王叹赏不置,旁观者皆惊为向所未有。

午后,庆军统领黄仕林、吴兆有,护军统领张文宣,俱带队操阵,进退离合,无不严整齐一,枪声万响如一出,军容不亚毅军。操毕,宋祝三军门复饬将士演地雷五出,王亲以指放电,怒雷震地,沙土蔽天,洵为战阵利器。时统领奉天东边防军固原提督雷纬堂正绾、统领奉天营口防军记名提督左冠廷宝贵、金州副都统文式崖格,皆至旅顺。

是夜微雨。

〔四月十七日〕

十七日卯刻,雨霁,英国驻烟台领事官宝士德,领其水师提督哈蜜

282

敦及各兵船官十一人来见。馥与丁禹亭引入,略如天津见各领事仪节。见毕,爵相请用洋法照像,英提督甚喜,遂聚立照焉。爵相复引提督等至偏厅燕饮,逾时而散。须臾,王传谕在事文武,上至提镇道府,下讫护卫队长,人各照一相。

已刻,王登黄金山炮台,调定远、镇远、济远、超勇、扬威五舰,南洋之开济、南琛、南瑞三舰,会集金山之南水深处,演阵打靶。各船旋转离合,皆视统领旗语为号,无不如响斯应。记名关道刘芗林观察含芳,复督鱼雷五艇,在黄金山下浅水处同时操阵。先以空雷射靶,见鱼雷入水,直射如箭,水面惟见白纹一线而已。射靶毕,以装棉药之鱼雷攻旧广艇,一轰而成齑粉。西人谓"水战攻木船者莫如铁甲,攻铁甲者莫如鱼雷",信然。鱼雷理法最密,西人视为不传之秘。芗林观察督弁兵操练五年,昼夜研求,又得德国副将哈孙克赖发者悉心指导,至今各弁目乃能服习利用此武艺中之最难者。

午后,王传令各炮台打靶。自澳西馒头山起,次蛮子营,次威远台,次老虎尾,次牧猪礁,次崂崒嘴,用二十四生脱及十二生脱克鹿卜后门钢炮,联环打靶,周而复始。复饬黄金山大炮每炮演五出,声震山谷,烟焱成云。袁子久观察复饬弁兵演水雷八具。演水雷之法,亦如演地雷,以一指按电线,电火入雷,轰然一声,水立百馀丈,无论何船,当之未有不倾覆者。

是日,各炮台演炮百馀出,各兵舰演炮百馀出,放鱼雷一具,水雷八具。药弹之费,约需万金。盖自癸未(1883年)备法以后,未有如此大操也。

晚,下黄金山,看船坞各工。

〔四月十八日〕

十八日辰刻,阅旅顺东崂𪨊嘴炮台。旅顺口各炮台,皆德国武弁汉纳根监造,而汉尤以崂𪨊台造法为善,请王往视。王许之。

巳刻,过西澳阅鱼雷厂,看鱼雷验试收气、储气等器。厂中学堂,有幼童十馀人,见王至,惊惧下拜,踧踖不敢仰视。王喜其严守学规,且命之坐,各赐顶戴,嘉勉之。

时日已逾午,饥甚,王不受各营酒食,非爵相具餐不下箸。厂中又未代预备,刘芗林观察以疏面进,王饱啖之,若忘其菲。饭毕,王与爵相、都统乘筸舆回,抵岸棹小舟登海晏船。馥仍与恩总办诸人登保大船。

未刻,起椗(碇)开轮,赴威海卫。宋祝三军门及黄、吴、张三统领等,俱列队跪送。先是,爵相传谕水陆各营:"凡中国大员来往,应声炮迎送者,仍照向例三响;外国大员来往,彼兵船声炮多响敬我,我亦以多响答之。"乃各台大炮三响,加以枪队,每枪三响,轮船行三十里,犹觉山鸣谷应,烟焰半日不散。

时宋祝三、雷纬堂、左冠廷三军门,启王暨爵相,愿随行至津看操。王许之。舟过庙岛,海市见焉。楼台隐见,林树扶疏,树外若有数僧翘首立迎,踰时始散。

计王在旅顺,赏毅军五营银一千五百两,庆军六营银一千七百两,护军两营银八百两,南北洋水师各兵船银五千两,鱼雷营银二百两,水雷营银七十两,并赏各统领营哨官蓝绸袍料、灰布袍料、花翎、针箭、刀镰有差。

是晚,行三百一十里,亥刻抵威海卫。

〔四月十九日〕

十九日卯刻,王阅镇东、镇西、镇南、镇北、镇中、镇边六炮船打靶。遂乘镇东验定远铁甲,复属善都统验镇远铁甲,派恩总办验济远穹甲。

巳刻,起椗(碇)赴烟台。各兵船左右护驶。行一百四十八里,申刻抵烟台。英国水师提督哈密敦带十兵舰,法国水师提督理尧年,带六兵舰,排泊于烟台山外,各声炮二十一响,调水兵横列桅上立迎。山东巡抚陈隽臣中丞士杰、钦差察看河道广西巡抚张朗斋中丞曜、署登州镇总兵李胜庭楹、登莱青道方右铭汝翼、前济东泰武临道李山农宗岱,均迎见。见毕,王登舵楼眺望,以时薄暮,登岸多酬应,遂传令今晚从者俱宿船上,夜半开轮。闻岸上供张甚盛,伺候已累日矣。陈中丞欲进王酒食、土物,托爵相致意。王婉却之。

申刻,法国提督理尧年率其弁目四十人,赴海晏船请见。王立舵楼上见之。馥与丁禹亭、罗稷臣、德璀琳三人,带领鱼贯入,略如旅顺见英提督仪节。理尧年献颂词毕,复及富国、通商、练水师、造铁路等事。王颔之。

夜,爵相偕善都统往英、法两提督兵舰答拜,并代王道谢。两提督迎待甚恭。

〔四月二十日〕

二十日子刻,展轮回大沽。英、法兵舰,各声二十一响相送。我兵船不声炮答礼。盖大国亲王体最尊贵,凡本国大臣及外国使臣初往见者,不坐不送,不亲往答拜;声炮迎送者,亦不答炮。若外国兵船之炮,系为敬国家而施,则亲王船亦应如数答之,同为与国,无尊卑也。

巳刻,海上微风,从人间有眩呕者,王谈笑如常。馥曰:"我栉发未半,而栉者头眩不支,竟坐待半日。闻此风在海上尚不为大,具见水师将士终年辛苦也。"

酉刻,风称息,进大沽口。

是日,行六百四十三里。

曾祖周馥

〔四月二十一日〕

二十一日辰刻,阅大沽南岸炮台打靶,并演放各种水雷、旱雷。看水勇泅水燃雷之技。阅水雷厂直斜镜房。复骑马看南滩平炮台。守南岸者,为大沽协罗耀庭荣光。罗在苏时,即带西洋炮队操练,已二十馀年,运用颇熟,时出新意,为攻守器,颇称得法。王甚嘉之。

午刻,渡河至此岸,看刘介三总戎祺炮兵打靶,并阅北岸后路史光普协戎济源营演炮。时介三总戎营有兵抱炮弹失手,与弹俱碎,旁二兵亦被伤。后经西医马根济疗治,仅活其一。

午刻,王赶海神庙拈香。庙内兼祀大士、天后,俱拈香毕,复诣殿后宝座前行礼。王闻南岸营内有军士所建昭忠祠,祀昔年在沽阵亡将士,即命章京载林前往拈香。

按:海神庙修于康熙三十六年(1697 年),殿宇倾圮,香火萧条。馥与同人两次集资五千馀两,派周州判士培修理,未竣,复请文芝轩瑞总戎接修,适本年三月工毕。四月,王入庙拈香,海波平稳,天人协应。奏奉懿旨,颁发匾额三方,以答灵贶。

未刻,文芝轩总戎,导王遍阅船坞各机器厂,阅毕回船。时唐军门仁廉所部仁字等营驻扎北塘,距大沽三十里,军士以王未莅北塘阅操为憾。唐遂调队隔河演阵,请王遥观之。王笑而许焉,并属恩总办一体给赏。时百姓拥立岸上,观者殆千人。王曰:“勿以我故,而荒其业。”传令开船。夜行二百五十里停泊。不欲遽至津者,恐夜深人众,登岸冒险也。

计王在沽,赏北塘仁字等营银一千五百两,赏大沽南北岸兵二千五百两,各统领营哨官蓝绸袍料、灰布袍料、花翎、刀镰有差。

〔四月二十二日〕

二十二日己刻,回天津。文武各官,齐集紫竹林新关马头,立迎请安。护卫营、亲兵营,及盛军各营,列队城南跪接。文武各官前往请见者,凡已经进见之人,非有公事不再传见。而条陈献才技者、求差使者、久讼不得申、拦舆控诉者,迎伺道上不绝。王谕馥曰:"亲藩例不理词讼,可告县令出示谕止之。"条陈技艺者,多迂谬无当,王不纳,转交爵相察核。

是日午后,阅淮军行营制造局。局有八厂,共屋百余间,环于海光寺外。匠徒七百馀人,每日可造哈乞开司枪子万粒、呎啫士得枪子五千粒,其余炮车、开花子弹、电线、电箱,及军中所用洋鼓吹,皆能仿制。总办局务者,为高仲珩观察骅麟、龚鲁卿太守照瑔。时伏水雷九具,于寺外积潦中一一试放。电(雷)内装火药四十八磅者,水飞十余丈;装火药八磅者,水飞五六丈。盛杏孙观察复觅电光灯、织布机器两事设于局中,并请王试观焉。

〔四月二十三日〕

二十三日辰刻,出南郭门,阅津防各军操。时湖南提督周海舲盛波,统盛军马队五营,步队、炮队十二营,先期由小站移扎南郭外八里台。是日辰刻,爵相、善都统先至操场,王乘马后至,文武各官俱集演武厅前立迎,奏乐升座。海舲军门送茶,呈阵图,请令阅操。司道各官例应参堂三躬,都统传王谕免揖。

盛军十七营操未毕,日已晌午,即在演武厅午餐。记名总兵黄丽川金志,带天津练军六营;记名提督徐健农邦道,带楚军马队两营,又炮队两哨;候补都司王少卿得胜,带亲兵炮队一营,俱于午后合队复操,并调各军炮队打靶。中者十之七八。

计是日会操,军士一万五千馀人,步伐整齐,一丝不乱。凡开枪、上马、起立、进退,分合旋转,一人呼之,无不如响赴节,王甚为嘉赏。以盛军勇丁由小站来津,多行一日程,每名加赏银一钱,计共赏盛军银六千两。其统领吕本元、贾起胜、卫汝贵等,各赏衣料、花翎、刀镰有差。又赏天津练军营、亲兵营银二千五百两,楚军马队银五百两;黄金志、徐邦道、王得胜等,衣料、花翎、刀镰有差。

〔四月二十四日〕

二十四日辰刻,出东郭门,阅视机器总局、水师学堂,并命题考试水师学生。总办机器局者,为刘献夫汝翼、潘梅园骏德两观察。总办学堂者,为吕庭芷观察耀斗。

按:机器局创于前三口通商大臣崇地山厚,历年增置,规模视前加数倍。计厂屋六十二座,日工徒千馀人,每年可制枪炮、火药一百万磅,铜帽五千万粒,大小炮子数万颗,毛瑟枪子五百万粒,其馀各种水雷、电线,及轮船、机器之属,无不兼制。厂屋外缭垣周九里。王与爵相、善都统坐铁轮车流览各厂,工人照常执业不辍。水师学堂在垣内偏北,分驾驶、管轮,学生为两班,分堂肄业。王考各学生毕,给银奖励。

〔四月二十五日〕

二十五日辰刻,王诣城西南怡贤亲王祠拈香。

按:怡亲王祠,雍正十三年(1735 年)建于三叉河口。年久废圮,盛杏荪观察建广仁堂时,立主祀于堂中。至是悬额为王祠,俾永存香火云。

午刻,诣僧忠亲王祠、曾文正公祠、金龙四大王庙。行香毕,至爵相署午餐。侍食者为张朗斋中丞、善厚斋都统、宋祝三、雷纬堂、李汉春三军门、恩宝廷副都统、陶子方廉访、季士周都转、万莲初观察，及馥共十二人。酒半，王命从者为拳刀之舞以侑觞。复问爵相曰："今日之燕，可谓乐矣，谁能为文记此事者？"爵相指士周都转曰："此善于文者也。"王因命为图，作序记之。

　　饭毕，谕文武各官勿赴红桥远送。即由辕门外登舟，不回海光寺矣。各官遂齐集署外浮桥上请安敬送。舟绕三叉河进北运河，过西沽阅武库，见军实累累如山积，曰："可以释吾忧矣！"爵相同舟，送至二十五里之桃花口而返。临行，馥奉王札谕：郑崇义、黄春元杉板水师，每兵赏银四两，每官赏银二十两。史宏祖所带马队，每兵赏银四两。天津镇弹压街道兵，共赏银一百二十八两。各哨官，仍加衣料、刀镰。又赏照相粤人梁时泰等四百两。赏办差、厨役、家人、轿夫等六百两。赏海晏船银一千两，保大船银八百两；各小轮船银二百四十两。并通商大臣署内号房、戈什等，均赏银有差。办差委员六人，亦蒙赏袍料、马褂料。均由馥分别给领。

　　王初到时，上下各用酒席一次，以后祗备寻常菜饭。厨役以不谙性嗜，私求王府厨夫助之，因感其德，酬以数十金，不敢受，呈白于王，即饬退还。此事人不及知，馥闻之委员霍复元云。盖王自出京及还，祗准随从人等领受两餐，及马匹喂养，无一人敢有丝毫需索，士大夫亦无敢以一物馈赠。

　　按：此差前后几及一月，除海晏、保大轮船水脚银九千四百馀两，由支应局正项给领；又海光寺修建房屋、添置器具另行开销外，其馀由通州至津沽车船、夫马等费，并通州、天津、旅顺等处往来火食，连爵相随从诸人，及馥与办差上下人等食用，祗费银一万七千八百五十馀两，均承爵相另在闲款项下开支，盖既不肯扰累于民，亦毋庸官为赔垫，诚体恤之至也。

〔四月二十六日〕

二十六日,驻杨村。

〔四月二十七日〕

二十七日,驻香河红庙。

〔四月二十八日〕

二十八日,驻通州下游十五里牛各庄。

〔四月二十九日〕

二十九日,驻慈云寺。

〔五月初一日〕

五月初一日,复命。同日,奉懿旨:"醇亲王奕譞奏巡阅北洋覆陈水陆操演情形及请奖叙将领员弁及分给宝星各摺片,览奏均悉。精练水师,前经谕令,先从北洋开办。此次醇亲王奕譞亲赴天津,会同李鸿章、善庆,周历旅顺等处,将南北轮船调集合操,并将水陆各营一律校阅,技艺均尚纯熟,阵法亦极整齐。除各军统带、管带,各员及哨弁兵勇,由该王奖给物件、银两外,四川提督宋庆、署湖南提督周盛波、广东陆路提督署通永镇总兵唐仁廉、天津镇总兵丁汝昌、皖南镇总兵史宏祖、大沽协副将罗荣光、候补副将郑崇义、记名总兵黄春元、津海关道周馥,直隶候补道刘含芳、袁保龄,均着交部从优议叙。候补道潘骏德、盛宣怀,分省补用。知府龚照瑷,均着交部议叙。已革总兵吴安康,留营効力,统带南洋轮船,尚称得力,着加恩赏给四品顶戴。至洋员教练兵舰,着有成效,亦应一体奖励。除分别给予宝星外,琅威里教练水师尤为出力,着再加恩赏给提督衔;汉纳根监造炮台坚固如式,着再加恩赏给三品顶戴,以示鼓励。海防关系紧要,必须逐渐扩充,历久不懈。据奏练兵先须选将,陆军人才以武备学堂为根本,水师人才以驾驶管轮学堂为根本,洵属扼要之论。并据王面奏,各学堂肄业,于讲求战备外,兼习经史,尤属合宜。又据奏,已革道员杨宗濂,前办天津武备学堂规制,颇能整肃,可否弃瑕录用等语。杨宗濂着准其留于直隶,交李鸿章差遣委用。经此次巡阅之后,醇亲王奕譞务当会同李鸿章等,物色将才,实力整理,并督饬见在管带各员,认真练习,力求精进。应如何筹集巨款,续添船炮之处,并着随时会商,奏明办理。钦此。"

〔五月初九日〕

五月初九日,德国驻京公使巴兰德函致总理各国事务衙门,略云:"此次醇王巡阅北洋各口,所有文武洋员多得瞻仰,本大臣亦有谒见之心,若不吁请贵王大臣代为声明,似于仪文有阙。且醇王若肯俯如所请,即可藉陈我两国惇睦之情。谅贵王大臣亦无不愿将钦仰微忱婉达于醇王前矣。合行尚函,请即查照为荷。"云云。

时驻京各国公使,以巴兰德在华最久,向来各国公使有所商于总署,其意见从同之事,概推一资深公使,先诣总署开议。至是,巴使屡以为请,总署遂录巴使来函,咨海军衙门。王乃拟复四条,于五月十四日具奏,钦奉懿旨允准。疏内大意,以为国家定例,王公向不准接交大臣,况各国洋员,尤不应无故接见。第巡阅海口,本异寻常差使,故未便过事拘泥。若在京,自当恪遵功令,免滋流弊。惟巴使来函,系属创格,既不敢遽允,又未可率拒,谨抄拟复约条,恭呈慈览,是否照此咨复云云。所约四条:"一、请总理各国事务衙门为主人,王与各公使皆居客位。二、彼此皆着公服,用昭有礼。三、此会只可一次,不能再举。四、其他亲郡王、贝勒、贝子、公等,并无此出差之事者,尤不应援此例与各公使相见。"旋经总署将此四条录送巴使阅看,巴使复与各国公使相商,俱允遵行。适美国公使田贝、法国署公使恺自尔,先后抵京,亦求预斯会。于是总署订期七月初五日未刻,请各国公使临署谒王。

至期,总署设筵于储才馆。午刻,庆郡王偕福协揆锟、锡象宰珍、廖少司马寿恒、许少司寇庚身、徐少司空用仪、孙少司空毓汶、续阁学昌、沈阁学秉成先到署。未初,王乘舆至。未正,巴兰德与英国公使华尔琛、俄国公使拉德仁、日本国公使盐田、美国公使田贝、法国公使恺自尔、荷兰国公使来因、比利时国公使维礼用,凡八国公使,带领参赞、书记等官,皆穿本国礼服、佩带宝星同到。由庆郡王带见,王各温颜慰问,遂入座进酒。王云:"我何德何能,有劳诸位大臣来见?"德巴使云:"此话太谦。"美田使云:"前在旅顺口,未得晋谒王爷。"巴云:"坐海船回京,未知受海风否?"答以:"未受海风,一路甚好。"遂呼进酒。王云:"愿祝合天下各国国祚灵长。"因各尽一杯。巴起宣颂词,各使皆起,王与诸大臣亦起立。巴颂云:"今日能谒见王爷,所有各国大臣同本大臣快乐之至!尤可喜者,各国与中国正在敦睦之时,各国国家简派大臣等来华,正谕令讲求睦谊,趁此今日盛会,将来和好愈敦,务求王爷在皇太后前代陈此意,并请将本大臣等恭祝皇太后、皇上万福无疆、国泰民安之颂,代为陈明。近来恭读邸抄各件,深知皇太后多年听政,盛德莫名。所有本大臣等,钦佩之忱,不能不在王爷前声明。所以各国大臣同举一觞,愿皇太后、皇上福寿攸同。此等称贺,虽系外国仪文,然出于至诚,望王爷哂受可也。"颂毕,各使咸敬一杯。王亦令宣颂词,云:"我皇太后体天地之心为心,王大臣等皆仰体皇太后之心为心,愿天下各国皆长承天眷,永享升平。"巴遂将此语转告各使臣,皆额手致谢,共敬王爷一杯。

王云:"我今日不作应酬语。我相隔数万里,今日此会,诸位皆各国大臣,均有报效国家之意,请各言其志。"巴云:"我已说过了。"王云:"前所说皆颂扬语,如何报效国家,必有实事,可各说明。"巴起对云:"祇有两条:一是以百姓为重,一则每有旨意实力奉行。馀事可包此两条内了。"美田使对云:"我距中国较近,通商后最称和睦,如此看来,定可永远和好了。"日本盐田使对云:"我日本国与中国数百年和好,为使臣者,祇愿两国永敦和好。"英华使对云:"我报效国家有两条:一是守国法,一是遵主命。"比维使对云:"我国与列邦均各和好,我国主未立之前,曾游历各国,亦到过中国南省,愿与中国永远和好。"俄拉使对云:"我国与中国交好最早,愿仍遵守旧章。"王云:"能说满洲话否?"拉使对以"不能"。其繙译宝德林立对云:"能说几句,但不甚好。"王即说国语数句,答皆无讹。法恺使对云:"我们法国凡上命差遣,无不竭力奉行,不敢稍有违背,就是此规矩。"王云:"规矩是规矩,志愿是志愿。"法恺使云:"这就是志愿了。"荷来使对云:"我荷兰与中国相交最久,但愿从此永敦和好。今日盛会,回国时必当转达君主,亦必深感王爷。"

各公使谈志愿毕,王云:"本爵之意,各国虽言语不通,风俗各异,皆系开辟以来天地间之人。通商之始,自然彼此不能融洽,现在交好既久,风气日开,惟愿大国待小国以仁,小国事大国以礼,大国与大国交涉以诚,从此大国无侵占小国之事,小国无干犯大国之端,永息干戈,共敦和好。各国兵事自应精练,专防本国乱党,各国毋得兵戈相寻。有嫌隙者,固可永化其心;无嫌隙者,不可妄生枝节。各成礼义之邦,共享升平之福,本爵志愿如此。"张德彝以洋语传毕,各公使皆起立云:"皆遵王爷之命。王爷此语极为公平,各国无不钦佩,即各使臣亦皆同此意。未知今日之言还入奏皇太后否?"王云:"是要奏的。"复问云:"今日此会所说之话,你们亦奏闻否?"巴云:"各国都要回奏的。"王云:"今日巴大人甚累了,要与我们说话,又要与各位大臣传话。"巴云:"可惜言语不通,需人传话,若能直达,更觉省事了。"王云:"总愿各国礼义相尚,无以兵权相尚,纵有胜人之时,安知不为人所胜,不如礼义相尚,自能永享升平。"巴又以此语转告各使,各使均首肯者再。繙译阿恩德传语云:"各国皆服,王爷的话是从道理上来的,王爷行事亦必如此,看来此后总可永久和好了。"王云:"总理衙门王大臣与各位大臣均可时常相见,我只会此一次,故不作寒暄套语。"阿传巴话云:"大家办事都是按理而行,须浮一大白。"满座遂共饮一杯。庆王云:"大家原应按理办事,若有一人不按理者,大家都不依他。"巴等皆唯唯。

王问巴使云:"此次赴津好否?"巴答云:"皆极平安。见过李中堂四次,李中堂亦设宴招饮。从前与李中堂尚有说不合拢处,如今越熟越好了。"醇、庆王又劝进酒,遂各举杯。王问:"能饮此酒否?"巴云:"此酒甚好,我最爱中国酒食。"王问巴使云:"你两肩所饰黄金何意?"巴云:"此是我国武职大员饰,我虽非武职,今日典礼,故用全副披挂。"王又问巴使云:"贵国主及毕相年寿均高了?"巴答云:"年寿虽高,精神甚好。"巴又告张德彝数语,转译云:"前王爷到烟台、旅顺各处查阅炮台、兵船,那是战争之事,今日却是尊俎之事了。"巴又自指胸前所挂宝星云:"此是中国大皇帝所赏的。"王又向巴使云:"你发都白了,年岁几何?"巴答云:"五十一岁。"王云:"何以甫过五旬,须发已白?"巴答云:"自从本国到中国,来了二十馀年,未免操心所致。"巴又问:"王爷饮食如何?"王云:"也有能吃之物,也有不能吃之物。"王问巴:"暑气甚盛,怕热否?"巴唯唯。又问:"何不挥扇?"巴答云:"来时忘却带扇。"王付以扇,云:"可将此扇扇之。"巴接扇云:"蒙王爷惠赐,我不还了。"王云:"不还亦可。"巴云:"深感王爷厚意。庆王爷知道我并不是如此爱小。"庆王云:"你素日最爱便宜的。"遂各大笑。

酒阑,彻席离座。王又向巴使云:"今日所说,皆是切实近理之谈,谨记我言,庶不至虚此盛会。以后与总署办事,总宜照此办理。此扇即以奉赠,扇虽微物,然目见此扇,即可心识吾言也。"巴唯唯称谢。王又告各使云:"今日之局,我非主人,我先走一步。"遂拱手作别。各使皆鞠躬致送。俟王起身后,各使遂皆纷纷辞去。

后数日,各使皆同总署索是日问答录,传诸本国,以为盛事云。

醇王出都巡阅严饬随从人等各谕

管事处传奉爷谕:交管事处:此次赴天津查看海军,事属创始,本府随往人众,必当恪守历次诫谕,谨慎体面,除本分差使外,不准干预他事。着派怀他布、瑚图哩、明顺、吉成实力稽察,无论事之大小,务须一一禀知,不准少有瞻徇及私出主见等情弊。果能遵守传谕,回京后优加奖励;倘稍不遵循,无论事之值与不值,何时发觉,即将该四员交地方官递解回京,从重惩办。此谕。着管事处于随往之官员人等及首领太监,每人各放一张。特谕。

为剀切晓谕事:照得本爵堂此次前赴天津阅看海军船只、炮台,所有随带章京等员,随同总办由陆路行走,车辆马匹务当严加约束,免滋弊端。且沿途经过地方,正值麦初秀穗,大田播种之时,务循大路行走,不得任意驰骤,致有践踏田畴情事。其本爵堂随带之护卫、戈什哈、弁兵、人役,及总办、章京各员,随带之戈什哈、跟役、车夫人等,虽分前后两起,着统归总办管辖查访,倘有前项情事,一经查出,或被农民告发,即行从严惩办,决不姑宽。切切。特示。

谕:此次赴津,原传除赴旅顺口等处,系中堂饬备厨房外,其往返途中及在津数日,均由口分自买食物,马匹草料亦均自备。兹闻中堂已饬全行备办,一切概不由地方官供应,皆系中堂出资,似难过拂盛情。除本爵府中随从人众已饬酌领外,合通谕随往各员弁、兵役,着勿庸过事拘泥,酌量领受,惟不准稍有需索,致干惩处。着总办、帮总办,于起程之先,通行晓谕,俾归画一。至马匹草料及外雇车辆应需草料,仍遵前谕,自行备办。再,抵津后,地方文武各员及各营统领、各局官员等,现经总办恩禀,商令赴营务处报到,投递职名,已经允准。傥此内生有弊端,擅收银物及请托私情等事,惟将翼长祥普、明惠立即发摺严参,并将总办、帮总办附参,决不姑息徇纵。至本爵堂府宅护卫、家人等,已自行严加钤束,如仍有倚势招摇,或假借名目肆行欺骗,总办、帮总办及营务翼长务刻即禀知,勿稍瞻徇。特谕。

醇王奏辞赏坐杏黄轿两疏

〔一〕

奏为敬闻恩旨,无地自容,迫切陈情,仰祈慈鉴事:窃臣奕譞自皇帝入继大统,叠叨皇太后恩施,出于常格之外,满盈之戒,时懔于中。乃昨日钦奉慈禧端佑康颐昭豫庄诚皇太后懿旨:"醇亲王、醇亲王福晋,均着赏坐杏黄轿。钦此。"闻命之下,与福晋心惊语塞,不知所措。伏思臣之不才,在先朝本属滥膺爵禄,前乞骸骨,亦为理所宜然。只以时局多艰,皇太后垂帘听政,特加任使。自维近支宗室,义不容辞,遂未敢固执己见,勉出承乏。一俟将来皇帝亲政有期,即当再申前请,吁恳恩施,与福晋萧然蔬布,终老林邱。此臣素抱私衷,亦尝陈之帘前者也。至于赏坐杏黄轿,惟内廷公主有之,臣乃先朝臣下,亲藩体制定例秩然,万不应叨此异数。虽慈命为推恩锡类而施,在微臣宜合道守官是念。惟有仰恳皇太后洞烛臣衷,收回成命,并恳将光绪元年正月初八日臣呈递留中之摺,时时谕饬皇帝,永勿更张。俾臣心安理得,余生残喘,或可藉此多延,则感戴圣慈,实无涯涘矣。所有微臣沥陈下情缘由,谨恭摺具奏。伏乞皇太后圣明恩准,曷胜屏营待命之至。谨奏。

〔二〕

奏为勉遵懿旨,叩谢慈恩,并豫为陈明下情,仰祈慈鉴事:窃臣奕𫍰昨日呈递迫切陈情、恳请收回成命一摺,先经军机大臣面传懿旨,未允所请。复于召见时碰头谆恳,仰蒙慈纶抚慰,训饬笃挚。当日内阁钦奉慈禧端佑康颐昭豫庄诚皇太后懿旨:"醇亲王奕𫍰奏恳请收回成命一摺,情词恳切,出于至诚。其谨受恩命,毋庸固辞等因。钦此。"敬聆面谕,伏读徽音。欲再辞,则语言已罄;竟承受,则心志难违。辗转徬徨,罔知所措。幸蒙洞鉴矜恤,允臣面奏之请,嗣后乘坐与否,听臣自便。藉此一线生机,忧惧苦衷,得以稍减。寅感圣慈,曷其有极。臣惟有恪守亲藩定制,始终如一。既谢鸿施,即为身受,此正古所谓君臣各尽其道也。所有微臣叩谢慈恩,并豫陈下情各缘由,谨恭摺具奏。伏乞皇太后圣鉴。谨奏。

醇王具奏巡阅北洋复陈水陆操演情形
及请奖叙将领分给洋人宝星各摺片

奏为巡阅北洋事竣,恭摺覆陈,仰祈慈鉴事:窃臣等四月十三日行抵天津,会同大学士、直隶督臣李□□,十四日赴大沽,十五日展轮出海,至奉天之旅顺口;十八日驶抵山东威海卫,十九日抵烟台,二十日回大沽,二十二日回津。连日将查阅各处炮炮台、水陆操演、机器局、武备水师学堂情形电奏,并亲奉十六日、十七日懿旨,遵行在案。查旅顺扼直、奉渤海门户,口门最狭,内有东、西两澳,现用机器浚深,可泊师船多只,船陞甫经开垄,工程甚巨,非尅期能竣。口外众山环绕,天然形胜。现于沿海东岸黄金山、牧猪礁、崂嵂嘴,西岸老虎尾、蛮子营、馒头山等处,分筑炮台,均得地势,仿照西法,工程坚固。所设克鹿卜后膛大炮多尊,皆能攻坚及远,布置洵属合宜。各军操演枪炮有准,鱼雷、水雷施放得法,堪当大敌。惟宋庆所部,仅步队五营,扼扎后路,尚嫌力薄,有事时必须添调。闻金州之大连湾水面宽阔,能泊多船,但口门太广,无可设防,是以未经往勘。至威海卫,亦海滨奥区,适当烟台来路,水师屯操皆宜。惟南北两口,宽各数里,筑台布雷,需费颇巨,仍须量力次第经营。此察度北洋必争形势之大概也。

北洋现只定远、镇远、济远三铁舰,超勇、扬威两快船,可备海战之用;南洋仅开济、南琛、南瑞三船行驶尚速,炮位尚大。臣等将前项八船调集旅顺洋面合操,并令随行威海、烟台一带,布阵整齐,旗语灯号如响斯应,各将弁讲求操习,持久不懈,可期渐成劲旅。惟此数船合尚嫌单,分则更少,俟明年英、德新订快船四只北来,合之北洋现有五船,自成一队。仍俟筹款有着,再行续商添购。海防关系重大,久远之计,将来船只成军时,应请专设提督等额缺,妥定章程,以专责成而固军志。至镇中、镇边、镇南、镇北、镇东、镇西蚊船六只,炮巨船小,行驶甚缓,只可护炮台以守海口。鱼雷艇虽小而速,雷行水中,无坚不可破,实为近时利器,亟宜多购多操。以一铁舰之价,可购四五十雷艇。如南北各口有鱼雷艇百只,敌船必畏而却步。北洋现止百尺艇五只,道员刘含芳督操甚熟,已觉气势无前。此察度水师应办规模之大概也。

自来设防之法,水陆必相依护,即使水军已成,陆营未可尽撤。况目下财力极绌,师船甚单,尤赖炮台、陆军以自固。北洋为京畿拱卫,李□□所部各队分布各隘,力量并不见厚。臣遍加校阅,将领多经战阵,枪炮皆系新式,操法一律,变化整齐,尚为可恃。惟练兵先须选将,今未雨绸缪,尤以教练人才为第一义。练陆军之人才,则以武备学堂为根本;练水师之人才,则以驾驶管轮学堂为根本。臣亲往两学堂查勘课程,各生徒于陆路、枪炮、台垒之法,水军测量、推算之理,童而习之,长令入营带队,必得实用,将材自日出而不穷。亟须逐渐扩充,为费无多,而裨益甚大。此察度陆军不宜遽裁学堂,仍须推广之大概也。

除将水陆各操、鱼雷图样,及旅顺、大沽炮台参用华洋各法,绘图恭呈御览外,所有巡阅北洋查勘情形,谨会同都统臣善□,缮摺具陈。伏乞皇太后慈鉴。谨奏。

再,臣此次校阅北洋水陆各营操练,各将领文武等均能勤奋将事,官弁、兵勇步伐整齐,一律严整,枪炮、雷电施放灵捷,自应量予奖赏,以示鼓励。除将各军统带、管带官及哨弁人等,分别奖给翎枝、衣料物件,兵勇按名奖给银两外,所有尤为得力之四川提督宋庆、署湖南提督周盛波、广东陆路提督署通永镇总兵唐仁廉、记名提督天津镇总兵丁汝昌、安徽皖南镇总兵史宏祖、记名提督大沽协副将罗荣光、候补副将郑崇义、记名总兵黄春源、二品衔津海关道周馥,二品衔直隶候补道刘含芳、袁保龄等,均请旨交部从优议叙。其经理机器、轮船各局出力之直隶候补道潘骏德、盛宣怀、分省补用知府龚照玙等,均请旨交部议叙,俾昭激劝。至统带南洋三船之革职留营花翎提督衔记名总兵吴安康,上年在浙江镇海堵击法船,奋勇可嘉,现带船北来合操,纪律号令均尚整肃,未便没其劳勤,应如何加恩之处,出自圣裁。理合附片具陈,伏乞慈鉴。谨奏。

津海关道详北洋大臣遵饬开送出力员
弁分别给奖详稿为详请事

　　津海关道详北洋大臣遵饬开送出力员弁分别给奖详稿为详请事：案奉宪台札："准。钦命总理海军事务衙门咨开：本王大臣此次赴津，并出海校阅兵轮操演，所有统领、管带等官，并照料船只及公寓执事差遣各官弁、兵勇等，均极勤奋。除拟入奏奖，并奖给银两物件各员名外，其余在事出力之官弁兵丁，有应记缺、记功者，希由贵爵阁部堂分别办理可也。等因。到本阁爵大臣。准此，合行札饬。札到该道，即便查照此札。等因。"到关蒙此，职道遵查，此次醇亲王校阅水陆各军，凡在营文武员弁人等，均蒙奖赏。今于前次奏奖并奖给银物各员名之外，查明出力者记缺、记功。惟有遵札将各处照料船只及公寓执事差遣各官弁兵勇，择尤请叙。职道奉宪谕，总办差务各官弁中，办事得力者，皆所深知，自应遵照宪饬，分别核给外奖，以示鼓励。除天津府汪守、代理天津府萧守、杨村通判吴悴、天津县姚令等，筹办一切，俱极勤奋，惟因身任地方，均称不敢邀奖。又同知裕纶、知州裴敏中、通判顺龄，知县霍复元、宝山、叶人镜，盐大使寿祺、赵元塿，经历李道煌等，已蒙优赏衣料，无庸另请奖叙外，其余出力文武员弁，理合遵饬分别记缺、记功，缮具清摺具文，详请宪台查核批示，俯准照拟给奖，分行镇司注册饬遵，实为公便。为此备由具呈，伏乞照详施行。

计详送清摺一扣

计详送清摺一扣,北洋大臣批:前次随办醇邸阅操差使出力员弁,经海军衙门咨由本爵阁大臣给奖。据该道开呈前来所有,候补直隶州知州宫昱,准另册存记,尽先酌委州县一次。候补同知程鹏、候补同知直隶州袁焌文、候补知县胡良驹等三员,均准另册存记,酌委州县一次。直隶试用县丞顾元勋,准俟到省后,给予首先委署一次。北河候补巡检潘煜,准其尽先补缺。北河候补巡检王道昌,准其拔署一次。候补盐大使姚钧、候补典史张开焕等二员,均准记大功一次。候补知县杨增、候补州判丁仁縻、候补县丞沈晋蕃、候补典史汪元臣等四员,均准记功一次。候补县丞程德春、训导杨世濂等二员,均准给予五品顶戴奖札。督标后营左哨千总倪芳等十一弁,均准遇有应升之缺,尽先拔补。五品顶戴于邦起等三弁,均准以外委归天津镇标,尽先拔补。通永镇标尽先补用守备翟富春,准以守备尽先委署一次。通永镇标补用把总张万清等四弁,均准尽先委署一次。通永镇标拔补把总王燕亭等六弁,均准给予五品顶戴奖札。游击李瑞等二弁,均准记大功一次,以示鼓励,仰候分行遵照。兹缮就五品顶戴奖札八张,随批发道,即分别给领具报缴。

北洋大臣札行神机营随往巡阅各员弁兵丁分别存记奖赏抄稿
光绪十二年(1886年)六月十六日到

为札饬事:据海军衙门总办文案恩佑禀称:奉谕随往巡阅各海口员弁兵丁,分别存记奖赏,钞录谕稿清单呈阅等情,到本阁爵大臣。据此,除清单存查外,合将谕稿抄粘札饬。札到该道,即便查照。此札。

曾 祖 周 馥

计粘抄稿

奉谕：此次随往巡阅各海口之员弁兵丁，勤奋将事，且能恪守诚谕，
毫无弊端，自应分别予奖。惟查天津等处，除管队及船局各员外，钧未列
保，仅咨行北洋大臣分别记功、记缺，本署自当仿办。查各该员名均隶神
机营，有应列奏保者，以随从渡海者为优，留津者次之，饬据开单呈递前
来。现经酌覈批定：总办恩佑，着于例保管队议叙外，另行请奖。帮总办
常明等三十五员，随从渡海，均着存记，附片汇保。帮总办堃岫等十二
员，留津办事，均着存记例保。其随从渡海之书手荣昌等十九名，均奖给
六品顶戴。中营步队兵延锐等四名，均奖给七品顶戴。听差兵双奎，奖给
额外蓝翎。长书手多欢等三名，均咨保以本领下马甲披甲坐补。书手伯
连等二十八名，各奖银八两。留津之书手双庆等二十八名，均着各奖银
四两。所有存记各员，应俟神机营例保年分，附片陈明请奖。其奖给顶
戴、钱粮弁兵，即由神机营发给功牌，分别咨行办理。其中营步队营总双
凌，于船户滋事，未能立即弹压，从轻保奖。营务处委员佟泽沛，于奉查
直字营演炮伤亡炮目刘士得一事，禀覆不寔；郭（戈）什哈连奎，于查阅
学堂时并不侍立，惟谨随便持扇，寔属懈慢，姑念远路随行，均免惩办，
勿庸予奖。特谕。

　　1982年,在北京大学燕东园周一良先生寓宅,周叔弢先生和夫人左
道腴女士与外甥孙师白,哲嗣周一良、周景良合影。

　　1977 年 10 月 25 日,邓懿女士、周一良先生、周叔弢先生、周珣良女士游颐和园合影照。

云山毛氏汲古阁图

1979 年 8 月，周叔弢先生在天津睦南道寓宅。

305

四世同堂照

　　1983 年 6 月，在北京中山公园来今雨轩，周叔弢先生夫妇与子、孙、重孙辈合影。

1981年3月,周叔弢先生在捐献文物授奖大会上接受奖状,旁为天津市委书记胡启立。

周叔弢先生捐献古籍珍本奖状

308

周景良谈建德周家

郑诗亮 / 访谈

周景良　孟繁之 / 核校

安徽建德周氏(即东至周氏,建德是旧称)是在中国近代史上留下特殊影响的望族。第一代周馥是清末名重一时的封疆大吏;第二代中,近代工业、教育先驱、北洋政府财政总长周学熙,允推杰出代表;第三代中,周叔弢为实业家及古籍文物收藏家,周叔迦为佛学家,周明达为数学家、民国"邮票大王";到了第四代,更出了周一良、周珏良、周艮良、周杲良、周以良、周治良、周景良、周震良、周煦良、周炜良等著名学者、教授。中科院地质研究所研究员周景良是周叔弢先生最幼的哲嗣,由他讲述的周家的故事,点点滴滴,都是近代史大江大河卷起的波浪。

曾祖周馥

您的家族可以最早可以追溯到什么时候？历史上出过什么有名的人物？

周景良：历来有些家族，稍微发达一点，修家谱的时候都得拉上几个阔祖宗，所以家谱是不完全可靠的。我们周家据说是唐朝一个叫周访的从婺源一带迁到了建德。周访曾任荆州刺史、御史中丞。到了第五代出了两位诗人——周繇和周繁。周繇为咸通十三年（872 年）进士，"大历十才子"之一，官至检校御史中丞，他的诗被收进了《全唐诗》。宋朝还出过一个什么将军，再往后就没有什么阔人了。直到周馥，家族才兴旺起来，可以说是"贵"了，进入了上层社会。建德县是当初的名字，民国以后，曾改名为秋浦，又改名为至德，后再跟东流合并，改叫东至。周馥原来连建德县城都没得住，住在城边上，他自己有诗文及年谱记录此事。当时为逃避清军和太平军的兵燹，他随同父母、祖父母在山上躲避了近九年。最后家里商量与其坐以待毙，不如逃出一青年以延续后代，于是周馥逃出到安庆。恰逢李鸿章正准备从曾国藩湘军独立出来，就招致了周馥参与筹建淮军。李鸿章对周馥很欣赏和信任。在清朝，一个官员如果遗失了自己的官印，罪名会很大，甚至有可能丢掉性命。李鸿章自己每次上前线打仗，都是把大印交给周馥保护。

自李鸿章建淮军起，至辛丑（1901 年）李鸿章逝世的四十年间，有四分之三时间左右，周馥都作为李的助手辅佐他。李一生两大事，统领淮军和太平军交战及建设北洋海防，周都全程参与。甚至艰难时刻，李鸿章不得不去的尴尬、挨骂的庚子议和任务，周仍奉陪到底。

李鸿章领导的北洋海防建设，周馥除了没有上军舰指挥外，举凡筹办策划、管理经费、修建军港炮台、管理海军学校、创办陆军学校、机械局（兵工厂）、建立海军医院、创建铁路、创建电报局等，他都是或直接领导、或监督、或策划,是一位全方位的助手和执行人。《清史稿》列传二百三十六亦称:"鸿章之督畿辅也,先后垂三十年。创立海军,自东三省、山东诸要塞,皆属焉。用西法制造械器,轮电、路矿,万端并举,尤加意海陆军学校。北洋新政,称盛一时,馥赞画为多。"周馥办事勤奋、周密,从不虚应故事。李氏曾经语人说:"周某用心极细,虑事最精,且廉正有魄力,非时人所及。"后来的北洋政府军政要人多数出自陆军、海军这两个学堂,因周馥曾任领导,学生都一直尊他为老师。1921年周馥去世时,当过总统、执政的黎元洪、段祺瑞在致周馥的挽联中都称自己是周馥的门生。

李鸿章死后,周馥历任山东巡抚、两江总督、两广总督,是清末蜚声一时的封疆大吏。这时,清政府实行新政,许多建设工作周馥在十多年前的北洋海防建设就已做过的了。这里有一件事,历来未被注意。即江南制造局由曾国藩、李鸿章创立、经营,到周馥任两江总督时已数十年了。官僚体制、经营不善、腐败落后,以至于本国的军舰到上海都去外国人经营的修船厂去维修,而不去江南制造局。周馥到任后,经他大刀阔斧改革:制造和造船分家,成立江南造船厂(名江南船坞);聘请既懂技术又懂管理和经营的外国人全权负责;给予贷款,自负盈亏。这很像今日的某些企业改革。结果,提前数年归还贷款。未出十年为美国造出万吨运兵船。江南造船厂这才焕发新春,发展和生存下去。这在江南造船厂志中有记载的。

周馥对李鸿章也是感恩图报,终李的一生都在帮助李。即使有更好的机会也不离去,例如,当周馥修建胥各庄至阎庄铁路之后,醇亲王奏建卢沟桥至汉口铁路派他为提调,他却未去。以后醇亲王又奏设天津至山海关铁路找他办,他又只办了天津至林西为止,其余部分推荐其他人去办。这一连串事情中有两点值得注意:一、醇亲王推荐他、使用他,这

311

是爬上更高枝的大好机会，而他不去。二、如果他办了那两大条铁路，他很可能像盛宣怀后来总管全国电报方面一样，说不定管起全国铁路了。周馥都不去。其原因也可能是他感到北洋海防建设的重要，也可能是他忠于李鸿章。再者，甲午战争初起时，周馥任直隶按察使，无任何军职，可以不沾上战事，但仍接受李鸿章委派总理前敌营务处一职，于敌前联络诸将，体察军情，关内关外奔波跋涉，军械粮饷，转运采买，萃于一身，直到战争结束后辞职。他自己在《年谱》里说："艰困百折，掣肘万分，然自始至终余未尝缺乏军需一事，故战事虽败，而将官无可推诿卸过于余也。"《清史稿》本传亦说："中日开衅，馥任前敌营务处，跋涉安东、辽阳、摩天岭之间，调护诸将，收集散亡，粮以不匮。和议成，乃自免归。"周馥对待李鸿章的态度，按周馥自己说是："明知必败而义不可辞也。余从相国久，不忍不顾，死生听之。""丈夫出处，惟义是视"，这是很不容易做到的，是极为可贵的。

甲午战事以后，又过多少年，八国联军之役时，李鸿章在两广总督任上奉诏北上议和。这是一件极难办且必然挨骂的差事。李自然需要助手帮助，周馥就是其中之一。当时周馥任四川布政使，李奏调周馥为直隶布政使、并"随同奕劻、李鸿章办理议和条款事宜"。周馥接旨后即刻启程赴京。虽云"奉旨"，如不想去仍可以种种借口推辞的。如下面所说盛宣怀例。此时，甲午战后的李鸿章已非当年坐镇北洋、遥领军机的李鸿章了。树倒猢狲散，即使过去比较得力、颇受李鸿章善待的部下，也有远避或背叛他的了。盛宣怀的父亲盛康是李的好友，盛宣怀投靠李鸿章时，李鸿章一见面就非常欣赏，多年来屡屡委以要职。庚子时盛宣怀总管全国电报局（这也是当年在李鸿章领导下，周馥初创，后改委盛宣怀接办的），各路电报、消息都得由他转。李鸿章北上议和、过上海时，和盛谈了两天两夜，李鸿章约盛宣怀随行，庆亲王奕劻又专电奏调盛宣怀襄办和谈。盛宣怀终不肯去。还依仗自己管理全国电报通讯,泄露机密给张之洞,出卖李鸿章。

从周馥的一生看,是极为清廉的,我曾写过一篇《曾祖周馥》,在《传记文学》连载发表。一般来说,谁都说自己长辈清廉,往往死无对证,但我这儿有据可考。在周学熙的《自叙年谱》有记载,周馥曾做过津海关道,这个职位很显要,所管理事务包括北洋有关的外交事务。比如朝鲜大院君和闵妃的事情,就是他拿的主意,最后派了吴长庆把大院君拿下,逮到中国来的。当然,官位高不一定是肥缺,但津海关道这个职位很有油水,当时有个叫孙士达(字竹堂)的,只做了两年津海关道,一下子就阔了起来,退隐后成了上海滩有名的大富人。(孙在两年津海关道任所积的财产,据他的曾孙孙树棻所能举出的就有:常熟北门内占地十几亩的住宅、常熟东门大街上几十幢收租的市房、城外一千多亩良田、远郊七千亩盐碱田,在上海公共租界三马路四马路寸土寸金的地方有几十亩地皮用以出租和造房子,在上海汇丰银行存有一笔约合三十万两纹银的存款。)但周馥不是。他做了八年津海关道,后来又升官去做按察使。甲午战败之后,按周馥《自叙年谱》看,那时他岁数也不小了,原想从此不可能再做官,就此退隐了。于是他分了一下家。

周馥有六个儿子:周学海、周学铭、周学涵、周学熙、周学渊、周学辉。周学涵年幼早逝;周学海、周学铭逝世于清光绪末期(1906年)、宣统初年(1909年)。六个儿子为六个房头,每个房头分得了两万两银子,一共十二万两银子。只有此十二万两银子,这在数十年后周学熙的《自叙年谱》中有明确的记载。周馥分家只有十二万两银子,在当时那是笑话。之前,李鸿章进京,路过天津,光直隶总督为了他到京城送礼打点就送了他一万两银子,李到北京后发现这还不够,又回头借了一万两银子。你可以想见这差距有多么大!

曾 祖 周 馥

　　周馥作官以后,有了钱就拿去给家乡修大成殿,开医院,办学校,凡是姓周的都不花钱上学,还做慈善,他的很多田产都是为了慈善事业。他的夫人吴氏将历年节省下来的钱购买田产一千馀亩,以作周济乡里鳏寡孤独的资本。老百姓对他印象非常好。近期我子侄辈去了一趟东至县,当地百姓至今还念念不忘这些事。在他为训诫子孙而写的《负暄闲语》(此书现在有孟繁之标点整理本出版)里,他说过一个观点,当官的最滑头,经商的其次,最朴实是农民,但是农民受的教育少,又不了解外头的世界,干不成什么事,要紧的是把农民教育起来,比直接周济他们生活更重要。所以他用了许多钱去兴办家乡的教育。

　　附带说一件事,周馥能诗,于式枚《〈玉山诗集〉序》称周馥诗“独抒性灵,自行胸臆,不规规于法古,而自得真趣”,“于内治外交之得失,文武人物之盛衰,尤三致意焉,至今读之,陈迹历历,如在目前。说武乡之故事,感临淮之遗法,足为一代之史才,非独一时之治谱也,信可传矣。”钱锺书先生对玉山诗也是极为称赞的——口头上的。我二哥周珏良算是钱锺书先生的学生,他清华念到二年级的时候抗战开始了,随学校跑到云南,在昆明他跟钱锺书住前后房间,经常聊天。1984年的时候,我父亲去世,出了一些纪念文集,二哥到钱锺书先生家里去,也送给他一份。临走送珏良出来的时候,钱先生说了句“玉山诗很好”——周馥的集子叫《玉山诗集》。二哥当时没好意思往下问。钱锺书先生既然注意到周馥的诗集,他本不必说好,却又主动提起,说明周馥的诗还是有一定的水平的。

　　到了周馥的儿子周学熙这一代,周家一下子富裕起来了。

　　周景良:周馥四子周学熙是个非常干练且有学问的人,也有几件关

314

于他的传奇性的故事。光绪年间,周学熙参加顺天府乡试。那就是在北京考举人的考试。当时制度,凡是三品以上大员及京官中级以上官员的子弟,都另编"官"字号,官字号考生不准取在前十八名。为怕大官子弟的优势阻挡了一般考生的前程。但这次仍有御史向皇帝参奏说考试有人作弊,并举出包括周学熙在内六个人的名字。皇帝下令彻查。其中三人从考卷中就已发现问题,当即被革除了。另三人包括周学熙要到保和殿复试。结果一人成绩列入三等、一人列入四等,都受到处罚。只有周学熙成绩一等,允许照常会试,洗刷了清白。

周学熙大部分时间是在袁世凯领导下做事,1901 年他受时任山东巡抚的袁世凯委派创办山东大学堂,并任第一任校长(总监督)。不久,周馥任山东巡抚,他照例应该"回避",于是改到天津,但仍在袁世凯领导下。当时值八国联军庚子乱后, 市面缺少钱币,"物价沸腾, 民生凋困",袁世凯命周学熙设立造币厂。周拼凑被毁北洋机器局之破坏残余及其他锈蚀机器,仅七十天就铸成当十铜元一百五十万枚,至今仍被称为奇迹。在袁世凯领导下,他施行一系列当时所谓"新政",创办了银元局、工艺局、实习工场、劝业铁工场及图算学堂、考工厂、高等工业学堂、教育品制造所、广仁堂与女工厂、公园与种植园、创办官银号等一系列设施,为北洋实业开展奠定了基础。(现在的河北工学院的前身,即是周学熙创办的直隶高等工业学堂,周学熙曾任第一任校长,前些年听说河北工学院要为周学熙立铜像。)随后袁世凯作总统,周学熙两任财政总长,不惮辛劳。后因坚决反对袁世凯做皇帝,被袁囚禁在北海公园的濠濮间。只因袁和周馥交情深,才没有杀他。之后,周学熙专心经营民营企业,创办了启新洋灰公司、滦州煤矿有限公司、滦州矿地公司、青岛天津唐山卫辉四处华新纺织厂、北京自来水公司等等,形成中国北方工业的基础。

　　唐山附近的开平煤矿原是为北洋海军用煤而建立的。在八国联军入侵时，德璀琳（Gustav von Detring，1842—1913）和煤矿工程师美国人胡华（Herbert Clark Hoover，1874—1964，即后来的美国总统胡佛）胁迫、欺骗煤矿当时的督办张翼假立中英合办契约，名为保护、实是英国人不花一文钱趁机侵占煤矿。周学熙当时是煤矿总办，坚决不肯副署，遂辞职去上海。事后虽屡经交涉，煤矿终是平白落入英人之手。此后，周学熙又创办滦州煤矿公司以抵制开平煤矿。滦州煤矿公司的矿脉包围、封锁了开平的全部矿脉、使其不能再有发展。又创办滦州矿地有限公司，拥有开平煤矿地面四周的土地、使其在地面也无发展余地。两家在销售市场上曾经有过激烈的对抗和竞争。后来终因北洋政府要依靠帝国主义，遂妥协成立开滦矿务局，统一管理销售了。

　　到了周学熙这一代，周家子孙就富裕起来了。因为他办民族工业嘛。第一次世界大战的时候，帝国主义顾不到中国，有纺织厂的，一年就能翻本，投资一万，利钱就能有一万。所以周家富起来是从周学熙开始的。可以这么说，周馥把我们家族引入了上层社会，周学熙带我们家族各房不同程度地阔了起来。当然，不同房的贫富还是有差别的。

　　像周馥一样，周学熙有了钱，也回家乡开医院、办学校什么的。时时为家乡人着想。例如，周馥去世后，他回家乡送葬，带了个安葬所需的发电机回去，后来就用这电机在至德县办了第一家电厂。我祖父周学海死得早，光绪年间（1906年）就去世了。现在评价我祖父周学海是晚清名医。他点校、编纂过一套《周氏医学丛书》，厚厚的两大摞。卫生出版社出的《黄帝内经》好像就是用的他这个本子。他自己也有著作。我父亲把原稿捐到天津医学院了。中医讲究要有医案，我给你号完脉，你有什么病，我这里写下来。医案纪录了医生对病情的诊断和治疗措施。我听二兄珏良说，他的医案在北京被什么人借走了，一直没还回来。但网上还可以搜到他的著作电子版,都是经过校点整理的现代出版物。

我的七叔祖周学渊字立之,号息庵,是位诗人。平时生活不拘行迹。但他对当时时事的认识属于比较开明的一派,曾得到岑春煊的赞许。听我父亲说,在青岛时曾听到辜鸿铭对我七叔祖的赞扬,说他常有许多好见解(good idea)。在《曹禺传》中,曹禺谈到他父亲赋闲在家,经常约些朋友一起饮酒赋诗时说:"当时和我父亲交往的有一位周七爷(又叫周七猴),他是周叔弢的叔叔。他家是天津一个著名的封建买办官僚的大家族。他的哥哥是周学熙……周家和我家是世交,我到他们家去过。周家的摆设很气派,《雷雨》的布景就有周家的印象在内。周七爷和我父亲诗文唱和,喝酒。这个人非常之可爱,但我没写过他,现在要写他都可以写出来。他一边骑驴一面做诗,有时还骑到北京去。"他曾做过山东大学的总监督,那个时候还叫山东大学堂。这个总监督周学熙也做过,比周学渊早。是周学熙创办的山东大学堂。

我还有位九叔祖周学辉(字实之,号晦园),一直协助周学熙办实业,华新纱厂就是他在管。到"文革"前,启新洋灰公司的董事长好像就是周学辉原来是我父亲,后来改他任董事长了。北京的自来水公司他也是董事长。自来水公司是不赚钱的,北京人随便打一口井都很好,后来是九叔祖的二儿子(周明龢)在管这个。"文革"时红卫兵把他扫地出门,空身走出他那大房子,包括全部财产。曹禺的父亲万德尊因为和周七爷(周学渊)的过往关系,也把自己的钱存到这个以周学熙为首的工业财团的银行里,曹禺在《曹禺传》中也谈到:"我父亲死后,只有母亲一个人。还有一个周九爷(周学辉),他那时对我家里帮助不少,我家才能过下去。"据说,我的九叔祖父协助他家管理财产。曹禺上南开中学时,每月生活费都是到周学辉处去取。

另外,据《启功口述历史》,启功谈到由于家庭困难中止中学学习时所记:"为此,我有点对不起我的另外一个恩人——周九爷周学辉先生,也就是为我提供中学担保的那位自来水公司经理周实之先生……他也是我曾祖的门生……我曾祖死后,他还坚持来看望我们。每次到北京,必定来看我的曾祖母,他一直称她为'师母';我曾祖母也必定留他吃饭,关系很好。周老先生表示愿意资助我一直念下去,直至大学,以至出国留学。这样一来(指辍学事),我就辜负了他的美意。而我家和周九爷的关系却一直保留下去,他帮助过我三叔、六叔谋过职。后来我到辅仁大学工作,当了副教授,还特意到天津去看望他,他还热情地请我吃饭。说来也巧,周九爷的孙辈周騄良、周骆良、周骘良(后改为周之良)后来都在北师大工作,我们的关系一直处得很好。"旧时科举时代非常重视科举考试师生的关系。这里说的是辛亥革命几十年后,社会变化很大,一些旧的礼法、旧的关系早荡然无存了。这时,我的九叔祖父还是谨守师生之谊,对师父一家抱有深厚的感情。

您的七叔祖周学渊有个女儿叫周铨庵,她似乎是被您的族人看作奇女子的。

周景良:她在昆曲界很出名,情况我不太了解。可能是抗战刚胜利那会儿,有一年中秋节傍晚,我到北海漪澜堂,正好看到一条被人包下来的大渡船,一大堆人坐在里头,有拿着锣的,似在唱昆曲,里头有中央研究院的陶孟和,也有周铨庵。我几乎和从她没有来往。我见到她,是七叔祖丧事的时候,她平时也不到我父亲那儿去,和本家姑姑们也不大来往。她直到她父亲死了才回到家,之前一直住在她舅舅张叔诚家。

您的九叔祖周学辉的女儿周仲铮也被看作奇女子。

周景良：她属于另类。周家讲究忠孝传家，儒家思想的气味很浓，她是唯一的叛逆者。她家里不准女孩出去上学校，她逃出去，和她父亲谈判，要求上学，受到邓颖超及天津的觉悟社等人的支持。官僚大家庭的小姐逃出来，和家里谈判要上学校，当时是报纸上的新闻。逃到北京时在借住的人处还见到过李大钊。她后来上天津女子师范学院、南开大学。再后来又去法国留学，得了博士学位。她嫁了一位对中国友好的德国人克本。二次大战后，她在德国，已经五十多岁了，在战败的德国，面对何以为生的问题，她想学画画，去见美术学院的德国教授（都是她熟识的人），教授不收她。过了几天，美术学院请她作报告，讲中国的绘画和书法。教授也去听了。一听之下，教授主动接受她作学生，和青年人一起从素描学起，走上了绘画的道路，后来成了有名的画家。她开画展，德国总统夫妇都出席参观。他们夫妇自奉甚薄，其一生始终租房住而没有自己的房子，但于公益则不惜一切。他们屡次捐赠我国国家图书馆等处许多书籍，都是二老亲自打成大包，用小车推到邮局寄出。1980年代，她回国探亲时，邓颖超还在中南海两次接见过她们夫妇。当时的新闻报纸都报道过。她写过一本自传体的小说——《小舟》，有很多种语言的译本，网上可以找到中文译本。《纽约时报》上也有人写书评称许过，属于推荐书。族人对她这个"叛逆者"倒没有什么歧视，一直保持着往来。记得我十岁前后的时候，她还到我们家里打过牌。他们夫妇逝世后葬在北京万安公墓，离我九叔祖的墓不远。

周仲铮、周铨庵都和您父亲周叔弢先生是同一代人。周家这一代人，出了很多人物。

周景良：我认为，这和周馥的思想很有关系。有书为证。前面说到他写了本《负暄闲语》,这是用来回答我父亲的提问的。书前自叙说:"去年(光绪三十四年,1908年)暹孙随侍居庐山、芜湖数月,因其所问,就书史所载,见闻所及,引伸之以广其义,随笔记载,略分其类十有二。家庭琐琐絮语,不足以阐大道,然登高自卑,学道之功实基于此。"我父亲说自己十五岁丧父,十九岁丧母,这都是虚岁,按照当下通例,都要减掉一岁。那时他有肺病,养了两年。这段时间周馥到庐山,他也到庐山;周馥到芜湖,他也到芜湖。我父亲跟着周馥的时候,问了各种问题,怎么读书,怎么做人,还有些别的,像算卦、风水也问。他都根据圣贤典籍、见闻所及,一一作答。他的思想是传统的儒家,但很务实,不迂腐,"先器识而后文艺",不是空谈的道学家。他那一代人,像大学士孙家鼐的直系子孙,没有太专意在这些方面的——有一个是周学熙的女婿,也就是我的姑父(这位姑父本人却是极其文雅的人),他们兄弟都留美学经济,回国后办最赚钱的工业,比如面粉厂等。其他家族,比如盛宣怀家的后代,就花天酒地了;李家的子孙呢,李鸿章弟弟李鹤章的孙子李国松经常到我父亲这里来,他的收藏是出了名的,这么多人当中,也就他还是一个文人,有书卷气。周家最特别的是,几乎没有成熟的、现代意义的资本家,虽然周学熙办实业,但他主要出发点是为了国家振兴工业,不是只顾着自个儿家里怎么样。真正资本主义倾向的,除周志俊外,周家没有,反而是搞学问、文化人的倾向强一些。

我父亲收藏古籍善本,在中国北方是三四家重要收藏家之一,有人称他是传统意义收藏家的殿军。他因为太爱惜自己收藏的古籍善本了,不愿在自己死后这批收藏再分散、遗失,就把七百多种善本全部无偿捐献给了国家(关于这个决心,早在1942年他就已写下了对子女的嘱咐)。此外,他收集的近千方珍贵的古玺印,以及二百五十多卷敦煌写经(这在他那时代可能是国内私人收藏敦煌经卷数量最多的了),也都捐给了国家,并没有给子女留下什么。我四叔周进(字季木)收藏金石碑拓。他的收藏汉、魏、晋刻石之富,无人能及,有可能还超过清末的端方,现在都入藏故宫博物院。印行有关他的收藏的书籍有:他的藏石图录《居贞草堂汉晋石景》、他所收藏的陶片图录《季木藏陶》、藏印图录《季木藏印》。他所收集的封泥后来转让给周志辅,由周志辅印行《封泥存真》。至于他收藏的商周铜器,则编入商承祚所编之《十二家吉金图录》。还有一部名为《魏石经室古鉨印景》集印他收藏的古玺印。此印谱在1980年代还重印出版。1998年还由中华书局出版了《新编全本季木藏陶》,是由堂兄绍良整理,李零先生分类考释(实际是由李先生来整理的)。

当时我还有一个堂叔周明锦(我二叔祖周学铭第五子,字緗章,号恶庵),他一直在南方,二十多岁就死了。他和我父亲来往较多,在金石上有同好。他俩都喜欢篆刻,时相通信讨论。明锦逝后,我父亲为纪念他而印行了他所刻印的印谱《恶庵印存》,请陈师曾题签并作序。另外,我父亲还为一位早逝的治印的好友刘叔文印行了印谱《氾凫亭印撷》。这两家刻的印我都很喜欢。在现在的治印人中,即使是名家,也已经找不到能刻出这样印的人了。我父亲虽然也经营实业,但自己是有一个文化圈子的。

我大伯父周达(谱名明达,字美泉,号旡否、今觉盦)是个头脑很特殊的人,他收藏邮票是出了大名的,还研究数学。在清朝末年、他那时候能见到的数学书,包括日本人的书,都是比较落后于当时国际数学研究现状的,所以虽然他头脑聪明,但是信息有限,因此没法取得特别大的成就。他也有他的成果,例如,我见到一本出版物就是他证明了某一个世界级的平面几何难题,但这和主流数学已经关系不大了。江苏教育出版社出版有《中国现代数学家传》,一套五本,第三卷里面有他的传。其中说到："对于数学研究,周达勇于进取,著述宏富。""周达的数学研究领域十分广泛,论著涉及数论、初等几何、不定方程、级数以及代数等,其中不乏创造性结果。""周达虽然对现代中国数学事业创建时的贡献很多,但他并不是一个职业数学家,只是一个数学爱好者和自由研究者。"中国的数学学会成立时,他也是最早的董事之一,还捐了自己的一些书,成立了一个图书室,供大家使用。现在对他的评价是"先驱人物"。

他作诗是四十岁以后,但很快就得到了认可。郑孝胥对他的诗评价很高。他跟郑孝胥、陈石遗、陈曾寿这些人都唱和过,陈曾寿还给他的诗集作过序。

周达的第三子周炜良"二战"后定居美国,是世界级的大数学家,如果说陈省身是微分几何方面的领军人物,那么周炜良则是代数几何学方面的领军人物。著名数学家陈省身屡次写文章宣扬他。按陈省身所说："炜良是国际上领袖的代数几何学家。他的工作有基本性的,亦有发现性的,都极富创见。中国近代的数学家,如论创造工作,无人能出其右。"又,在台湾的《传记文学》第75卷第2期,陈省身在一篇介绍炜良的文章中写道："他于1936年获来比锡大学博士,返国任南京中央大学教授一年,即遭日本侵略。他住在上海,未曾西迁。1946年我从美返国,复在上海相会。他离开数学将近十年了,从此返回数学,再做第一流的研究工作,毅力可佩,实是奇迹。从上海他到普林斯顿的高等研究院一年(1947—1948),即接受约翰霍浦金斯大学的教授,直至退休。这大学是美国有名的大学,第一个办研究院的,也办了最早的数学杂志。炜良任系主任多年,也任杂志的总编辑。他是一个专心数学而淡泊成性的人,友人不多,也少参加会议的人。因为我的竭力推荐,他当选中央研究院院士(我说他不是院士,我们都要惭愧)。但他始终未被入选美国科学院院士。这是该院的损失,也是它的数学组的无知……专心学问,知识广博。但与人无争，是一个典型的学者。"炜良的学术成就很大。数学教养或与家庭无关，但如陈省身所说，炜良的"淡泊成性"、"专心学问，知识广博，与人无争"，则显然是受家风、家教的影响了。

周达次子周煦良是著名的教授、翻译家。他毕业于光华大学化学系，后又到英国学习文学。虽然他主要是教授英国文学、翻译文学名著，但他也翻译了少数自然科学、哲学的著作，如《神秘的宇宙》、《美学三讲》、《存在主义是一种人道主义》、《关于托勒密和哥白尼两大世界体系的对话》等。他出生时，正值曾祖周馥任两江总督，全家住在督署里（就是太平天国时的天王府、国民政府时的总统府）。督署的花园名"煦园"（就是一般称为天王府花园的那园子），故他取名"煦良"。

再回头说我父亲这一代人。当中还有位周叔迦（四叔祖周学熙第三子，谱名明夔，字志和，又字直甫，号叔迦），他是我父亲的堂弟。他最初在同济大学学工程，毕业后出来做买卖，赔得一塌糊涂，后来钻研佛法，成为虔诚的佛教徒，同时也是有名的佛学家。他同时在清华、北大等学校授课。当北京图书馆整理八千卷敦煌卷子时，他在辨识佛经方面起了很大作用。

他对中国佛学研究、佛教教育，以及佛教文化的积累、整理和建设，都做出了重要的贡献。至1970年逝世，四十年中，佛学研究涉及面广泛，各个方面皆有深入研究。他对《隋书·经籍志》的考证、勘误等，是迄今不可多得的研究成果，尤其是《订正两京新记》，是当下研究唐代史料学者不可不读的重要参考资料。对中国佛学研究、佛教教育，以及佛教文化的积累、整理和建设，都做出了重要的贡献。他的著作多年来陆续发表，散见各处。选集也出了有几种。最近听说中华书局已出他的全集，名为《周叔迦佛学论著全集》，有七巨册。

1950年代，北京琉璃厂出现一件带有三国吴天玺年号的经疏，字体介乎隶楷之间,和传世的晋人写本《三国志》等相似。当时有人请叔迦先生过目,叔迦先生一看便说这是把三种三国以后的几种经疏凑起来造的,不是三国时人作品。由此可见他研习佛典方面之博览、下工夫之深。

叔迦之子绍良是鼎鼎大名的学者,红学家、敦煌学家、佛学家、文史学家。绍良长期从事敦煌俗文学及小说文学的研究,同时,他的收藏亦富。所藏之宝卷为世人所少见。所集各种版本、各类章回小说逾万册,已悉数捐给天津图书馆。所收集的唐代墓志拓片达四千馀种,经赵超先生助为整理,编成《唐代墓志汇编》,目前此书已成为研究唐代文史者重要的参考资料。拓片现归国家图书馆。其所著《敦煌变文汇集》,为世界上第一部变文总集。其佛教方面的论文以文献研究为主,散见于学术刊物。他收藏的古墨也成一大家,现已归故宫博物院。

记得您在一篇文章里提到,赵朴初说过,周叔迦之所以学佛,受弢翁影响很大。

周景良:这是我听我父亲说的,以前没人提起过。1950 年以后,我父亲是天津市副市长,人大常委。1974 年的时候,忽然有个日本的佛教代表团到中国来,中央叫我父亲去参加接待。

我父亲很奇怪,因为我父亲历来从未被安排参加接待佛教团体,虽然我父亲自己信佛,填表时"宗教信仰"一栏也填佛教。他就问赵朴初,干嘛把我找来,赵朴初回答:"叔迦信佛是受你影响,当然要找你来。"虽然是在说笑,但这事恐怕还是发生过的。我后来查考过,我父亲一生两次去过青岛,第一次是辛亥革命后直至 1914 年第一次世界大战起,第二次是 1922 年左右去办华新纱厂,第二次去的时候,叔迦三爹正做生意失败,在青岛住了一阵子。我没有细致考证,但是在时间、空间上,都

324

是有可能是在那时发生的。当然,受我父亲影响绝不等于我父亲的佛学就高于他。

周叔迦的大哥周志辅(周学熙长子,谱名明泰,字志辅,又字开甫),现在给他的名号是京剧史家。他编辑过一套《几礼居丛书》,都是有关京剧的文献。实际上他不止研究京剧史,中国史他也研究,开明书店出版的《二十五史补编》里面收有他的两部著作——《后汉县邑省併表》和《三国志世系表》。宋朝的曾巩的年谱也是他编纂的。他后来到了香港,曾讲易经。(有《易卦十二讲》和《易解偶记》两种著作,潘雨廷《读易提要》对此两种著作评许都甚高,说:"其唯周氏之邃于《易》,乃能深入浅出以宣扬易理,嘉惠士林,其功亦大矣。")他是很博学的,并不是一个只知看戏的纨绔子弟。

周志辅之二弟周志俊是真正继承父亲周学熙,把实业干了下去。除在青岛外,在上海办了一系列工业。周志俊在公共卫生方面也做了不少贡献。具体我虽说不清,但我家"明"字辈经营企业的只有他一人,也具相当的规模了。关于志俊,有他的传记可作参考。(周志俊的孙女周小鹃著有《周志俊小传》,兰州大学出版社 1987 年版,可参考。)

我记得您写文章说过,弢翁对子女的家教是很严格的。

周景良:我父亲的家教在家族里是受称许的。比如说周启晋,他是绍良四哥的儿子,绍良四哥待他非常严厉。绍良的父亲周叔迦待绍良也很严厉,据说有时候甚至严得不近情理。我们家则很随便,规矩是有的,只要不过那个槛就行,其他很自由。职业是自己选的,婚姻尽管个别我父亲不满意,也不阻拦,听之任之,尊重子女的自由。他一直以身教胜过言教。有一时期他见我有个哥哥喜欢在外面闲逛,就让仆人到楼上书房找了一部《资治通鉴》送过去，这是我见到的最积极的批评了。没有打骂，但是大家都服他，而且还挺怕他的。比如他最讨厌吸烟。家里请亲戚打牌，要预备鸦片烟，我们家是没有鸦片烟的，要临时借来预备着。不光鸦片烟，香烟我父亲都讨厌，但是不得不给客人预备着。我记得当时天津华新纱厂的副经理，无锡人王晋卿常来谈话，时间很长，他烟抽得厉害，等客人走了，我父亲要全开了窗户让风吹好久。所以我的兄弟姐妹没一个敢抽烟的。我三哥周艮良，后来在外工作，在外搞工程，抽上烟了。记不清是"文革"期间还是以后了，三哥已是六十岁上下的人了，他去看父亲，我父亲跟他说："老三，我这里有好烟，你抽么？"就是这样，他也不敢拿过来当面抽。从小习惯成自然，他哪怕抽烟是公开的，也不敢当着父亲的面抽。我父亲就是这样言传身教的。当然，这和几个大的哥哥带头带得好也有很大关系。

周家关于子女教育的标准很高。您的七叔祖周学渊就请唐兰当过家庭教师。弢翁对待教育也十分注意，弢翁是专门给一良、珏良先生开了家塾的。

周景良：在教育子女方面，由于时代的变化，我父亲的安排也有两个历史阶段。在一良、珏良小的时候，大概是1920年左右吧，当时天津的大家族还是不太信任新式学堂的，所以还是设老式家塾来教育子女。家塾分两类：一类是村里的教书先生，支一个摊子，教孩子们念《三字经》之类，这是为了识字将来记账；另一类，即是大家族里的家塾，这个要求就深了。弢翁的要求比一般的还要深。我从珏良的字帖里面，找出过一张贴在里面的、当年父亲给一良定下的全年的课程表（即一良《毕竟是书生》中提及的"一良日课"），他那会儿才多大啊，可能十四五岁，就已经不是念四书五经了,而是要读"八经",还要请好的老师来教。总体来说我父亲不是一个保守的人。说他"中学为体,西学为用",这我也是不太同意的,他根本不是这样。他看《查泰莱夫人的情人》,这个体与用,该怎么说?还有《弗洛伊德全集》,他也摆在书架上。但他又崇尚中国的道德和文化,这对于他这是活生生的。和他相比,家族里有些长辈倒是像宋儒那样,有点古板、保守。我父亲是紧紧守着中国的道德和文化的。之所以守着,不是怕人夺走,而是真心地崇尚和喜欢。他希望子女也能这样,所以他的孩子哪怕上了新式学堂,还是要请家庭教师晚上来讲古文。念外国的新东西不要紧,但中国传统文化的底子不能太薄。就是这个意思。

到我小的时候,已经过了读家塾的时代了,但是因为我三天两头生病,身体不好,不能去上学,于是就请了老师来。这位老师姓陈,名曾言,字询先,是著名诗人、清朝遗老陈曾寿的七弟。后来陈离开天津去上海了,因为再找不到合适的老师,我才没有继续在私塾读下去。我父亲三十八岁的时候我出生的,等到我记事,他大概四十多岁了,白天出去上班,晚上六点多回来,就在自己的书房里看书。现在天津图书馆要在国家图书馆出版社出我父亲校勘过的书,第一批共有四十多种。这是他什么时候干的? 一看就是那个时候。我们当时都没注意到,他就躲在那个屋里"精心研考","不辍丹铅,手校群书"。我曾看到的是他摆在桌上随便翻的那些书。比如说苏东坡的诗,《施注苏诗》。他最早不是翻译过康德的著作嘛,郑昕出了《康德学述》,他也买了一本。这些东西,杂七杂八他看了不少。他英文讲得比我流利。他到解放为止都是穿长袍、布鞋,没有穿过皮鞋,服装都是中国式服装。所以我总觉得他和鲁迅、胡适不是一个时代的人,其实他比他们还小两岁呢。

因为父亲言传身教的缘故,我们兄弟姐妹都很规矩。我其他的叔叔,都觉得我们这一家子都很好。他并没有刻意去培养,子女们爱学什么学什么。小学、中学的时候,考试成绩单是要给他看的,不给他看不行,这是规矩。考得好不好,他倒不太责备。有一次,我考试成绩不好,父亲看了看成绩单,抬头笑笑,说下次考好一点。宽松是很宽松,但这样其实是有力量的,对我们都有影响。关于这一点,有一次珏良讲了很多,就是纪念弢翁一百周年的时候,在国家图书馆开展览会。我父亲的教育方式,就是给你买书,积极地鼓励你看书。杲良就是这样,在国外的时候写信给父亲说看不到古书,结果他哗啦哗啦寄了好多过去。我在苏联时也是,我让他寄两本小说,像《三国演义》什么的给我。结果他不但寄了《三国演义》,连《玉蹊生诗》、《仇注杜诗》都寄来了。再比如说《智永千字文》,日本印的当然很贵,也不好买,罗振玉后来翻印的本子,我们都有,就是父亲买的。他给我买的书,有一些是我需要的,有一些是他希望我看的。比如说小欧阳的字,欧阳通的字,《道因法师碑》、《泉男生墓志》,他都让你看。我偶然说我喜欢《论语》,他就买了一摞光绪年间刻的王肇晋编的《论语经正录》,说这书把所有的注解都集中到了一起,读来方便。他就是这样给你读书提供条件。

那个时候,工业界、商业界的人不大到家里来,主要是文人圈子的朋友。我父亲比较近的几个朋友来聊天,大哥、二哥都会坐在旁边听,能够听到很多东西。大哥一良、二哥珏良他们听到方地山讲了很多有趣的东西,可惜很多没记住。

您的文章里提到大哥周一良先生和二哥周珏良先生是最多的,这两个兄长对您的影响应该是最大的吧?

周景良:大哥一良已是世界知名的史学大家了。按我父亲的安排,他没有上过小学和中学,而是读了十年家塾。其学习内容都由我父亲制订、安排。自然,其要求是远远高于一般家塾的标准。这十年给一良打下了深厚的国学基础。同时,在这期间,他还学习了几年日语,打下了很好的日语基础。他在燕京大学历史系的毕业论文是有关日本史的。但是大学毕业之初,即倾心陈寅恪先生之史学,当时成绩颇为众目所瞩,亦蒙陈寅恪先生所赞许。于是魏晋南北朝史成了他的主要研究方向,公认为陈先生的接班人。但卢沟桥事变、日寇侵华开始后,他又去美国哈佛大学学习日语和梵文。抗战胜利1946年回国直至解放后1952年院系调整为止,魏晋南北朝史始终是他的主要研究方向。上世纪六十年代出版了一部他的论文集《魏晋南北朝史论集》,可作彼时光芒毕露的纪念。院系调整,组织上决定他改行教亚洲史。此后就脱离了魏晋南北朝史研究,再也未搞了。直至"文革"后1970年代末他因"梁效"问题接受审查、等待分配时,百般无聊,乃翻阅古史消遣,于是又写出一部《魏晋南北朝史札记》。这部书又受到很高的评价,以为非他那样深厚的功底是写不出来的。总之,终其一生,一良始终不失是一位重量级的学者和教授。但是,谈到一良的一生,多少总是令人有些遗憾。就是因为他的基础条件太好了,魏晋南北朝史研究也已经开始了,也得到陈寅恪先生的赞许,光芒毕露,众目所瞩。如能充分发展,其成就实未可限量。而1952年改行之后,这一切就落空了。再者,一良的学术还不止魏晋南北朝史一门,至少,日本史及日本语文和梵文这两方面,无论哪一方面,都可以卓然成一大家。他在日本史方面的工作虽然未能充分展开,但在国内被誉为是1950年后中国研究日本史的"三巨头"(另两位为邹有恒先生和吴廷璆先生),同时也得到了日本方面的肯定,授予他"山片蟠桃奖"。而于梵文则始终无机会崭露头角,无声无息。至于一良对我的影响,我在一篇怀念一良的文章里全写了,也就没什么可多说的。总之,他是我的榜样,伟大形象笼罩着我。珏良我是写也写不出。他比一良难写。一良作为长兄，是个榜样，我那时候不知道他出了怎样的成果，也不懂，就知道他念书好，我自己也应该好好念。珏良是从其他方面影响我，这个影响，比一良还要深。他不像一良，一良除了念书，不太和人说话，大家说要去游泳，他也跟着一块去，但他没有太多工夫闲扯，有空就念书。我们兄弟姐妹多，房间也多，不是大家抬头低头都老能碰上，父母的起居室去不去，是自己决定的，珏良常常坐在那儿，从小他就很呵护我。现在我也不记得找他要过什么东西了，肯定不少，因为我第一次喝醉，就是他给我的酒。是法国的薄荷酒，绿颜色的，葫芦型的瓶子，我父亲摆在一个有点高的橱的台子上。肯定是我跟他要的，他拿出来倒了一杯，又拿了个碗，兑了凉开水给我喝，我喝了个大醉。我不到三岁，就经历了人生第一次醉酒。有些东西他一高兴也就给我了。我十岁左右开始收集银元。有一回，他文章作得好，老师奖给他一块纪念币，一面是徐世昌穿着大礼服，另一面有一个房子，很讲究的，他给了我。后来，到我自己也稍微翻翻书的时候，他也常和我议论这些书。所以我对书的知识、文史常识是从父亲那里来的，现代的、西方的知识，主要从珏良那里来的。其实也不单是西方的，还有好多其他知识。比如我学写篆书，当然是从《说文解字》入手，我不敢比一良，他是从头写到尾，一万多字，下了死工夫，我只能说翻翻。珏良一看，说这个本子不好，字不好看，还是藤花榭的本子好，我那儿有一个，送给你。他给我的那个本子，字的确就比较好看。父亲买了很多英文书，文学、历史的都有，有一本 Thomas Carlyle（托马斯·卡莱尔）写的 On Heroes, Hero-Worship, and the Heroic in History（《英雄与英雄崇拜》），他也买过。珏良有一篇文章还提到我父亲买这本书的事情，用来说明我父亲选书眼界的宽广。记得当时我看这本书时，被珏良看见了，他说，"你还看这个书啊？"我当时还在看 The Decline of the West，第一次大战以后，欧洲有些人认为西方已经没落了，这本书就流行开了。那时正经的是莎士比亚、弥尔顿、雪莱、拜伦之类，珏良都跟我聊过。他还常说清华大学有谁、西洋文学系有谁、哲学系有谁，所以，后来我一心一意考清华大学，进了哲学系，学数理逻辑，这都是受他的影响。而且还不只是学了这个专业，上上课就完了，我几乎一生都在这个领域钻研了下去。

您谈书法，似乎受他影响很大。您的《丁亥观书杂记》中那篇《劳笃文先生和他的书法艺术》，一开头就提到周珏良先生。

周景良：《丁亥观书杂记》里面，我用很大篇幅讲《智永千字文》，其实很多是受他的指导。珏良一直到最后都在练字。他1940—1941年左右从云南回来，闲了两三年，每天练字。我站在旁边看，他就跟我讲，隶书应该怎么写，笔应该怎么下。我都是跟他学来的。《智永千字文》是怎么回事，笔是怎么铺开的，他当场表演给我看，这一套东西他说得最清楚，所以我能说得很具体。实际上，我父亲，还有他的好朋友劳笃文先生，包括我的四叔周季木，他们这个圈子的共识是：你要学"二王"，《智永千字文》就是正宗的"二王"笔法。但是书法有两个层面，一个是技术，刚刚我说的全是技术；另一个，是整体的艺术形象。这个形象是怎么达到的？拿郑板桥来说，他的字肯定是堆出来的，拿什么笔都一样。"二王"的厉害之处在于，能控制住笔，使笔毫千变万化，才能随心所欲造出非常好的字来。绝大多数人写毛笔字是描出来的，就是拿笔顺着样儿描。这种字往往没精神，笔没用对。哪怕有名的古人，也有这样的。这些东西，都是从珏良那儿听来的。珏良和我相处就是这样，各种事情，点点滴滴，似乎也没什么特别可说的，但影响却很大。小时候问他要这要那；我十四五岁时,他从云南回来,给我讲书法,讲外文书、古书的情况;解放后又见不着面了,大家都忙;"四人帮"的时候倒能见着了,我常常晚上骑车到他家聊天去,到十一二点回来。当时老伴住北大,我住马甸中科院地质研究所,只有礼拜六才回家,平常就我一个人,珏良去世之前十多年,每星期我都去他家聊天。但是我不敢去找一良聊天,一去他正干着活呢,还要陪我说话,我觉得很不应该。珏良有心思聊,也有很多可聊的,聊古董、聊书法、聊对一些书的看法。比如杨度的弟弟杨钧有本小册子(《草堂之灵》,岳麓书社,1985 年),我们俩一看就知道,这个人是懂书法的。我们两人心是相通的,一谈便合,便能了解、会意。就那本书而言,杨钧是能说出问题的。不是一说书法就云山雾罩地讲什么神韵那种,像乾隆评王羲之,说什么"龙跳天门,虎卧凤阁",这几个字他题得还可以,但评论艺术形象这么说,那就太虚了。一直到珏良去世,我和他都是这样聊天。有时候礼拜天我迟到一点,他就打电话过来,问我今天有没有空。所以他文章很少,一良就批评他这一点,大概是在《钻石婚杂忆》里面说的吧,大意是说不够努力。他不是勤勤恳恳一篇又一篇地写文章的那种人,他整个生活是文人式的,写字不能给他提职称,也不能算课题,但他每天花很多时间写字。他写文章总是水到渠成的,人家对他的文章也很赞赏。说他懒,他也懒,他从不给自己定任务,说一定非要怎么样。我老跟他说,你照着《唐诗三百首》的样子,写一写英诗。他答是答应了,老不写。最后《英语学习》杂志约他每期写一篇,他才写了几篇,就去世了,不然这个系列会很好。他的几个同学当中,王佐良跟他最熟,那时是北京外国语大学英语系主任,也承认,珏良对诗是敏感的,有诗人的感觉,中国的诗、英国的诗他都精通,这样的人很难得。所以珏良写出来的东西一定是精品,他是文思冒出来了才写,有点自然流露的意味。

您有九个兄弟姊妹。除了大哥、二哥以外,您和其他人的关系如何?

周景良:我是最小的儿子。经常一块玩的,当然是三个最小的。大哥、二哥念书都好,让弟弟妹妹们觉得,书当然得念好。我看到哥哥们念书好,就相信自己一定能念好。现在我孙子学习,已经没有我们那时的气氛了。

我三哥艮良完全是另一个情况。他读中学的时候,完全是一个工程师的感觉。但其实小时候一良、珏良在书房里读书,他也跟着一块读,学了很多东西,平时不显露出来,但你说什么,他都知道。他能短跑,铅笔盒特别整齐也特别高级,橡皮要用德国的施德楼(staedtle),铅笔削得尖尖的,一切都弄得很整齐。一良、珏良出门,要么穿西服,要么穿大褂,艮良则穿夹克。现在穿夹克很普及,但在当时是很另类的服装,很少有人穿。那时正式场合穿西服,便服的话,中式衣服就够了。艮良休闲的时候穿夹克这种西式便服,就显得很特别。他中学毕业后,考上了唐山交大,那时这所学校好像是最难考的,比清华、北大还难考。念了一年,抗战爆发,珏良到了云南,继续读西南联大去了,艮良一开始没有到后方去,他读了美国的一个函授学校,学建筑,这个学校定期寄一份东西过来,他把作业完成,再寄回去。后来他到西南去修滇缅公路,再后来就一直搞建筑,最后是在天津建筑设计院当副院长。

您的五哥杲良是斯坦福大学医学院神经学系的教授,出国之后,联系是不是就少了?

周景良:他出国之后联系基本就断了。后来零星还有联系,上世纪六十年代他要入美国籍,还和我父亲通信,但五十年代好像没什么联系。他是燕京大学心理学系的学生,和黄裳、黄宗江、孙道临(在学校时名孙以亮,抗战胜利1946年回校补读半年哲学系取得毕业文凭)的情况一样,1941年的时候,还差半年就毕业了,赶上太平洋战争爆发,因为燕京大学是美国学校,日美开战,日本人就进驻学校了。所以他后来到成都去读完最后半年,就算燕京毕业了。毕业之后,又在一些生理学、心理学有关的单位待过。我们同班的唐子健,他常跟我提起我五哥,他的父亲老教授唐钺曾是我五哥的先生。抗战一胜利,五哥就到美国去了,在哈佛读书。一良那时也在哈佛,读梵文,呆良到美国去,他曾帮着联系。呆良在学术方面有相当的成就和地位。斯坦福神经学系这个专业就是呆良建立的,现在每年还有一个以他名字命名的研讨会。

您其他兄弟姊妹的情况呢?

周景良:大姐周珣良是家里第一个女孩子,她什么都不在乎,喜欢玩,没有"哥哥念书好,我也要跟着念"的意思。但她是很有才华的,不至于像很多爱玩的人那样考不及格,她的学习成绩都还不错。最可笑的是,她要考大学了,家里怕她考不取,就托人找了门路,只要她去考燕京大学,就一定能录取。她考试前一天晚上还在看小说,巴金的《家》,看到天快亮了才睡,结果起床晚了,错过了考试时间。她就是这样的不在乎。后来她读了辅仁大学教育系。在那儿她有个要好的朋友,是张学良手下最主要的师长王以哲的女儿王育馨,经王育馨介绍,她认识了我姐夫宁致远,两个人就这样结婚了。我姐夫是东北一个地主家庭出身,在南开中学和我二哥珏良同班,日本侵略者占领的时候,北京内城有五个警察分局,他表面上是内五区警察局分局长,其实是地下党。我父亲当时不知道姐夫是地下党,只知道他上过国民党的中央军校,觉得他上过中央军校,却跑到北京来当汉奸警察分局局长,没出息透了,于是很不赞成这桩婚事,但最后还是拗不过大姐。我不知道姐夫后来有没有告诉我父亲他是地下党,但这事大姐告诉过我。

一般人知道您的二姐周与良,是因为她的丈夫穆旦,但她自己也是南开大学的教授。

周景良:因为我们是三个母亲。二姐母亲生了九哥没多少天就去世了。许氏夫人生了许多孩子。许氏夫人过世后,我母亲来续的弦。在我母亲进门之前,家里有一个守寡的姑姑,管理全家的事务。她特别喜欢我二姐。后来我姑姑要到南方去,和二伯、五叔他们一块过,就把二姐带走了。所以她名字叫与良。我对她的情况知道得不多。她到二十岁快要上大学的时候才回来的。她大学是在辅仁念的,生物系,抗战胜利后考入燕京大学读研究生,1947年赴美留学,1952年自芝加哥大学获得博士学位。曾在美国短期工作,1953年回国后一直在南开大学任教授,南开的微生物专业即是她创建的。二姐夫穆旦,与珏良是南开和清华的同学,关系一直很好。二姐夫去世后,珏良曾写过一篇《穆旦的诗和译诗》,以为纪念。

二姐前头是六哥以良。他也是个很有意思的人。家里兄弟姐妹都是专心读书,但他是个玩家,大学的时候爱去舞会,中学那会儿就有一堆朋友,练练单双杠,去戏园子听听戏,看看电影。他人可真是聪明。我们十个兄弟姐妹里头,真正有国际影响力的,他是其中之一。他读书经过了很多的曲折。那时候日本人还占领着北京,他只能上辅仁大学,读生物系,后来就到后方去了。然后又去参加青年军——国民党号召青年参加军队抗日嘛,"一寸山河一寸血,十万青年十万军"。但是参加青年军这件事解放后成了他的一个历史问题,因为这个"反动"嘛。这事在"文革"的时候还闹了一出。他是青年军,可他没参加过国民党。当时国民党党员的身份实在太滥了,随便谁都拉进国民党。比如说你单位里一个科,科里的头儿一发话,科里的所有人都要参加。这种情况是常有的。但他不是这样。为什么呢?因为他们那一堆人里有杨森——就是国民党在四川的军阀,后来做了国民党的"体育委员会"的头儿——的儿子和他们在一起。因此这些人没有到云南的战场上去,就是在电影院门口维持一下秩序。要光是参加国民党,如无其他事情,则只是一般政治历史问题,政治运动时是不会追究的。但说没有参加,反倒成了问题,因不合常理,是否有隐瞒?因此在"文革"时,反复要他交待这一问题。他于抗战后考入清华大学,1949 年他在清华大学提早毕业,毕业之后就分配到东北去了。到了东北,就受命去考察兴安岭植物。从 1949 年开始,他一直任东北林学院教授,后来曾做过林业大学的副校长。他的成就非常大。植物学家发现一个新物种就算是成就,他一生一共发现了七十多个新物种。但在中国他当不上院士,互相排挤,被摁住了不让出头。在外头,国际上的荣誉倒有一大堆。所以杲良从国外回来,说老六在国外很有名,你们知不知道啊?结果我们没一个人知道。

这些只是名誉的问题,他的实际工作并没有耽误,除了"文革"。"文革"东北闹得最厉害,他上山下乡,到农村去了,还在农村盖了房子,打算扎根在那里,"文革"结束后才回去。他这个人也很有才情。有一次我和珏良聊天,他说老六字写得很好。虽然以良不像珏良一样对书法作品那么熟悉,但他没下什么工夫字,就可写得很好。我们四个最小的,小时候放暑假老坐在一块写字,写柳公权《玄秘塔》,那会儿还不要求写"二王",把字写整齐就好,要先把基础打好。他用笔的时候,一下子能够领会其中用笔的奥妙。这要是领会不到的话,就会写得歪歪斜斜。你去看曾国藩写的对子,就是这样,他学柳公权,欧阳询歪了就是柳。柳字为什么这样,是有缘故的。我六哥笔往下一摁,就能领会。历代很多名人,就是悟不到这个笔法,基础永远不行。而六哥能在很短的时间内把这个悟出来,足见他是个聪明人。

我的八姐、九哥,都老老实实的,成绩也都特别好,都没有什么特殊的情况。八姐是一位非常忠厚、老实的人,天津工商学院史地系毕业,侯仁之先生的学生,一生大部分时间都是做中学教师,教中学英语,是一位很受学生喜欢和爱戴的英语老师,一些几十年前她教过的学生一直和她联系不断。九哥后来做了北京建筑设计院的副院长。亚运会的时候他是总设计师,到奥运会的时候,他已经退下来了。

您的几个堂兄弟,和您家来往多吗?

周景良:绍良多一点,他是经常和珏良来往的。天津的周家人为什么常能见面呢? 因为叔祖们还在。叔叔伯伯们对礼节已不那样严格了,但老三位拜年拜节必须去,这时候就见上面了。在上海就不行了,没有那样强力的中心。

我的堂兄周伯鼎(周震良,乳名果孙,字伯鼎)倒是和我父亲很接近。他们有共同的兴趣爱好。他后来到了山东,也经常写信来。他是我大伯父周达的儿子,大概比我父亲小不了多少,有一个时期,他们兄弟姐妹从上海住到天津,跟我父亲更是天天见面。他这个人脾气很耿直,口气很大,自视很高,他对书法的研究,自认为是科学分析,他是工科教授,但是痴迷于书法。我见到他的时候很晚了,我现在说的他的事情,有好多是听我父亲和珏良转述的,现在我这儿还有一沓他的信还没有整理,他晚年经常给我父亲还有珏良写信,谈他对书法的体会。他下的功夫极深，尤其是研究毛笔。敦煌写经的字，特别是六朝写经的字，字体是很别致的，据他研究，这和笔有关，用特制的笔，很容易写出那个样子来。我没见过这种笔的实物，后来在西北出土的笔，正好就是那个样子——底是宽的，更大一点，即，若说普通笔毫是个圆锥形，这种笔则比一般毛笔在锥高相同条件下，锥底要大得多——被他琢磨出来了。画家画画要订做笔，书法家写字也是要订做笔的，周伯鼎就自己订做笔。过去在琉璃厂有个李福寿的笔庄可以订做笔，当时琉璃厂也有其他制笔庄，但后来都没有了。

我以上谈到的家里人，主要是自曾祖周馥开始，下至学、明、良三辈的一些比较突出的人物。这些人所处的时代虽也不断变化，对他们也有不同影响，但他们受家风、家教影响更多、更大。可是到了1948年全国解放以后，情况就不同了。对每一个人的品格、学习、事业的形成，家庭方面的影响要小得多，主要是社会的影响。家族中良字辈中一些较年轻的、以及启字辈中也有一些比较出色的人，但他们受家风的影响就需要具体分析了。又因为家族各房联系亲疏不一，我了解的很少、很不全面，就不再说下去了。例如，周志俊经营企业是和周学熙一脉相承的，但后来启字辈出了一位著名企业家周启晋。他是绍良之子，固然是周学熙直系曾孙，但他之成为企业家就不一定和家训、家风有关了。

此外，一良之子周启乾原任天津社会科学院日本研究所所长；珏良长子周启如在美国非常著名的拜尔实验室工作。珏良二子周启鸣是香港浸会大学地理系教授，是数字地形分析方面著名专家，从事遥感变化监测、GIS 与遥感技术整合以及空间信息技术的地学应用研究。曾任香港地理信息系统学会会长、香港摄影测量与遥感学会会长；珏良二女启朋是外交学院教授，曾任美国研究所所长；煦良之子启成任浙江大学教授、研究庄子；志辅之子嗣良在美国任物理学方面教授，等等。这里只能随意举几个人，但若从家族成员总体观察，对于这一代人，社会因素对道路的选择的影响要大得多，家教、家风影响的成分就要具体分析了。

良字辈周慰曾（骏良）是明龢之子、周学煇之孙，所写有关周氏家族的著述颇多，多发表在《天津文史》等杂志。周榘良为周志俊次子，亦写有有关周氏著作，并重印了周学熙的几种传记。

（原载《上海书评》2013 年 12 月 29 日，第 1–5 版）

图书在版编目（CIP）数据

曾祖周馥 / 周景良著.-- 太原：三晋出版社，2014.8
ISBN 978-7-5457-1006-9

Ⅰ.①曾… Ⅱ.①周… Ⅲ.①周馥（1837～1921）
－生平事迹 Ⅳ.①K827=49

中国版本图书馆 CIP 数据核字（2014）第 167636 号

曾祖周馥

著　　者：周景良
编　　者：孟繁之
责任编辑：李秋芳
责任印制：李佳音
装帧设计：方域文化
出 版 者：山西出版传媒集团·三晋出版社（原山西古籍出版社）
地　　址：太原市建设南路 21 号
邮　　编：030012
电　　话：0351-4922268（发行中心）
　　　　　0351-4956036（综合办）
　　　　　0351-4922203（印制部）
E－mail：sj@sxpmg.com
网　　址：http://www.sjcbs.co
经 销 者：新华书店
承 印 者：山西臣功印刷包装有限公司
开　　本：670mm×980mm 1/16
印　　张：22.25
字　　数：270 千字
版　　次：2015 年 4 月　第 1 版
印　　次：2015 年 4 月　第 1 次印刷
书　　号：ISBN 978-7-5457-1006-9
定　　价：46.00 元